Zum Begriff der neuen Politischen Theologie

Johann Baptist Metz

Zum Begriff der neuen Politischen Theologie

1967–1997

Matthias-Grünewald-Verlag · Mainz

Der Matthias-Grünewald-Verlag ist Mitglied
der Verlagsgruppe engagement

Die Deutsche Bibliothek – CIP-Einheitsaufnahme

Metz, Johann Baptist:
Zum Begriff der neuen Politischen Theologie : 1967–1997 / Johann
Baptist Metz. – Mainz : Matthias-Grünewald-Verl., 1997
ISBN 3-7867-2029-0

Umschlag: Kirsch & Buckel Grafik-Design GmbH, Wiesbaden
Druck und Bindung: Wagner, Nördlingen

ISBN 3-7867-2029-0

Inhalt

Vorwort

Immer wenn ich in den letzten dreißig Jahren (und vorher schon in meinen Vorlesungen) von „Politischer Theologie" sprach, war ich mit der Frage konfrontiert: Was ist das eigentlich – Politische Theologie? Eine erste Antwort, eine zunächst höchst allgemeine, aber folgenreiche, die sich in allen Texten dieses Bandes bestätigen läßt, lautet: Die hier gemeinte „Politische Theologie" ist nicht primär (wie bei Carl Schmitt) Staats-, Rechts- oder Gesellschaftstheorie, sondern eben – Theologie, Theologie „mit dem Gesicht zur Welt", Gottesrede „in dieser Zeit". Schon in „Glaube in Geschichte und Gesellschaft" (1977 u.ö.) hatte ich mit einem dazu umgemünzten Wort Walter Benjamins betont, daß die politische Tendenz der Politischen Theologie nur dann stimmt, wenn auch ihre theologische stimmt – und nicht umgekehrt.

Zur Erläuterung des Begriffs einer solchen „Politischen Theologie" sind hier frühe Texte mit zahlreichen neueren, häufig nur schwer oder überhaupt noch nicht zugänglichen Texten zusammengeführt. Dabei wurden die frühen Texte in ihrer ursprünglichen Fassung belassen. (Sporadisch eingefügte Hinweise sind jeweils in eckige Klammern gesetzt.) Eine nachträgliche Bearbeitung hätte nämlich nur die innere Geschichte, den anhaltenden Umbau, dem dieser Begriff ausgesetzt ist, verdeckt; schließlich steht er ja dafür, daß hier die Theologie – anders als im geläufigen theologischen Identitätsdenken – die gesellschaftliche, die geschichtliche und kulturelle Ausgangssituation in ihre Begriffsbildung selbst aufnimmt. Um gleichwohl einen „roten Faden" in dieser Begriffsbildung zu entdecken, mag es hilfreich sein, den Band gewissermaßen von hinten her zu lesen: vom „bibliographischen Durchblick" (§ 12) her, vor allem von den §§ 10 und 11 her, von dem Versuch im § 8 her, die unterschiedlichsten Signaturen der Zeit in den Begriff dieser Theologie aufzunehmen – bis hin zur Rechenschaft über die Entwicklung des Begriffs dieser Theologie (und ihrer inneren Nähe zu einer theodizeesensiblen negativen Theologie) in § 9. In diesen neueren Texten ist die „Politische Theologie" nun konsequent auch so bezeichnet: als neue Politische Theologie. Dadurch wird das Relativierende der bisher üblichen Anführungszeichen („politische Theologie") vermieden; gleichzeitig ist damit auch im Schriftbild der Unterschied zu traditionellen politischen Theologien wie insbesondere zur politischen Theologie Carl Schmitts zum Ausdruck gebracht.

Zur näheren Bestimmung des Begriffs dieser neuen Politischen Theologie habe ich auch zwei zeitlich weit auseinanderliegende Lexikonartikel (in § 1 und in § 8) aufgenommen; einzelne inhaltliche Wiederholungen, die dabei unvermeidlich wurden, schienen mir im Interesse der Definitionsarbeit hinnehmbar – wie übrigens auch der Umstand, daß im Band verschiedene lite-

rarische Gattungen Berücksichtigung finden, soweit sie mir zur Konturierung und Veranschaulichung des Begriffs der neuen Politischen Theologie dienlich schienen.
Im Hintergrund des Konzepts der neuen Politischen Theologie, wie es hier – im Durchgang durch Texte der letzten dreißig Jahre – vorgestellt wird, steht ein Problem, das sich abgekürzt mit dem Stichwort „Gott und Zeit" kennzeichnen läßt. Ich habe dazu schon sporadisch publiziert, eine größere Arbeit, die sich auch erneut mit Friedrich Nietzsche und seiner Verwandlung von Sein in Zeit auseinandersetzen müßte, steht noch aus. In diesem Band ist der hier angesprochene Hintergrund explizit vor allem in dem Exkurs zu § 8 („Verzeitlichung von Ontologie und Metaphysik") angesprochen.

Leben wir nicht in einer Zeit, in der kaum jemand so recht weiß oder auch nur wissen will, was denn mit „politisch" und „Politik" heute gemeint sei? Und gilt nicht ähnliches auch für „theologisch" bzw. „Theologie"? Da mag es verwegen klingen, wenn einer meint, daß erst in der Agonie beider zum Bewußtsein kommt, wieviel Schicksal, wieviel Zukunft der Menschen mit ihnen auf dem Spiele steht. § 11 mit seinen Anmerkungen zu einem theologisch-politischen Weltprogramm sucht explizit auf diese Frage einzugehen.

Danken möchte ich bei dieser Gelegenheit zunächst noch einmal den Schülern und Freunden, die den Weg dieser Theologie bisher – in kritischer Sympathie – mit mir gegangen sind und die teilweise – und mehr als ich selbst – innerkirchlicher Ablehnung ausgesetzt waren. Ihnen hatte ich mein Buch „Glaube in Geschichte und Gesellschaft" gewidmet. Diesmal gilt mein Dank sowohl meinem Kollegen Johann Reikerstorfer für gute Gespräche bei der Entstehung dieses Bandes wie Mag. Peter Zeillinger für wertvolle Unterstützung bei der Fertigstellung des Textes und Dr. Bruno Kern für wichtige redaktionelle Betreuung.
Dieser Band erscheint zu einer Zeit, in der meine Lehrtätigkeit am Institut für Philosophie der Universität Wien zu Ende geht. Für mich ist das eine gute Gelegenheit, der Wiener Katholisch-Theologischen Fakultät dafür zu danken, daß mir auf ihren Antrag hin das Ehrendoktorat der Wiener Universität verliehen wurde, obwohl doch mein Name mit dem umstrittenen Begriff der Politischen Theologie verbunden ist. Ich möchte deshalb der Katholisch-Theologischen Fakultät der Universität Wien diesen Band widmen, der einen langen unabgeschlossenen Weg durchmißt, der mich immer wieder auch nach Wien geführt hat.

Wien/Münster, Herbst 1997 *Johann Baptist Metz*

§ 1 Das Problem einer „Politischen Theologie"

(1967)

Vortrag auf dem Internationalen Theologenkongreß in Toronto vom 20. bis 24. 8. 1967; deutsch erstmals veröffentlicht in: *Zur Theologie der Welt*, Mainz/München 1968, [5]1985, 99–116 und in der hier berücksichtigten Version aus Concilium (1968) 6/7, 403–411: *Das Problem einer „politischen Theologie" und die Bestimmung der Kirche als Institution gesellschaftskritischer Freiheit.* – Die Forderung nach einer „Politischen Theologie" ist bereits in dem Vortrag „Kirche und Welt" beim Internationalen theologischen Symposium in Chicago vom 31. 3. bis 3. 4. 1966 erhoben, abgedruckt unter dem Titel „The Church and the World", in: T. Patrick Burke (Hg.), The World in History, New York 1966, 69–85, dann auch deutsch in: *Zur Theologie der Welt*, 75–89.

I.

„Politische Theologie" – der Begriff ist mehrdeutig und darum nicht unmißverständlich. Er ist zudem historisch belastet. Da ich mir im Rahmen unserer kurzen Überlegungen eine geschichtliche Klärung des Begriffes versagen muß, kann ich nur bitten, die Rede von der Politischen Theologie so zu verstehen, wie ich sie im folgenden gebrauche und im Gebrauch zu erläutern suche. Ich verstehe Politische Theologie einmal als kritisches Korrektiv gegenüber einer extremen Privatisierungstendenz gegenwärtiger Theologie. Ich verstehe sie gleichzeitig positiv als Versuch, die eschatologische Botschaft unter den Bedingungen unserer gegenwärtigen Gesellschaft zu formulieren.

1. Um die Funktion der Politischen Theologie als *kritisches Korrektiv* innerhalb der gegenwärtigen Theologie zu erläutern, beginne ich mit einer kurzen *historischen Reflexion.*

Schon im Bewußtsein der frühen Aufklärung in Frankreich zerbricht die selbstverständliche Einheit und Zuordnung von Religion und Gesellschaft, von religiöser und gesellschaftlicher Existenz. Die christliche Religion erscheint im Verhältnis zu ihrer gesellschaftlichen Mitwelt erstmals als partikular. Der Universalitätsanspruch erweist sich dadurch als geschichtlich bedingt. An diese Problematik knüpfen die Religionskritik der Aufklärung und später die des Marxismus unmittelbar an; diese Kritik nimmt von Anfang an jene Gestalt an, die sie bis heute trägt: Sie ist Religionskritik als Ideologiekritik, d.h., sie sucht Religion zu entlarven als Funktion, als ideologischen Überbau über bestimmte gesellschaftliche Praxen und Machtverhältnisse. Sie sucht unter dem Stichwort des falschen Bewußtseins das religiöse Subjekt zu dechiffrieren als die ihrer selbst nicht oder noch nicht bewußte Gesellschaft. Eine Theologie, die dieser Kritik zu antworten sucht,

muß notwendig die gesellschaftlich-politischen Implikationen ihrer Vorstellungen und Begriffe mitentfalten. An einer solchen Gestalt der theologischen Verantwortung scheitert aber – so muß hier in kühner Verkürzung gesagt werden – die klassische metaphysische Theologie. Denn ihre Begriffe und Kategorien unterstellen die grundsätzliche Problemlosigkeit des Verhältnisses von Religion und Gesellschaft, von Glaube und gesellschaftlicher Praxis. Solange diese Voraussetzung besteht, kann eine rein metaphysische Interpretation der Religion durchaus auch gesellschaftlich relevant sein; und sie war es z.B. in den hohen Gestalten mittelalterlicher Theologie. Wo indes diese Einheit zerbricht, gerät diese klassische metaphysische Theologie als theoretischer Anwalt des anhängenden Prozesses zwischen christlicher Heilsbotschaft und gesellschaftlich-politischer Wirklichkeit in die radikale Krisis. [Zum Metaphysik- und Ontologieverständnis in der Politischen Theologie vgl. unter § 8,6 Exkurs: Verzeitlichung von Ontologie und Metaphysik.]
Die in der neueren Zeit vorherrschende Theologie, also die Theologie in ihrer transzendentalen, existentialen und personalistischen Orientierung, hat diese durch die Aufklärung geschaffene Problemsituation durchaus wahrgenommen. Ja, sie ist in einem gewissen Sinne als Reaktion auf diese Situation entstanden. Doch diese Reaktion bestand bei ihr zumeist darin, daß sie die in Frage stehende gesellschaftliche Dimension der christlichen Botschaft heimlich oder offen als uneigentlich, als sekundär behandelte, kurzum, daß sie diese Botschaft in ihrem Kern privatisierte und die Praxis des Glaubens auf die weltlose Entscheidung des einzelnen reduzierte. Diese Theologie sucht das Problem, das durch die Aufklärung entstanden ist, dadurch zu lösen, daß sie es eliminiert. Sie sucht die Aufklärung zu überwinden, ohne durch sie wirklich hindurchgegangen zu sein. Für das von dieser Theologie geprägte religiöse Bewußtsein hat nämlich die gesellschaftlich-politische Wirklichkeit nur ein verschwindendes Dasein. Die in dieser Theologie vorherrschenden Kategorien zur Auslegung der Botschaft sind vorzüglich Kategorien des Intimen, des Privaten, des A-Politischen. Die Liebe, wie alle Phänomene des Zwischenmenschlichen, wird zwar emphatisch herausgestellt, sie kommt jedoch von vornherein und wie selbstverständlich nur in ihrer privaten, entpolitisierten Gestalt zur Geltung: als Ich-Du-Beziehung, als interpersonales Begegnungsverhältnis oder als Nachbarschaftsverhältnis. Die Kategorie der Begegnung dominiert. Als eigentliche religiöse Aussageweise gilt die zwischen-personale Anrede, als eigentliche religiöse Erfahrungsdimension gilt die Spitze der freien Subjektivität des einzelnen oder die unverfügbare, sprachlose Mitte der Ich-Du-Beziehung. Den heute vorherrschenden Formen der transzendentalen, existentialen und personalistischen Theologie scheint eines gemeinsam zu sein: der Trend zum Privaten.
Die damit bezeichnete Privatisierungstendenz soll noch kurz erläutert werden durch einen Blick auf die Aussageform der christlichen Heilsbotschaft und deren Interpretation im Horizont dieser modernen Theologie. Es ist bekannt, daß die Evangelien keine Biographie Jesu im geläufigen Sinne bie-

ten wollen. Die Nachrichten über Jesus gehören nicht in die Gattung der biographischen Privataussagen, sondern in die Gattung der öffentlichen Proklamation. Die exegetischen Arbeiten der sogenannten „Formgeschichte" haben die Evangelien selbst als vielschichtigen Verkündigungstext erwiesen. Ich sehe nun ein gewisses Verhängnis darin, daß diese Einsichten und Entdeckungen der Formgeschichte sofort mit den Kategorien des theologischen Existentialismus und Personalismus ausgelegt wurden. Dadurch wurde nämlich das Verständnis der Verkündigung von vornherein privatisiert und gewissermaßen existentiell intimisiert. Das Wort der Verkündigung wurde verstanden als reines Anredewort, als Wort der personalen Selbstmitteilung Gottes, nicht aber als Wort einer gesellschaftsbezogenen Verheißung. Die Hermeneutik der existentialen Interpretation des Neuen Testaments bewegt sich im Zirkel des privaten Ich-Du-Verhältnisses. Hier scheint deshalb eine kritische Entprivatisierung des Verständnisses der Grundlagen unserer Theologie vonnöten. *Diese Entprivatisierung ist die primäre theologiekritische Aufgabe der Politischen Theologie.* Sie scheint mir in einem gewissen Sinne ebenso wichtig zu sein wie das Programm der Entmythologisierung. Zumindest muß diese Entprivatisierung einer legitimen Entmythologisierung an die Seite treten, da letztere immer in der Gefahr steht, Gott und das Heil auf ein privates Existenzkorrelat zu reduzieren und die eschatologische Botschaft selbst zur symbolischen Paraphrase der metaphysischen Fraglichkeit des Menschen und seiner privaten Entscheidungssituation zu nivellieren. Dadurch wird aber den Verheißungen jeder Charakter des Konflikts und Widerspruchs zur gegenwärtigen Wirklichkeit genommen und ihnen damit jede gesellschaftskritische Kraft geraubt. Die existentiale Interpretation des Neuen Testaments hat eine ausgesprochene Tendenz zur Privatisierung. Sie betreibt Entmythologisierung um den Preis des Mythos der weltlosen Existenz und privaten Subjektivität.

Natürlich gibt es in der Botschaft des Neuen Testamentes eine legitime Individualisierung, eine Individualisierung des einzelnen vor Gott, die als Grundpointe der neutestamentlichen Botschaft – vor allem in ihrer paulinischen Tradition – betrachtet werden kann. Dies soll durch die geforderte Entprivatisierung auch nicht in Frage gestellt werden. Im Gegenteil! Denn die Theologie gerät ja gerade durch die genannte Privatisierungstendenz in die Gefahr, den von ihr angerufenen einzelnen in seiner Existenz zu verfehlen. Diese Existenz ist nämlich heute in höchstem Maße in die gesellschaftlichen Mobilitäten verflochten, und jede existentiale und personale Theologie, die die Existenz selbst nicht als ein politisches Problem im weitesten Sinne des Wortes begreift, bleibt gegenüber der existentiellen Situation des einzelnen heute abstrakt. Weiterhin steht die Theologie durch eine solche privatisierende Tendenz in der Gefahr, den Glauben gerade unkritisch und unkontrolliert modernen gesellschaftlich-politischen Ideologien auszuliefern. Und schließlich nimmt eine kirchliche Religion, die sich im Horizont solcher privatisierender Theologie versteht, immer mehr die Züge einer „unverbindlichen Maßgeblichkeit" an, „die insofern maßgeblich ist, als niemand sie anstößt und viele sich immer noch beeindrucken lassen, die aber folgenlos dasteht, indem keine Impulse von ihr ausgehen außer in der Richtung der eigenen Reproduktion"[1].

2. Hier zeigt sich nun die *positive Aufgabe* der Politischen Theologie: Sie sucht das Verhältnis zwischen Religion und Gesellschaft, zwischen Kirche und gesellschaftlicher Öffentlichkeit, zwischen eschatologischem Glauben und gesellschaftlicher Praxis neu zu bestimmen – nicht vorkritisch, mit der Absicht auf eine neue Identifizierung beider Wirklichkeiten, sondern nachkritisch, im Sinne einer *„zweiten Reflexion"*. Die Theologie wird als Politische Theologie zu dieser „Reflexion zweiter Ordnung" gezwungen, wenn sie die eschatologische Botschaft unter den Bedingungen der gegenwärtigen gesellschaftlichen Situation formulieren will. Ich entfalte deshalb kurz die Eigenart dieser Situation und ihrer Verstehensbedingungen wie die Eigenart der biblischen Botschaft, durch welche diese politische Reflexion der Theologie bestimmt wird.

a) Die *Ausgangssituation* der theologischen Reflexion heute sei erläutert durch eine Fragestellung, die wiederum schon durch die Aufklärung formuliert wurde und die zumindest seit Marx unausweichlich geworden ist. In verkürzter Form läßt sich diese Fragestellung so skizzieren: Aufgeklärt ist nach Kant, wer die Freiheit hat, von seiner Vernunft in allen Stücken einen öffentlichen Gebrauch zu machen. Die Realisierung solcher Aufklärung ist darum nie ein rein theoretisches Problem, sie ist wesentlich ein politisches Problem, ein Problem der gesellschaftlichen Praxis, das heißt, sie ist an gesellschaftlich-politische Voraussetzungen gebunden, unter denen Aufklärung allein möglich ist. Aufgeklärt ist nur, wer *zugleich* um die Herstellung jener gesellschaftlich-politischen Voraussetzungen kämpft, von denen es abhängt, ob ein öffentlicher Gebrauch der Vernunft möglich ist.[2] Wo deshalb Vernunft auf politische Freiheit gestellt ist, wo daher theoretisch-transzendentale Vernunft innerhalb der praktischen Vernunft erscheint und nicht umgekehrt, ist eine Entprivatisierung dieser Vernunft unumgänglich. Und jede noch so überanstrengte „reine Theorie" erweist sich als Rückfall in ein vorkritisches Bewußtsein. Der kritische Anspruch des Subjektes kann nun nämlich nicht mehr „rein theoretisch" durchgehalten werden.[3] Ein neues Verhältnis von Theorie und Praxis, von Wissen und Moral, von Reflexion und Revolution ist wirksam, das auch das theologische Bewußtsein bestimmen muß, wenn dieses nicht auf eine frühere vorkritische Stufe des Bewußtseins zurückfal-

[1] A. Gehlen, zitiert nach H. Schelsky, Auf der Suche nach Wirklichkeit, Düsseldorf 1965, 271.

[2] Vgl. G. Picht, Aufklärung und Offenbarung, in: Glauben – Wissen – Bildung, Freiburg i.Br. 1996.

[3] Vgl.: „Die Vorstellung der Herrschaft reiner Vernunft als eines Ansichseienden, von der Praxis Getrennten unterwirft auch das Subjekt, richtet es als Instrument von Zwecken zu. Die helfende Selbstreflexion der Vernunft jedoch wäre hier Übergang zur Praxis: sie durch-

len soll. Die praktische und – im weitesten Sinne des Wortes – politische Vernunft muß künftig an allen kritischen Reflexionen der Theologie beteiligt sein. Auf sie hin konkretisiert sich zunehmend das klassische Problem des Verhältnisses von *fides* und *ratio*, auf sie hin zieht sich immer mehr das Problem der Glaubensverantwortung zusammen. Das sogenannte hermeneutische Grundproblem der Theologie ist nicht eigentlich dasjenige des Verhältnisses von systematischer und historischer Theologie, von Dogma und Geschichte, sondern von Theorie und Praxis, von Glaubensverständnis und gesellschaftlicher Praxis. Damit ist die Aufgabe der politischen Reflexion in der Theologie kurz gekennzeichnet, wie sie aus der gegenwärtigen Situation sichtbar wird. Sie hat nach allem Gesagten nichts zu tun mit einer reaktionären Neopolitisierung des Glaubens; sie hat aber alles zu tun mit der Entfaltung der gesellschaftskritischen Potenz dieses Glaubens.

b) Aber auch die *biblische Tradition* selbst zwingt zu einer solchen „zweiten Reflexion“ auf das Verhältnis von eschatologischem Glauben und gesellschaftlicher Praxis. Warum? Das Heil, auf das sich der christliche Glaube in Hoffnung bezieht, ist kein privates Heil. Die Proklamation dieses Heils trieb Jesus in einen tödlichen Konflikt mit den öffentlichen Mächten seiner Zeit. Sein Kreuz steht nicht im Privatissimum des individuell-persönlichen Bereichs, es steht auch nicht im Sanctissimum eines rein religiösen Bereichs, es steht jenseits der Schwelle des behüteten Privaten oder des abgeschirmten rein Religiösen: Es steht „draußen“, wie die Theologie des Hebräerbriefes formuliert. Der Vorhang des Tempels ist endgültig zerrissen. Das Ärgernis und die Verheißung dieses Heils sind öffentlich. Diese Öffentlichkeit kann nicht zurückgenommen, aufgelöst oder beschwichtigt werden. Sie begleitet den geschichtlichen Weg der Heilsbotschaft. Und im Dienste dieser Botschaft ist der christlichen Religion eine kritische und befreiende Gestalt öffentlicher Verantwortung aufgetragen. „Alle Autoren des Neuen Testaments sind der Überzeugung, daß Christus nicht eine Privatperson und die Kirche nicht ein Verein ist. So haben sie auch von der Begegnung Jesu Christi und seiner Zeugen mit der politisch-staatlichen Welt und ihren Instanzen berichtet. Keiner hat diese Begegnung so grundsätzlich verstanden wie der Evangelist Johannes. Er sieht schon im allgemeinen die Geschichte Jesu als einen Prozeß, den die von den Juden repräsentierte Welt gegen Jesus führt beziehungsweise zu führen meint. Dieser Prozeß kommt aber zum öffentlichen richterlichen Austrag vor Pontius Pilatus, dem Vertreter des römischen Staates und Inhaber der politischen Gewalt.“[4] Auf diese Szene zieht sich die Komposition der Leidensgeschichte bei Johannes zusammen, wenn man sie

schaute sich als deren Moment; wüßte, anstatt sich als das Absolute zu verkennen, daß sie seine Verhaltensweise ist…“: Th.W. Adorno, Fortschritt, in: H. v. Delius/G. Patzig (Hg.), Argumentationen (Festschrift für Josef König), Göttingen 1964, 1–19.

[4] H. Schlier, Besinnung auf das Neue Testament, Freiburg i.Br. 1964; vgl. auch H. Schlier, Die Zeit der Kirche, Freiburg i.Br. 1956, 310.

eben nicht mit Bultmannschen Augen liest. Die Szene, da Jesus vor Pilatus steht, trägt typische Züge.
Die Rede von der Politischen Theologie such in der gegenwärtigen Theologie das Bewußtsein zu reklamieren vom anhängenden Prozeß zwischen der eschatologischen Botschaft Jesu und der gesellschaftlich-politischen Wirklichkeit. Sie betont, daß das von Jesus verkündete Heil zwar nicht in einem naturhaft-kosmologischen Sinn, wohl aber in einem gesellschaftlich-politischen Sinne bleibend weltbezogen ist: als kritisch-befreiendes Element dieser gesellschaftlichen Welt und ihres geschichtlichen Prozesses. Die eschatologischen Verheißungen der biblischen Tradition – Freiheit, Friede, Gerechtigkeit, Versöhnung – lassen sich nicht privatisieren. Sie zwingen immer neu in die gesellschaftliche Verantwortung hinein. Gewiß, diese Verheißungen sind mit keinem gesellschaftlichen Zustand einfach identifizierbar, wie immer wir ihn von uns aus bestimmen und beschreiben mögen. Die Geschichte des Christentums kennt solche direkte Identifikationen und direkte Politisierungen der christlichen Verheißungen zur Genüge.[5] In ihnen wird jedoch jener „eschatologische Vorbehalt“ preisgegeben, durch den jeder geschichtlich erreichte Status der Gesellschaft in seiner Vorläufigkeit erscheint. Wohlgemerkt, in seiner Vorläufigkeit, nicht in seiner Beliebigkeit! Denn dieser „eschatologische Vorbehalt“ bringt uns nicht in ein verneinendes, sondern in ein kritisch-dialektisches Verhältnis zur gesellschaftlichen Gegenwart.[6] Die Verheißungen, auf die er sich bezieht, sind nicht ein leerer Horizont religiöser Erwartung, sie sind nicht bloß eine regulative Idee, sondern ein kritisch befreiender Imperativ für unsere Gegenwart, sie sind Ansporn und Auftrag, sie unter den geschichtlichen Bedingungen der Gegenwart wirksam zu machen und sie so zu „bewahrheiten“; denn ihre Wahrheit muß „getan“ werden. Die neutestamentliche Gemeinde weiß sich von Anfang an aufgerufen, die kommende Verheißung schon unter den Bedingungen des Jetzt zu leben und *so* Welt zu überwinden. Die Orientierung an den Verheißungen des Friedens und der Gerechtigkeit verändert je neu unser gegenwärtiges geschichtliches Dasein. Sie bringt und zwingt uns immer wieder in eine neue kritisch-befreiende Position gegenüber den bestehenden und uns umgebenden

[5] Vgl. zur kritischen Interpretation H. Schmidt, Das Problem des politischen Christus, in: H. Schultz (Hg.), Kontexte, Bd. 2, Stuttgart 1966, 13–23; E. Peterson, Der Monotheismus als politisches Problem, in: ders., Theologische Traktate, München 1951, 45–147.

[6] Walter Benjamin hat für die dialektische Bezogenheit von Gesellschaftsprozeß und eschatologischem Heilsprozeß in, ja gerade wegen ihrer Gegenläufigkeit m.E. ein gutes Bild gefunden: „Wenn eine Pfeilrichtung das Ziel, in welchem die Dynamis des Profanen wirkt, bezeichnet, eine andere die Richtung der messianischen Intensität, so strebt freilich das Glückssuchen der freien Menschheit von jener messianischen Richtung fort, aber wie eine Kraft durch ihren Weg eine andere auf entgegengesetzt gerichtetem Wege zu fördern vermag, so auch die profane Ordnung des Profanen das Kommen des messianischen Reiches. Das Profane ist also zwar keine Kategorie des Reichs, aber eine Kategorie, und zwar der zutreffendsten eine, seines leisesten Nahens.“ W. Benjamin, Zur Kritik der Gewalt und andere Aufsätze, Frankfurt a.M. 1965, 95f.

gesellschaftlichen Verhältnissen. So etwa sind die Parabeln Jesu Parabeln des Reiches Gottes und *gleichzeitig* Parabeln, die uns in ein neues kritisches Verhältnis zu unserer Mitwelt setzen. *Jede eschatologische Theologie muß daher zu einer Politischen Theologie als einer (gesellschafts-)kritischen Theologie werden.*

Mit der Rede von der politisch-kritischen Theologie soll nicht etwa eine zusätzliche neue theologische Disziplin gefordert werden. Diese Theologie soll vielmehr in erster Linie einen Grundzug im theologischen Bewußtsein überhaupt aufdecken. Sie schließt sich deshalb auch nicht von der Aufgabe aus, das Glaubensgeschehen in sich selbst zu beschreiben und das Problem der gläubigen Existenz in unserer Welt zu erörtern. Sie versteht sich als geschichtliche Konkretion dieser zentralen Aufgabe der Theologie. Die Existenz selbst ist ja – wie schon mehrfach betont – zu einem „politischen" Thema geworden. Darum bedeutet auch die These von der Entprivatisierung der theologischen Orientierung nicht etwa eine Entpersonalisierung. Sie möchte vielmehr der Aufgabe dienen, die Situation des Glaubenden konkret und differenziert in den Blick zu bekommen und eine gesellschaftsbezogene Glaubenssprache zu finden, die kritisch-befreienden Charakter hat, daß „sich die Menschen über sie entsetzen und doch von ihrer Gewalt überwunden werden, die Sprache einer neuen Gerechtigkeit in Wahrheit, die Sprache, die den Frieden Gottes mit dem Menschen und das Nahen seines Reiches verkündigt". [D. Bonhoeffer, Widerstand und Ergebung, München 1951, 207.]

II.

Hier beginnt nun die zweite Überlegung unseres Themas, nämlich über das konkrete Verhältnis von Kirche und Welt im Lichte einer solchen Politischen Theologie. Im Horizont dieser Theologie wird Welt nicht als Kosmos verstanden, dem Existenz und Person gegenüberstehen, sie wird aber auch nicht als rein existentielle oder personale Wirklichkeit verstanden, sondern als gesellschaftliche Wirklichkeit in einem geschichtlichen Prozeß. Und die Kirche lebt nicht „neben" oder „über" dieser gesellschaftlichen Wirklichkeit, sondern *in* ihr als *gesellschaftskritische Institution*. Die Kirche hat als Institution in dieser gesellschaftlichen Welt und für sie eine *kritisch-befreiende Aufgabe*. Zur Verdeutlichung seien die Implikationen dieser Aussage im einzelnen entfaltet.

1. Durch seine Orientierung an den eschatologischen Verheißungen gewinnt der Glaube immer neu eine kritische Haltung gegenüber seiner gesellschaftlichen Mitwelt. Dies war das Ergebnis der vorhergehenden Überlegungen zur Politischen Theologie. Kann aber nun der einzelne Gläubige heute der verbindliche und wirksame Träger solcher kritischer Freiheit gegenüber der Gesellschaft sein? Wirft nicht gerade diese *kritische* Aufgabe des Glaubens in

neuer Weise die Frage nach seiner Institutionalisierung auf? Ideen können sich zwar halten und auch ausbreiten, solange sie den Bedürfnissen einer Zeit, einer Kultur- und Gesellschaftsordnung entgegenkommen, nicht aber, wo sie kritisch widersprechen und dabei nur auf die Subjektivität des einzelnen gestellt sind.[7] Hier tauchten also Institution und Institutionalisierung nicht als Repression, sondern als Ermöglichung eines kritischen Bewußtseins auf. Muß der Glaube nicht institutionalisiert sein, um Träger einer kritischen Freiheit gegenüber der heutigen Gesellschaft sein zu können? Wenn ja, zeichnet sich dann in dieser Frage nicht ein neues Verständnis der kirchlichen Institution ab? Wird hier Kirche nicht gefordert als *Institution der kritischen Freiheit des Glaubens?* (Vgl. Exkurs)

2. Wenn die Kirche versuchsweise so bestimmt wird, dann treten freilich sofort zwei Bedenken auf.

a) Es entsteht einmal die *grundsätzliche* Frage, ob eine Institution überhaupt Träger von Kritik sein kann. Meint die Rede von einer institutionalisierten Kritik im Grunde genommen nicht doch die Quadratur des Kreises? Eignet nicht jeder Institution etwas Antikritisches? Und ist deshalb die hier geforderte „Institution zweiter Ordnung", die nicht nur Gegenstand, sondern Träger kritischer Freiheit sein soll, die also Ermöglichung und Sicherung dieser Kritik sein soll, nicht ein utopischer Grenzbegriff? Diesen Bedenken kann ich hier nur in aller Kürze mit einer Gegenfrage begegnen. Ist es nicht gerade das Spezifikum der religiösen Institution der Kirche, daß sie Träger solcher kritischer Freiheit ist beziehungsweise sein soll? Die Kirche als Institution lebt ja selbst unter dem „eschatologischen Vorbehalt". Sie ist nicht um ihrer selbst willen da, sie dient nicht ihrer Selbstbehauptung, sondern der geschichtlichen Behauptung des Heils für alle. Die Hoffnung, die sie verkündet, ist nicht die Hoffnung auf die Kirche, sondern auf das Reich Gottes. So lebt die Kirche als Institution gerade von der ständigen Proklamation ihrer eigenen Vorläufigkeit. Und sie muß diese eschatologische Vorläufigkeit institutionell dadurch realisieren, daß sie sich als Institution kritischer Freiheit gegenüber dem gesellschaftlichen Prozeß mit seinen Verabsolutierungen und Verschließungen etabliert.

b) Doch selbst wenn sich auf diese Weise das genannte grundsätzliche Bedenken ausräumen ließe, taucht eine zusätzliche kritische Frage gegenüber der Kirche auf: die Frage nach der *geschichtlichen und sozialen Basis* dieser ihrer kritischen Aufgabe. Wann war die Kirche wirklich Institution kritischer Freiheit? Wann war sie wirklich kritisch-revolutionär? Wann war sie nicht bloß konterrevolutionär, ressentimentgeladen und nörglerisch im Verhältnis zur gesellschaftlichen Welt? Hat sie ihr kritisches Wort nicht oft versäumt oder viel zu spät gesprochen? War sie nicht immer wieder in Gefahr, als ideologischer Überbau über bestimmte gesellschaftliche Verhältnisse und

[7] Vgl. A. Gehlen, Anthropologische Forschung, Hamburg 1961, 76.

Machtkonstellationen angesehen zu werden, und konnte sie von sich aus diesen Anschein wirklich immer erfolgreich zerstreuen? Haben sich schließlich nicht gerade in den letzten Jahrhunderten religiöse Institution und kritische Reflexion völlig auseinandergelebt, so daß wir heute eine institutionsfremde theologische Reflexion und eine reflexionsfremde Institution haben? Wo also ist die geschichtliche und soziale Basis für den Anspruch, der in der Definition der Kirche als einer kritischen Institution gegenüber der Gesellschaft liegt? Diese Schwierigkeit besteht. Es gibt wohl auch keine große gesellschaftskritische Idee in unserer Geschichte – sei es Revolution, Aufklärung, Vernunft oder auch Liebe, Freiheit –, die nicht durch das geschichtliche Christentum und seine Institution schon einmal desavouiert worden wäre. Demgegenüber hilft auch keine nachträgliche interpretatorische Zurechtrückung, sondern – wenn überhaupt – nur eine neue Praxis der Kirche. Ist sie zu erwarten? Ich meine: ja. Alles Folgende ist von diesem Vertrauen getragen.

3. Worin besteht denn nun *die kritisch-befreiende Funktion der Kirche* im Hinblick auf unsere Gesellschaft und ihren geschichtlichen Prozeß? Welches sind die Elemente jenes schöpferischen Widerstandes, durch den der gesellschaftliche Fortschritt überhaupt erst Fortschritt wird?[8] Ich möchte ohne System und ohne Ehrgeiz auf Vollständigkeit einige dieser kritischen Aufgaben der Kirche nennen.

a) Durch ihren eschatologischen Vorbehalt gegenüber jeder abstrakten Fortschritts- und Humanitätskonzeption schützt sie den einzelnen augenblicklich lebenden Menschen davor, nur als Material und Mittel für den Aufbau einer technologisch durchrationalisierten Zukunft betrachtet zu werden. Sie kritisiert den Versuch, die Individualität nur als Funktion eines technologisch gesteuerten Gesellschaftsprozesses zu sehen. Gewiß, auch in unseren gesellschaftlichen Utopien mag es einen positiven Begriff des einzelnen geben. Aber gilt hier der einzelne nicht nur, insofern er der erste ist in der Eröffnung neuer gesellschaftlicher Möglichkeiten, insofern er das ist, was später alle einmal werden müssen? Was aber ist dann mit den Armen und Bedrängten, die gerade dadurch arm sind, daß sie nicht solche erste zu sein vermögen? Hier hat der eschatologische Vorbehalt der Kirche mit ihrer institutionalisierten gesellschaftskritischen Kraft eine Individualität zu schützen, die nicht durch ihren Stellenwert im Fortschritt der Menschheit definierbar ist.

b) Ein weiterer kritischer Gesichtspunkt scheint mir dieser zu sein: Die Kirche muß gerade heute angesichts der politischen Systeme immer neu kritisch-befreiend betonen, daß die Geschichte als ganze unter dem eschatolo-

[8] Fortschritt besteht ja gerade im kritischen Widerstand gegen seine ideologisierende Verallgemeinerung, besteht also gerade nicht im kritiklosen Sichüberlassen an seinen vermeintlichen Stufengang; vgl. Th.W. Adorno, aaO. 19. „Wenn ein Menschenfresser mit Messer und Gabel ißt – ist das Fortschritt?", S.J. Lec, Unfrisierte Gedanken, München 1959, 19.

gischen Vorbehalt Gottes steht. Sie muß zur Geltung bringen, daß die Geschichte als ganze niemals ein politischer Begriff im engeren Sinne des Wortes werden kann, daß deshalb Geschichte als ganze niemals zum Inhalt eines partikularen politischen Handelns werden kann. Denn es gibt kein innerweltlich angebbares Subjekt der Gesamtgeschichte, und wo immer eine Partei, eine Gruppe, eine Nation oder eine Klasse sich als dieses Subjekt zu verstehen sucht und damit das Ganze der Geschichte zum Horizont ihres politischen Handelns machen will, muß sie zwangsläufig ideologisch totalitär werden.[9]
c) Schließlich muß die Kirche gerade heute jene kritische Potenz mobilisieren, die in der zentralen Tradition von der christlichen Liebe liegt. Diese Liebe darf ja nicht nur auf den interpersonalen Bereich des Ich-Du eingeschränkt werden. Sie darf auch nicht nur als eine Art karitativer Nachbarschaftshilfe verstanden werden. Sie muß in ihrer gesellschaftlichen Dimension interpretiert und zur Geltung gebracht werden, das heißt aber, Liebe muß als unbedingte Entschlossenheit zur Gerechtigkeit, zur Freiheit und zum Frieden *für die Anderen* verstanden werden. In diesem Verständnis enthält die Liebe eine gesellschaftskritische Kraft, und zwar in zweifacher Hinsicht.
Zum einen erfordert sie eine entschiedene Kritik der reinen Gewalt. Sie erlaubt nicht, im Freund-Feind-Schema zu denken, denn sie gebietet als „Feindesliebe", sogar den Gegner selbst in die eigene universale Hoffnung einzubeziehen. Die Glaubwürdigkeit und Effizienz dieser Kritik der reinen Gewalt wird freilich nicht zuletzt davon abhängen, daß die Kirche, die sich als eine Kirche der Liebe bezeichnet, nicht selbst den Anschein einer Machtreligion erweckt. Die Kirche selbst kann und darf sich nicht machtpolitisch durchsetzen wollen. Sie dient ja schließlich nicht ihrer Selbstbehauptung, sondern der geschichtlichen Behauptung des Heils für alle. Sie hat also keine Macht, die der Macht ihrer Verheißungen vorausliegt. Aber eben das ist ein eminent kritischer Satz! Er zwingt die Kirche immer neu zur leidenschaftlichen Kritik an der reinen Gewalt, und er klagt sie selbst an, wenn sie – wie nicht selten in ihrer Geschichte – ihr kritisches Wort gegenüber den Mächtigen unserer Welt zu leise oder zu spät spricht, beziehungsweise wenn sie zu zögernd für alle bedrohten Menschen einsteht ohne Ansehen der Person, wenn sie nicht gegen jede Form der Verachtung leidenschaftlich kämpft. Diese Kritik der Gewalt bedeutet nicht, daß sich die Christen aus der Verwaltung der politischen Macht in jedem Fall zurückzuziehen hätten. Ja, ein solcher grundsätzlicher Rückzug könnte gerade ein Akt gegen die christliche Nächstenliebe sein. Denn die Christen haben ja durch ihren Glauben und dessen Tradition ein Prinzip der Kritik dieser Macht.
Und schließlich gilt für die christliche Liebe als gesellschaftskritische Po-

[9] Vgl. hierzu H. Lübbe, Herrschaft und Planung, in: H. Rombach (Hg.), Die Frage nach dem Menschen, Freiburg i.Br. 1966, 188–211.

tenz auch noch ein anderer Aspekt: Wenn diese Liebe sich gesellschaftlich mobilisiert als unbedingter Wille zur Gerechtigkeit und zur Freiheit für die Anderen, dann kann unter Umständen gerade diese Liebe selbst so etwas wie *revolutionäre Gewalt* gebieten. Wo ein gesellschaftlicher Status quo ebensoviel Ungerechtigkeit enthält, wie eventuell entstehen mag, wenn er revolutionär abgeschafft wird, da kann eine Revolution für die Gerechtigkeit und Freiheit „der Geringsten unter den Geschwistern" auch im Namen dieser Liebe nicht unerlaubt sein. Um so ernster mag deshalb der Vorwurf von Maurice Merleau-Ponty klingen, daß man noch nie eine Kirche gesehen habe, die für eine Revolution eingetreten ist allein deswegen, weil sie gerecht schien. Wiederum wird deutlich, daß sich die gesellschaftskritische Aufgabe der Kirche immer auch in eine religionskritische und kirchenkritische Aufgabe verwandelt. Beide gehören ständig zusammen wie zwei Seiten einer Münze.

4. Diese gesellschaftskritische Funktion ist daher nicht ohne Rückwirkung auf die Kirche selbst. Sie zielt auf die Dauer auf ein *neues Selbstverständnis der Kirche* und auf eine *Transformation ihres institutionellen Verhaltens* gegenüber der modernen Gesellschaft. Dieser Gedanke ist nun noch kurz zu erläutern. Die bisherige Überlegung ging ja davon aus, daß nicht nur der einzelne, sondern die Kirche als Institution Träger einer kritischen Haltung gegenüber der Gesellschaft sei. Diese Voraussetzung hat verschiedene Gründe. Einer davon entspringt der Philosophie und Soziologie des modernen kritischen Bewußtseins überhaupt. Er verweist auf die Aporien, in denen sich der kritische einzelne gegenüber dieser Gesellschaft und deren anonymen Strukturen befindet. Er postuliert eine Institutionalisierung dieser Kritik und fordert damit „Institutionen zweiter Ordnung", die Träger und Garant kritischer Freiheit sein können. Ist die Kirche eine solche „Institution zweiter Ordnung"? Sie ist es in ihrer gegenwärtigen Erscheinungsform nicht. Ich möchte kühn sagen: Sie ist es *noch nicht*. Wie und unter welchen Bedingungen kann sie es werden? Und gibt es Anzeichen dafür, daß sie es wird? Dazu möchte ich abschließend noch einige Bemerkungen machen.

a) Was geschieht eigentlich, so fragen wir *zunächst*, wenn die Kirche heute eine konkrete gesellschaftskritische Aussage macht? Sie hat solche Äußerungen ja versucht, zum Beispiel schon in einigen Passagen der Pastoralkonstitution des jüngsten Konzils, dann deutlicher und dezidierter in der Enzyklika *Populorum progressio*. Was geschah hier? Die kirchliche Institution war hier gezwungen, *Informationen* zu berücksichtigen und zu verarbeiten, die nicht einfach aus kirchlich-theologischer Reflexion resultieren. Solche gesellschaftskritischen Äußerungen erzwingen ein neues Verhältnis zur nichttheologischen Information. Nur wenn die Kirche solche Informationen aufnimmt, können von ihr kritische Impulse ausgehen, Impulse, die nicht bloß auf die eigene Reproduktion der Kirche zielen. Diese Informationen zersetzen aber auf die Dauer ein unkritisches monolithisches Bewußtsein innerhalb der kirchlichen Institution selbst. Die neue Informationsgrundlage kirchlicher Äußerungen fordert darüber hinaus eine ganz *neue Sprech- und*

Aussageweise der Kirche. Die auf solchen Informationen beruhenden Aussagen können nicht einfach doktrinell vorgetragen werden. Sie fordern den Mut zum kontingent-hypothetischen Sprechen. Sie verlangen ein weisendes Wort, das weder unverbindlich-beliebig noch doktrinell-dogmatisierend ist. Die Not der Kirche heute, konkret kritisch sprechen zu müssen, bringt deshalb gleichzeitig eine Art Entmythologisierung und Entritualisierung ihres Sprechens und Verhaltens mit sich. Die kirchliche Institution erfährt nämlich nun, daß sie sich auch kritisch widersprechen lassen muß, daß sie gewisse Einseitigkeiten nicht vermeiden kann und Vorläufiges riskieren muß. Wenn sie so zu sprechen lernt, belastet sie auch die gesellschaftliche Initiative einzelner Christen nicht mit doktrineller Starrheit, sie entreißt diese Initiative aber ihrer Beliebigkeit.
b) Mit dem Gesagten hängt ein *weiterer* Gesichtspunkt unmittelbar zusammen: Kirchliche Kritik der Gesellschaft wird auf die Dauer nur dann glaubwürdig und effizient sein, wenn sie in zunehmendem Maße von einer *kritischen Öffentlichkeit innerhalb dieser Kirche* selbst getragen ist. Denn wer, wenn nicht diese kritische Öffentlichkeit, sollte dafür Sorge tragen, daß die Kirche als Institution nicht in sich selbst das abbildet, was sie gerade an anderen kritisiert? Freilich, die Beschreibung solcher kritischer Öffentlichkeit in der Kirche hat bis heute noch wenig Material. Deshalb seien wenigstens einige Aufgaben dieser kritischen Öffentlichkeit genannt. Eine dieser Aufgaben besteht in dem kritischen Einspruch gegen jede sogenannte ideologische Selbstermächtigung kirchlicher Institutionen, das heißt gegen den Versuch, durch institutionelle Maßnahmen ganz bestimmte inhaltliche, gesellschaftspolitische und ökonomische Vorstellungen durchsetzen zu wollen. Eine andere kritische Aufgabe besteht im Abbau bestimmter unkontrolliert vorherrschender Milieuvorstellungen, also in einer Kritik am innerkirchlichen Milieu, in dem eine bestimmte Gesellschaftsschicht – meist jene des Kleinbürgers – dominiert, während andere von vornherein als unmaßgeblich sortiert oder ausgeblendet werden. Eine weitere kritische Aufgabe liegt in dem Aufweis der geschichtlichen Bedingtheit und des Wandels gesellschaftlicher Vorstellungen in der Kirche selbst; dadurch, daß dieser Wandel meist zeitlich versetzt gegenüber den gesellschaftlichen Prozessen geschieht, ist er zwar weniger leicht zu erkennen, aber deshalb nicht weniger existent. Wichtig ist auch – und dies sei als weiteres Beispiel kritischer Öffentlichkeit in der Kirche genannt – der kritische Einspruch gegen den kirchlichen Kampf an falschen Fronten. Wie oft würde der Scharfsinn, der aufgewandt wird, um gewisse gesellschaftliche Positionen zu halten, durchaus hinreichen, um sie initiativ selbst zu verändern! Dann scheint eine Kritik am relativ geringen Versöhnungs- und Toleranzeffekt im Christentum selbst wichtig zu sein. Schließlich sollte und müßte die Kirche ja auch als Institution dadurch sichtbar und wirksam werden, daß in ihr bestimmte gesellschaftliche Verhaltensweisen ausgeschlossen sind, wie zum Beispiel Rassismus, Nationalismus und jede Form der Verachtung des Menschen. Diese Beispiele mögen hier genü-

gen. Den Mut zum Aufbau einer solchen kritischen Öffentlichkeit gewinnt man freilich nur aus dem Vertrauen auf einen gewissen Wandel im institutionellen Verhalten der Kirche selbst. Aber vielleicht ist dieses Vertrauen eine der wichtigsten konkreten Gestalten unserer Kirchlichkeit heute.

c) Schließlich eine *letzte* Bemerkung: Die gesellschaftskritische Attitüde der Kirche kann nicht darin bestehen, in unserer pluralistischen Gesellschaft eine positive Gesellschaftsordnung normativ zu proklamieren; sie kann nur darin bestehen, daß Kirche in dieser Gesellschaft und ihr gegenüber kritisch-befreiend wirksam wird. Aufgabe der Kirche ist hier nicht eine systematische Soziallehre, sondern – Sozialkritik. Als gesellschaftlich partikulare Institution kann die Kirche ihren universalen Anspruch gegenüber der Gesellschaft nur dann ohne Ideologie formulieren, wenn sie ihn *als Kritik* darstellt und zur Geltung bringt. Aus dieser grundsätzlichen gesellschaftskritischen Haltung ergeben sich noch zwei wichtige Gesichtspunkte:

Einmal wird sichtbar, wieso die Kirche in ihrer Definition als gesellschaftskritische Institution am Ende nicht doch zu einer politischen Ideologie wird. Keine politische Partei kann sich nämlich nur als solche Kritik etablieren, und keine politische Partei kann andererseits das zum Inhalt ihres politischen Handelns machen, was der Horizont für diese kirchliche Kritik der Gesellschaft ist, nämlich das Ganze der Geschichte unter dem eschatologischen Vorbehalt Gottes. *Zum anderen* ergibt sich gerade aus dieser kritischen Funktion der Kirche gegenüber der Gesellschaft die grundsätzliche Möglichkeit zur Kooperation mit anderen nichtchristlichen Institutionen und Gruppen. Die Basis für eine solche Kooperation zwischen Christen und Nichtchristen, zwischen Menschen und Gruppen der verschiedensten ideologischen Ausrichtungen kann nämlich nicht primär eine positive Bestimmung des Gesellschaftsprozesses sein, kann nicht eine bestimmte inhaltliche Vorstellung von der künftigen freien Gesellschaft der Menschen sein. Hinsichtlich dieser Positivität wird es immer Differenzen und immer einen Pluralismus geben; dieser Pluralismus im positiven Entwurf der Gesellschaft kann unter den Bedingungen unserer Geschichte gar nicht aufgehoben werden, wenn nicht anstelle seiner freien Verwirklichung die totale Manipulation treten soll. Hinsichtlich der Kooperation bietet sich deshalb primär eine kritisch-negative Haltung und Erfahrung an: die Erfahrung des bedrohten Humanen, die Erfahrung der Bedrohtheit von Freiheit, Gerechtigkeit und Frieden. Wir sollten diese negative Erfahrung nicht unterschätzen. In ihr steckt eine elementare positive Kraft der Vermittlung.[10] Wenn wir uns auch nicht direkt und unvermittelt über das einigen können, was Freiheit, Friede

[10] Diese „negative Vermittlung" des positiv Humanen ist entwickelt am nachhegelianischen „dialektischen" Vermittlungsproblem. Dabei enthält diese „negative Vermittlung" ein Element der Hoffnung, das sich als (und nur als) „Kritik der Gegenwart" versteht. Auf dieses im kritischen Bewußtsein implizierte Hoffnungs- bzw. Versöhnungselement kann hier nicht im einzelnen eingegangen werden. – Die christliche Theologie stellt für die oben skizzierte

und Gerechtigkeit positiv sind, so haben wir doch eine lange gemeinsame Erfahrung dessen, was Unfreiheit, Unfriede und Ungerechtigkeit sind. Diese negative Erfahrung bietet die Chance zur Einigkeit – weniger im positiven Entwurf der gesuchten Freiheit und Gerechtigkeit, als im kritischen Widerstand gegen das Grauen und den Terror der Unfreiheit und der Ungerechtigkeit. Die in dieser Erfahrung liegende Solidarität, die Möglichkeit also einer gemeinsamen Front des Protestes, muß gesehen und mobilisiert werden. Denn die Gefahr eines neuen Unfriedens bleibt zu nahe. Die Irrationalismen unserer gesellschaftlichen und politischen Praxis sind zu deutlich. Die Möglichkeit einer „kollektiven Verfinsterung" ist noch nicht gebannt. Die Gefahr des Unfriedens, der Unfreiheit und der Ungerechtigkeit ist zu groß, als daß die Gleichgültigkeit ihr gegenüber nicht zum Verbrechen werden könnte.

Exkurs
Über Institution und Institutionalisierung
(1967)

Erstmals in: Neues Forum 14 (1967) 162/163, 461–464; hier übernommen aus: *Zur Theologie der Welt,* Mainz/München 1968, [5]1985, 122–127. – Zum Verständnis von Institution und Institutionalisierung in den späteren Überlegungen vgl. in diesem Band vor allem § 10 und den zugehörigen Exkurs. Dort auch erste Hinweise auf die Bedeutung des Axioms „Freiheit nicht gegen, sondern in Institutionalisierung" bei den neuen Organisations- und Institutionalisierungsmodellen an der gesellschaftlichen Basis angesichts der beschleunigten Globalisierung.

Der Versuch, Kirche im Lichte Politischer Theologie als „Institution gesellschafskritischer Freiheit" zu bestimmen, enthält eigentlich die Frage nach einer theologischen Theorie der Institution und der Institutionalisierung. Das damit angeschlagene Thema kann hier jedoch nicht in sich behandelt werden; es müßte nämlich einerseits von vornherein den unterschiedlichen Gebrauch des Begriffes „Institution" berücksichtigen (Institution als Organisation, als rechtliche Institution – wie Ehe, Staat, Kirche –, als institutionalisiertes Bewußtsein usw.), es müßte andererseits im ständigen interdisziplinären Kontakt entwickelt werden, das heißt in kritischer Auseinandersetzung einer (bisher kaum ausgearbeiteten) theologischen Institutionstheorie mit den Institutions- und Institutionalisierungsthesen anderer Disziplinen. *Hier* soll nun in *allgemeiner* Form auf eine Akzentuierung des Themas Institution und Institutionalisierung hingewiesen werden, wie sie sich bei der

und geforderte Einigkeit im Negativen eine besondere Möglichkeit bereit: Sie kennt nämlich eine „negative Theologie der Zukunft", die von sich aus nicht mehr, sondern eher weniger über die Inhalte dieser Zukunft angibt als die modernen Zukunftsideologien.

versuchsweisen Bestimmung der Kirche als Institution gesellschaftskritischer Freiheit zeigt.

1. Diese Akzentuierung scheint mir darin zu liegen, daß sich heute das seit der Aufklärung immer wieder aporetisch erörterte Verhältnis zwischen Institution und kritischer Freiheit des mündigen einzelnen verwandelt in *die Frage nach der Institutionalisierung dieser kritischen Freiheit selbst*. Dieser neue Akzent des Institutionsproblems, der meines Erachtens zugleich neues Licht auf das Verständnis von Kirche als Institution werfen könnte, soll hier kurz anhand der Frage nach der Form und dem Träger der Kritik gesellschaftlicher Praxis heute verdeutlicht werden.

Blicken wir zunächst kurz auf Wissenschaft und Philosophie als gesellschaftskritische Instanzen! Wenn eine gesellschaftliche Praxis beziehungsweise eine politische Entscheidung einfach gesetzt und durchgesetzt wird, ohne daß die in ihr liegenden Vorentscheidungen kritisch durchleuchtet werden, kann man von einer irrationalen oder auch rein ideologischen Praxis sprechen. Doch diese Gestalt des Irrationalismus und der Ideologie gewissermaßen „erster Ordnung" ist nicht das Problem gegenwärtiger Gesellschaftskritik. Inzwischen werden nämlich die gesellschaftlichen Praxen und die politischen Entscheidungen sowie die sie tragenden Institutionen kritisch durchreflektiert, wissenschaftlich informiert und technologisch rationalisiert. Doch die modernen wissenschaftlichen Entscheidungstheorien, die mit mathematisch-kybernetischen, soziologischen, ökonomischen Modellen usw. arbeiten, können zwar innerhalb eines bestimmten Mittel-Zweck-Zusammenhangs die gesellschaftlich-politische Praxis rationalisieren, aber sie können mit ihren Methoden nicht über die sogenannten „Präferenzen" der zu verfolgenden Zwecke selbst befinden. Hier werden vielmehr die gesellschaftliche Praxis und die politische Entscheidung durch die wissenschaftliche Rationalisierung hindurch erneut freigesetzt, und es entsteht nur ein verschleierter „Irrationalismus zweiter Ordnung", wenn die wissenschaftlichen Entscheidungstheorien und die technologischen Planungen den Eindruck erwecken wollten, sie könnten – zumindest unter unseren gegenwärtigen Bedingungen – zu einer adäquaten kritischen Bestimmung gesellschaftlicher Praxis gelangen.

Auch der philosophischen Kritik der gesellschaftlichen Praxis, auf die man sich in solcher Situation vielleicht berufen möchte, kann ein solcher „Irrationalismus zweiter Ordnung" drohen: ein Irrationalismus, der nicht durch Mangel an Reflexion entsteht, sondern dadurch, daß das vom einzelnen Philosophen Reflektierte und kritisch Durchdachte selbst wieder in die Unverbindlichkeit und Beliebigkeit zu verschwinden scheint. Darum gibt es wohl auch moderne philosophische Tendenzen, die auf eine Stillegung der sogenannten „kritischen Subjektivität" zielen. Andere suchen die gesellschaftskritische Effizienz der Philosophie dadurch zu wahren und der doch wohl drohenden Beliebigkeit der philosophierenden Subjektivität in unserer Gesellschaft dadurch zu entgehen, daß sie ihre Position indirekt institutionalisieren: Sie sprechen eine Sprache, die gewissermaßen unabhängig von der einzelnen kritischen Reflexion „besteht“, die – wie eine Firmenmarke – immer erkennbar ist und so eine Konsistenz jenseits der philosophierenden Subjektivität verleiht. Gerade diese indirekte Selbstinstitutionalisierung einer gesellschaftskritisch wirksamen Philosophie scheint mir symptomatisch darauf hinzuweisen, daß wir in einer geschichtlichen Phase stehen, in der die Institutionen wieder eine ganz neue Bedeutung gewinnen: Institutionen nicht nur als Antipoden zur kritischen Freiheit des einzelnen, nicht nur als fortwährender Gegenstand der kritischen Aufmerksamkeit und des Protestes der Freiheit des mündigen Menschen, sondern als gesuchte Träger eines kritisch verantwortlichen gesellschaftlichen Handelns. Die durch die Aufklärung initiierte, durch Marx revolutionär provozierte Gesellschaftskritik als Kritik der bestehenden Institutionen und ihrer politischen Machtverhältnisse transformiert sich heute in eine Gesellschaftskritik, die selbst wieder in einer bestimmten Form institutionsbedürftig ist.

So hat heute das klassische Problem des Verhältnisses von Institution und kritischer Freiheit eine ganz neue Pointe gewonnen. Es geht nicht nur darum, ob und wie sich innerhalb der bestehenden Institutionen kritische Freiheit und deren Dauerreflexion behaupten könne, sondern darum, ob und wie kritische Freiheit überhaupt ohne Institutionalisierung möglich sei, wenn sie maximale Verbindlichkeit und Effizienz für ihre gesellschaftskritische Aufgabe gewinnen will. Die bekannte Frage von Helmut Schelsky „Ist die Dauerreflexion institutionalisierbar?“[1] hat ihre Bedeutung nicht nur von der Institution her, nicht nur also im Sinne der Frage, ob Institution so etwas wie eine kritische Dauerreflexion in sich selbst zulasse; sie hat ihre Bedeutung gerade auch von der Situation der Kritik und der kritischen Freiheit selbst her, so daß sie schließlich die Pointe gewinnt: „Ist Dauerreflexion ohne Institutionalisierung überhaupt möglich?“

Die für diese Institutionalisierung der kritischen Freiheit gesuchten Institutionen sind gewissermaßen „Institutionen zweiter Ordnung“, deren Sinn nicht vor der kritischen Reflexion auf die gesellschaftliche Praxis bereits feststeht, sondern sich in dieser Reflexion selbst zeigt, Institutionen, die kritisches gesellschaftliches Handeln nicht verdrängen, sondern überhaupt erst konkret ermöglichen, da sie dieses Handeln der Beliebigkeit zu entreißen suchen. Vielleicht könnte man, versuchsweise, sogar von „Ideologien zweiter Ordnung“ sprechen, von „aufgeklärten Ideologien“, die nicht einfach vor dem gesellschaftlichen Bewußtsein fertig vorliegen, sondern die zu dem Willen einer wirksamen Kritik gesellschaftlicher Praxis und zu dem Willen der Ermöglichung eines verbindlichen gesellschaftlichen Handelns gehören.

Die genannten „Institutionen zweiter Ordnung“ – das ergibt sich unmittelbar aus dem Gesagten – müssen in sich selbst freiheitssichernd beziehungs-

[1] Vgl. H. Schelsky, Ist die Dauerreflexion institutionalisierbar?, in: Auf der Suche nach Wirklichkeit, Düsseldorf 1965, 250–275.

weise freiheitsermöglichend sein. Sie dürfen nicht aufklärungs- und reflexionsfeindlich sein. In ihnen muß die Öffentlichkeit selbst eine kritische Funktion ausüben können. Und *hier* ließen sich Ort und Aufgabe der Kirche als Institution einer gesellschaftskritischen Freiheit näher erläutern (wie das im Beitrag über „Kirche und Welt im Lichte einer Politischen Theologie" andeutungsweise geschah).

2. Eine der wesentlichen Bedingungen dafür, daß die Kirche sich als eine solche „Institution zweiter Ordnung" verstehen kann, ist der Aufbau einer *innerkirchlichen kritischen Öffentlichkeit.* Mag die konkrete geschichtliche und soziale Basis für das Entstehen einer solchen kritischen Öffentlichkeit in der Kirche im einzelnen auch sehr schwer und keinesfalls monokausal zu bestimmen sein[2], so liegt die *theologische Basis* im Letzten offensichtlich in der in der christlichen Hoffnung bewußt angenommenen Differenz zwischen der institutionellen Kirche und dem von ihr verkündeten eschatologischen „Reich Gottes". Wo diese Differenz beziehungsweise dieser Abstand offengehalten wird, wo also die Kirche selbst in ihrer eigenen endzeitlichen Vorläufigkeit bewußt wahrgenommen wird, ist immer neu ein kritischer Ansatz zur Überfragung und Sprengung all jener Tendenzen gegeben, denen Kirche in ihrem institutionellen Charakter ausgesetzt ist und auch immer wieder nachzugeben in Gefahr steht: der Tendenz zum Beispiel zur bloßen Beharrung und Stabilisierung, der Tendenz, nur das Gewordene und Bestehende gelten zu lassen, der Tendenz, sich nur ans Erprobte zu halten und dem Neuen, Noch-nie-Gewesenen grundsätzlich zu mißtrauen, die Gewohnheit zu kanonisieren und sie als Abbild eigener Unüberwindlichkeit zu verstehen; der Tendenz andererseits, den unterstellten Konsens der Gläubigen als eine einheitlich überschaubare Größe aufzufassen, die sich in den Äußerungen der Institution adäquaten Ausdruck verschafft; der Tendenz, alle partiellen Identifizierungen mit der kirchlichen Institution rein negativ – als Formen des „Randchristentums" – zu kennzeichnen, ohne diese Verhaltensweisen daraufhin zu befragen, ob und inwieweit sie nicht dem kritischen Gespür für jenen „Überschuß" und „Überhang" an eschatologischer Wahrheit entspringen, der in der einen kirchlichen Institution nicht zur Erscheinung kommt usw. In diesem Sinne erwächst aus der in der Hoffnung thematisierten Differenz zwischen Kirche und „Reich Gottes" der Impuls zum Aufbau einer innerkirchlichen kritischen Freiheit. Die Kirche, die die damit gegebenen Spannungen innerhalb ihres institutionellen Rahmens abschaffen und ausräumen, sie als heterodox ausscheiden wollte, würde nicht

[2] Hier müßte wohl – im Gegenzug zu der in der Politischen Theologie entfalteten gesellschaftskritischen Funktion der Kirche – von einer *kirchenkritischen Wirkung der (neuzeitlichen) Gesellschaft* gesprochen werden. Aufschluß könnte hier m. E. vor allem eine genauere Untersuchung über die geschichtliche Genesis des Gedankens der Religionsfreiheit in der Kirche geben, wie er im entsprechenden Dekret des Zweiten Vatikanischen Konzils proklamiert wurde.

einheitlicher und geschlossener wirken; es würde sich in ihr nur die Friedhofsruhe erstorbenen Lebens ausbreiten.
Lange Zeit hatten wohl die kirchlichen *Orden* die Aufgabe, in der Kirche selbst immer wieder diese kritische Freiheit des eschatologischen Gewissens zur Geltung zu bringen, die Kirche und ihre etablierten Ordnungen unter den eschatologischen Vorbehalt Gottes zu rücken und von hier aus auch konkrete Erscheinungsformen kirchlichen Lebens zu kritisieren und Anzeichen der ideologischen Selbstinthronisierung der irdischen Kirche zu bekämpfen. Es wäre zu fragen, ob sich die großen Orden, die heute ja mehr oder weniger alle in einer Sinnkrise zu stehen scheinen, nicht wieder entschiedener dieser ihrer ursprünglichen kirchenkritischen Aufgabe entsinnen sollten, die ihnen aus ihrer betont endzeitlichen Orientierung im Rahmen der Gesamtkirche zugewachsen ist. Heute muß freilich der Versuch hinzutreten, eine kritische Öffentlichkeit innerhalb der Kirche überhaupt aufzubauen, eine kritische Öffentlichkeit, die von den verschiedensten Instanzen getragen wird und die dem charismatischen Impuls in der Kirche Raum gibt.

Appendix
Lexikonartikel „Politische Theologie“
(1969)

Übernommen aus: K. Rahner (Hg.), Sacramentum Mundi. Theologisches Lexikon für die Praxis, Bd. 3, Freiburg i.Br. 1969, 1232–1240; ebenfalls abgedruckt in K. Rahner (Hg.), Herders Theologisches Taschenlexikon, Bd. 6, Freiburg i.Br. 1973, 51–58 (ohne Literaturangaben).

Der Begriff Politische Theologie wird in der *gegenwärtigen* theologischen Diskussion in einem ganz bestimmten Problem- und Sinnzusammenhang gebraucht. Dieser Kontext muß berücksichtigt werden, da der Begriff politische Theologie in sich mehrdeutig und nicht unmißverständlich ist. Er ist zudem historisch sehr belastet. Terminologisch leitet er sich aus der Stoa und ihrer Dreiteilung von mythischer, natürlicher und politischer Theologie her (vgl. Varro bei Augustinus, De civ. Dei VI 5). In Rom erhielt die politische Theologie den Vorrang gegenüber der „natürlichen“ (wie sie in der hellenistischen Tradition dominierte). Sie wurde hier zur theologischen Sanktionierung des Primats der Politik und zur Legitimation des bestehenden „absoluten“ Anspruchs des Staates. Diese römische politische Theologie wurde in der Renaissance wieder aufgegriffen; sie fand ihre Befürworter z.B. in Macchiavelli und Hobbes und – im Hinblick auf die restaurative Idee eines „christlichen Staates“ – im französischen Traditionalismus des 19. Jahrhunderts.
1. Von dieser bis in die politische Romantik (Baader, Schelling; Pilgram u.a.)

reichenden Bedeutung des Begriffes politische Theologie, die unter den Bedingungen gegenwärtiger Gesellschaft notwendig restaurativ-integralistische bzw. (im Zusammenhang politischer Theorie: vgl. C. Schmitt) ausgesprochen dezisionistische Züge gewinnen muß, ist entschieden jener Gebrauch von Politischer Theologie *zu unterscheiden*, der in der (hermeneutischen) Grundlagenproblematik gegenwärtiger systematischer Theologie auftaucht. *Hier* gewinnt Politische Theologie vor allem in zweifacher Hinsicht Bedeutung.

a) Zum einen erscheint Politische Theologie hier als *kritisches Korrektiv* gegenüber einer gewissen Privatisierungstendenz in der gegenwärtigen Theologie (in ihrer transzendentalen, existentialen und personalistischen Ausprägung). Dieses Verständnis von Politischer Theologie knüpft kritisch an die gegenwärtige innertheologische Problemsituation an und sucht die tendenzielle Privatisierung des Kerns der christlichen Botschaft, die Reduktion der Praxis des Glaubens auf die weltlose Entscheidung des einzelnen, wie sie sich in der Theologie als Reaktion auf das Auseinandertreten von Religion und Gesellschaft herausgebildet hat (Aufklärung), kritisch zu überwinden – zu überwinden nicht im Sinne der Rückkehr zu einer naiven, vorkritischen Identifizierung von Religion und Gesellschaft, sondern im Sinne einer neuen „zweiten Reflexion" auf das Verhältnis beider. Als solches kritisches Korrektiv ist Politische Theologie geleitet von der Absicht der Entprivatisierung der theologischen Begriffswelt, der Verkündigungssprache und der Spiritualität. Sie sucht, jene überschwengliche Privatheit des Redens von Gott, die hartnäckige Entgegensetzung von geistlicher Existenz und gesellschaftskritischer Freiheit zu überwinden, welche die allenthalben feststellbare Kluft vergrößert zwischen dem, was in Theologie und Verkündigung als entscheidend vorgebracht wird, und dem, wovon der Christ faktisch lebt und sich beanspruchen läßt.

b) Zum anderen erscheint hier Politische Theologie als Versuch, die eschatologische Botschaft des Christentums zu formulieren unter den Bedingungen unserer Gesellschaft und mit Berücksichtigung des Strukturwandels ihrer Öffentlichkeit *(Versuch der Überwindung einer rein passiven Hermeneutik des Christentums im zeitgenössischen gesellschaftlichen Kontext)*. Dabei ist diese Öffentlichkeit nicht verstanden als Gegenstand sekundärer „christlicher Öffentlichkeitsarbeit" oder eines nachträglichen – mehr oder minder immer machtpolitisch gefärbten – „christlichen Öffentlichkeitsanspruchs", sondern primär als Wesensmedium theologischer Wahrheitsfindung und christlicher Verkündigung überhaupt.

2. In diesem Sinne bezeichnet Politische Theologie nicht primär eine neue theologische Disziplin neben anderen, mit einer bestimmten regionalen theologischen Aufgabenstellung. Sie ist nicht einfach etwa „angewandte Theologie", gewissermaßen auf Öffentlichkeit und Politik angewandte Theologie. In dieser Hinsicht ist sie auch nicht einfach identisch mit dem, was man innerhalb der Theologie „politische Ethik" nennt, auch nicht mit dem, was

in den verdienstvollen Strömungen einer Sozial-Theologie bzw. des Social Gospel intendiert war. Politische Theologie reklamiert nämlich einen *Grundzug im Aufbau des kritischen theologischen Bewußtseins überhaupt,* das freilich von einem neuen Theorie-Praxis-Verhältnis bestimmt ist, demzufolge jede Theologie als sie selbst „praktische", handlungsorientierende Theologie sein muß. – Nur wer das so gekennzeichnete fundamentale theologische Anliegen der Politischen Theologie übersieht, kann sie als politisierende Theologie (in einer schlechten Unmittelbarkeit zur gesellschaftlich-politischen Öffentlichkeit) mißverstehen, obwohl Politische Theologie durch ihre gesellschaftsbezogene Reflexion gerade verhindern will, daß Theologie und Kirche unkontrolliert und wie vom Rücken her mit beliebigen politischen Ideologien aufgeladen werden.

3. Diese Politische Theologie bezieht alles auf die eschatologische Botschaft Jesu, aber *auf dem Wege über die neue Ausgangssituation kritischer Vernunft,* wie sie schon durch die Aufklärung angebahnt wurde und wie sie zumindest seit der Mitte des 19. Jh., seit Hegel und Marx, ihre Artikulation fand, wenngleich sie im Zuge einer rein idealistischen und dann später personalistischen und existentialistischen Tradition der Theologie nicht zureichend ansichtig und gewürdigt wurde. Das Eigentümliche an dieser Ausgangssituation ist, verkürzt gesagt, das fundamentale Verhältnis von Vernunft und Gesellschaft, der gesellschaftsbezogene Charakter kritischer Reflexion, der Zwang der kritischen Vernunft, sich gesellschaftlich zu reflektieren, und die Unmöglichkeit, den kritischen Anspruch der Vernunft „rein theoretisch" durchzuhalten. In der Politischen Theologie wird somit das klassische Problem des Verhältnisses von *fides* und *ratio* auf dieser neuen Problemebene rekonstruiert; und das sog. hermeneutische Grundproblem der Theologie zeigt sich in diesem Horizont nicht primär als dasjenige des Verhältnisses von systematischer und historischer Theologie, von Dogma und Geschichte, sondern als dasjenige von Glaubensverständnis und gesellschaftsbezogener Praxis.

a) *Das neue Theorie-Praxis-Verhältnis, theologisch:* In Zusammenhang mit postbultmannschen Neuansätzen in der evangelischen Theologie (vor allem bei J. Moltmann und W. Pannenberg) betont die Politische Theologie den Basischarakter der Eschatologie und rückt die eschatologische Reich-Gottes-Botschaft in neuer Weise in die Mitte des theologischen Bewußtseins – gemäß der engen inneren Zusammengehörigkeit von Gott und kommender Gottesherrschaft in der ntl. Tradition des Gottesverständnisses. Die Zukunft dieser Herrschaft Gottes wird als inneres und bleibendes Moment an der theologischen Aussage über die Gottheit Gottes gesehen, die Kategorie „Zukunft" und die gesellschaftsbezogene Kategorie der Herrschaft Gottes und des „Reiches" werden in die Grundlage jeder theologischen Reflexion eingebracht. Wenn nämlich der Gottheit Gottes die verheißene „neue Welt" entspricht, dann kann die Wahrheit von der Gottheit Gottes gar nicht unter den Bedingungen der Gegenwart zureichend gedacht werden, dann ist also die jeweils gegenwärtige bestehende Welt gar nicht die ausreichende Basis

für das Verständnis dieser Wahrheit, dann kann vielmehr nur eine „Überwindung“ der Gegenwart und ihrer Verstehensbedingungen einen Zugang zur künftigen Wahrheit der Gottheit Gottes eröffnen. Gerade Theologie, die den eschatologischen Charakter ihres „Gegenstandes“ ernst nimmt, ist „transzendental notwendig auf die Artikulierung eines handlungsorientierenden Selbstverständnisses bezogen“ (J. Habermas).
In diesem Sinne sieht Politische Theologie das neue Theorie-Praxis-Verhältnis, wie es in den dialektischen Geschichtsphilosophien (mit revolutionsgeschichtlichen Ansätzen) des 19. Jh., vor allem seit Hegel und in der linkshegelianischen Tradition, entwickelt wurde, nicht einfach als schlechte Popularisierung der christlichen Eschatologie, als Verfall dieser Eschatologie in rein innerweltliche Geschichtsentwürfe und Gesellschaftsutopien, sondern gerade auch als Anzeichen dafür, daß hier „das eschatologische Krisenbewußtsein zum historischen Bewußtsein seiner selbst kommt“ (J. Habermas). Damit aber nimmt die Politische Theologie die kritische Konfrontation mit einer philosophischen Tradition auf, die in der neueren Theologie wenig Berücksichtigung fand. Während sich nämlich die jüngere systematische Theologie – im katholischen Raum vor allem in ihrem kritischen Ausbruch aus dem System der Neuscholastik – zwar mit der Transzendentalphilosophie Kants, dem deutschen Idealismus und den Nachfolgephänomenen des Personalismus und der Existenz(ial)philosophie auseinandersetzte, blieb die linkshegelianische Tradition mit den ihr immanenten geschichtsphilosophischen Entwürfen mehr oder weniger ausgeblendet. Zugleich nimmt die Politische Theologie die Auseinandersetzung mit der in dieser Tradition begründeten Religionskritik auf, die (als Ideologie-Kritik) Religion als abgeleitete Funktion bestimmter gesellschaftlicher Praxen und Machtverhältnisse zu begreifen und, unter dem Stichwort des „falschen Bewußtseins“, das religiöse Subjekt zu dechiffrieren sucht als die sich ihrer selbst (noch nicht) bewußte Gesellschaft.
b) *„Öffentlichkeit“, theologisch:* Politische Theologie sucht – unter Berücksichtigung der Situation der aufgeklärten und säkularisierten Gesellschaft – jenen Öffentlichkeitsbezug neu zu reflektieren, der der ntl. Botschaft von Heil, Vergebung und Versöhnung immanent ist und den Jesus auch im Angesichte seines Todes aufrechterhält. Sie reklamiert das „Bewußtsein vom anhängenden „tödlichen“ Prozeß zwischen der eschatologischen Botschaft vom Reiche Gottes und der jeweiligen gesellschaftlich-politischen Öffentlichkeit unter Berücksichtigung von deren geschichtlichem Strukturwandel. Ohne eine legitime Individualisierung des Gottesverhältnisses (als Pointe ntl. Botschaft gegenüber atl. Tradition) zu leugnen, betont Politische Theologie, daß sich die zentralen Verheißungen der ntl. Reich-Gottes-Botschaft (Freiheit, Friede, Gerechtigkeit, Versöhnung) nicht radikal privatisieren lassen, daß sie also nicht einfach als Korrelat der Freiheits- und Friedenssehnsucht des einzelnen völlig verinnerlicht und spiritualisiert werden können, sondern den einzelnen in eine kritische Freiheit gegenüber seiner

gesellschaftlichen Mitwelt einsetzen. Der Zugang zu dem damit bezeichneten gesellschaftsbezogenen, „öffentlichen“ Charakter dieser Verheißungen ist vor allem in zweifacher Hinsicht verstellt.

a) Einmal durch die Gestalt jener politischen Theologie, wie sie sich in der frühchristlichen Tradition unter dem Einfluß der politischen Staatsmetaphysik Roms herausgebildet hat – als sog. „politische Christologie“ (vgl. H. Schmidt) bzw. „politischer Monotheismus“ (vgl. E. Peterson), worin in gefährlicher Kurzschlüssigkeit die eschatologische Reich-Gottes-Botschaft direkt politisiert wurde und so, im Konstantinischen Zeitalter, zur direkten Nachfolgerin der religiösen Staatsideologien des alten Rom werden konnte. Bis in die Gegenwart herein wirkt sich diese Form der Politisierung christlicher Botschaft negativ aus, verstellt den Zugang zum fundamentalen Öffentlichkeitsbezug der ntl. Botschaft und zum unmißverständlichen Gebrauch des Terminus „politische Theologie“. Indirekt hatte diese Traditionslinie auch dadurch bedenkliche Folgen, daß – vor allem seit Augustinus – in einer verständlichen kritischen Gegenbewegung zu diesem ideologischen Verfall christlicher Eschatologie nun die Inhalte dieser eschatologischen Verheißungen zu einseitig verinnerlicht, spiritualisiert und individualisiert wurden.

b) Zum anderen wird der Verstehenszugang zu dieser „öffentlichen“ Verfassung der eschatologischen Botschaft dadurch verstellt, daß man üblicherweise den kritisch-negativen, in dieser Negativität gleichwohl befreienden Zug des „öffentlichen“ Anspruchs der Botschaft übersieht und deshalb in der Herausstellung dieses Elements einen christlichen oder kirchlichen Neointegralismus befürchtet, der die säkularisierte und religiös emanzipierte Gesellschaft restaurativ unterlaufen möchte. In Wahrheit sucht die Politische Theologie diese „säkularisierte“ Welt als Ausgangspunkt von Theologie und Verkündigung radikal ernst zu nehmen – nicht freilich dadurch, daß sie (wie in manchen modernen theologischen Säkularisierungs-Theorien) diese Gesellschaft beziehungslos „freigibt“, indem sie den Gesellschaftsbezug der eschatologischen Botschaft eliminiert, sondern dadurch, daß sie ihre per definitionem universalen Kategorien „nur“ negativ-kritisch in dieser Gesellschaft zur Geltung bringt: Als gesellschaftlich partikulare Größe kann das Christentum die „Bestimmtheit“ („Absolutheit“) und „Universalität“ seiner Botschaft nur dann ideologiefrei formulieren, wenn es sie als kritische Negation (an und in bestimmten Situationen) formuliert.

Dadurch wird sichtbar, daß Politische Theologie mit ihrer Herauskehrung der Öffentlichkeitsstruktur christlicher Botschaft nicht in eine schlechte Unmittelbarkeit gegenüber der gesellschaftlich-politischen Öffentlichkeit zurückfällt. *Einmal* nämlich ergibt sich, daß das Christentum und seine Botschaft nicht einfach mit einer bestimmten politischen Institution (im engeren Sinn) identifiziert werden können: Keine politische Partei kann sich nämlich nur als solche Kritik etablieren, und keine politische Partei kann andererseits das zum Inhalt ihres politischen Handelns machen (will sie am Ende nicht romantisch oder totalitär wirken), was der Horizont für den kritischen

Einspruch des Christentums ist, nämlich das Ganze der Geschichte unter dem eschatologischen Vorbehalt Gottes. (Dieses „Ganze der Geschichte unter dem eschatologischen Vorbehalt Gottes“ sagt gerade kritisch-negativ, daß es kein innerweltlich angebbares Subjekt der Gesamtgeschichte gibt, das dieses Ganze der Geschichte zum Inhalt seines politischen Handelns machen könnte). Gleichwohl darf das „negative Gewissen“, die gesellschaftskritische Attitüde, in der sich der öffentliche Anspruch des Evangeliums vermittelt, nicht unterschätzt werden. Die in ihm liegende kritische Bestreitung gesellschaftlich-politischer Verhältnisse ist eine „bestimmte Negation“, d.h., sie entzündet sich kritisch an ganz bestimmten Verhältnissen, und sie kann, als gesellschaftskritische Haltung, unter bestimmten Voraussetzungen durchaus die Figur des revolutionären Protestes annehmen. Diese „negative Vermittlung“ des Evangeliums ist nicht in einem leeren und unbestimmten Sinn „rein negativ“, es steckt in ihr eine große Kraft des Positiven: Neue Möglichkeiten werden in und durch diese kritische Negation, freilich auch nur durch sie hindurch, eröffnet und freigelegt (zum streng dialektischen Verständnis dieser „kritischen Negation“ vgl. z.B. Adorno, Negative Dialektik). Es artikuliert sich in ihr die formale Figur von christlicher Hoffnung, insofern in dieser die in der Auferweckung Jesu Christi verheißene Erfüllung nur über die „tödliche“ Negation der bestehenden Welt erlangt wird, wie sie in der Botschaft vom Kreuz Jesu sich ausdrückt.

Zum anderen muß beachtet werden, daß politische (Herrschafts-)Probleme nie adäquat auf rein technologisch-rationale Planungsprobleme „eindimensional“ reduziert werden können (vgl. H. Marcuse; H. Lübbe), daß also die politische Entscheidung selbst – durch ihre legitime technologische Rationalisierung hindurch – an umstrittenen Zielen orientiert bleibt, d.h. daß der Rationalisierungsprozeß des politischen Handelns selbst von einem utopischen Interessenhorizont bestimmt bleibt, der von einem blinden Entscheidungspragmatismus zwar geleugnet, aber nicht eliminiert werden kann, und der „dialektisch“ verantwortet werden muß. Wenn *hier* der entscheidungstheoretische Ort für das gesellschaftskritische Wort des Christentums gesehen wird, dann kann dieses Wort nicht der schlechten Unmittelbarkeit gegenüber der gesellschaftlich-politischen Öffentlichkeit verdächtigt werden.

4. Die so beschriebene Politische Theologie könnte, im Hinblick auf die Verfahrensweise und ihren problemgeschichtlichen Kontext, auch als *dialektische Theologie* bezeichnet werden – nicht im Sinne der „Dialektischen Theologie“ des frühen K. Barth, in der „Dialektik“ vor allem die unvermittelbare (dadurch freilich auch geschichtslos wirkende) Paradoxie des Gott-Mensch-Verhältnisses bezeichnet, sondern im Sinne einer geschichtlichen Vermittlung der biblischen Botschaft, in der diese ihre Transzendenz bezeugt in kritisch-befreiender „Überschreitung“ bestehender Verhältnisse.

5. Politische Theologie kann und muß auch die *zentralen theologischen Wahrheiten* im Hinblick auf das in ihr artikulierte Verhältnis von Glaube und gesellschaftsbezogener Vernunft auslegen. So erscheint in ihrem Lichte *der*

christliche Glaube als Gestalt gesellschaftskritischer Freiheit und die Kirche als Ort dieser Freiheit, zu der sich der Christ im Angesicht der eschatologischen Botschaft berufen weiß.

a) Glaube, Hoffnung und Liebe als Gestalt gesellschaftskritischer Freiheit: *dogmatischer Glaube* als Bindung an Lehrformeln, in denen gefährliche Vergangenheit erinnert und vergegenwärtigt wird, in denen also der Anspruch ergangener Verheißungen und widerfahrener Hoffnungen in die Erinnerung zurückgerufen wird, um den Bann des herrschenden Bewußtseins (und seiner „Verdrängungen") kritisch zu durchbrechen; *Hoffnung* als kritisch-befreiender Schutz des einzelnen in bestimmter Negation eines jeden geschichtlich-gesellschaftlichen Totalitarismus, insofern im Vorgriff der Hoffnung das Ganze der Geschichte als unter dem eschatologischen Vorbehalt Gottes stehend bejaht wird; *Liebe* – nicht nur als interpersonales Geschehen, sondern gesellschaftsbezogen: als unbedingte und „selbstlose" Entschlossenheit zur Freiheit und zur Gerechtigkeit für die Anderen (= unmittelbarer theologischer Ort zur Diskussion des Revolutions-Problems).

b) *Kirche als Ort und Institution gesellschaftskritischer Freiheit:* Diese versuchsweise Definition der Kirche ist keine adäquate dogmatische Wesensbestimmung. Gleichwohl lassen sich der Selbstvollzug der Kirche (in Wort, Kult und Sakrament) und ihr zentraler Vergebungs- und Versöhnungsauftrag in gesellschaftskritischer Wendung artikulieren. Diese Bestimmung der Kirche enthält vor allem eine neue Hermeneutik der Kirche in Gesellschaft (Bedeutung von Tradition und Institution in einer post-histoire-Gesellschaft; kirchliche Institution, die um ihre eigene eschatologische Vor-läufigkeit weiß, nicht als Repression, sondern als Ermöglichung kritischer Freiheit = formale Figur der „dienenden Kirche"; kritische Öffentlichkeit in der Kirche; positive Einschätzung der partiellen Identifizierung mit der Institution; Recht und Freiheit in der Kirche nicht nur als Verfassungsprobleme, sondern als Elemente im Erkenntnisprozeß einer kirchlichen Theologie usw.).

§ 2 „Politische Theologie" in der Diskussion

(1969)

Erstmals veröffentlicht in: Stimmen der Zeit 184 (1969) 289–308. Die hier zugrunde liegende erweiterte und ausführlicher belegte Fassung ist erschienen in: Diskussion zur „Politischen Theologie" (hg. v. H. Peukert), Mainz/München 1969, 267–301) (Dieser Band wird im folgenden abgekürzt mit „DPT" zitiert; in eckigen Klammern wird auf andere Beiträge aus diesem Band verwiesen, auf die hier Bezug genommen wird).

Gewiß sind die folgenden Überlegungen zum Thema „Politische Theologie" von der inzwischen entstandenen Diskussionssituation bestimmt. Gleichwohl sind sie nicht primär in „apologetischer" Absicht geschrieben. Sie wollen vielmehr den kritischen Einwürfen dadurch Rechnung tragen, daß sie sich um eine Differenzierung und Fortführung des mit dem Stichwort „Politische Theologie" gekennzeichneten theologischen Themas bemühen. Das scheint mir schon deswegen sinnvoll, ja unerläßlich, weil ich zur „Politischen Theologie" bisher eigentlich nur einen Aufsatz[1] – mit einigen früheren oder nachfolgenden Varianten[2] – vorgelegt habe, an dem sich die Kritik hauptsächlich entzündet hat. Ich glaube, daß in dieser Situation meine Stellungnahme vor allem eine Klärung und Erweiterung des intendierten theologischen Ansatzes entfalten muß – angesichts der erhobenen Bedenken. Dem gilt nun der folgende Versuch, der sich in vier Abschnitte gliedert: Zum Begriff und Gegenstand einer „Politischen Theologie" (I); „Politische Theologie" und politische Ethik (II); zum theologischen Charakter der „Politischen Theologie": die memoria-These (III); „Politische Theologie" und Kirche (IV).[3] Natürlich sind auch diesem Versuch schon rein äußerlich Grenzen auferlegt, sollte er nicht zu einem selbständigen Trak-

[1] Kirche und Welt im Licht einer „Politischen Theologie", in: J.B. Metz, Zur Theologie der Welt, Mainz/München 1968, 99–116 [in diesem Band § 1].

[2] Vor dem unter Anm. 1 genannten Text sind erschienen: The Church and the World, in: The Word in History (The Saint Xaviere Symposium, ed. by T.P. Burke), New York 1966, 69–85; Zum Problem einer „Politischen Theologie", in: Kontexte 4 (1967) 35–41; Politische Theologie, in: Neues Forum 14 (1967) 13–17. Nach dem unter Anm. 1 genannten Aufsatz sind erschienen: Politische Theologie, in: Sacramentum Mundi III, Freiburg i.Br. 1969, 1232–1240; Der zukünftige Mensch und der kommende Gott, in: H.J. Schultz (Hg.), Wer ist das eigentlich – Gott?, München 1969, 260–275; Technik – Politik – Religion im Streit um die Zukunft des Menschen, in: W. Heinen/J. Schreiner (Hg.), Erwartung –Verheißung – Erfüllung, Würzburg 1969; K. Rahner (Hg.), Die Antwort der Theologen, Düsseldorf ²1969, 9–27; Reform und Gegenreformation heute, Mainz/München 1969.

[3] Ein ursprünglich geplanter Abschnitt V über die expliziten philosophischen Probleme des Themas wurde für eine größere Arbeit zurückgestellt.

tat werden. Größere systematische Beiträge sind unerläßlich, wenn der mit dem Stichwort „Politische Theologie" gewiß nicht unmißverständlich gekennzeichnete theologische und kirchliche Aufgabenkanon begründet durchgeführt werden soll.[4]

I.

Zwar habe ich in meinem bisherigen Versuch, eine neue „Politische Theologie" zu bestimmen, immer deren Unterschied, ja Gegensatz zu jeder Form einer direkt politisierenden Theologie hervorgehoben und ausdrücklich jenes Mißverständnis einer Neopolitisierung des Glaubens oder gar einer Neoklerikalisierung der Politik abgewiesen, das der Begriff der „Politischen Theologie", nicht zuletzt wegen seiner historischen Hypothek, zu assoziieren scheint. Die Diskussion über diesen theologischen Ansatz hat jedoch gezeigt, daß ich diese Unterscheidung zu abstrakt getroffen habe und daß ich dabei wohl auch – wie H. Maier [„Politische Theologie"? Einwände eines Laien, DPT 1–25, hier 4–8] das ausdrückte – die historische Schwerkraft dieses Begriffes unterschätzt habe.[5] Wenn ich hier nun erneut den Gebrauch dieses Begriffes zu rechtfertigen und zu erläutern suche, so tue ich das zwar teilweise immer noch aus dem Mangel an einer geeigneten Alternative zur Bezeichnung des mit ihm verbundenen kritisch-hermeneutischen Anliegens der Theologie.[6] Gleichwohl soll die Klärung der theologischen Deutung dieses Begriffes auch die Frage nach seiner historischen Legitimation zur Sprache bringen.

[4] Leider konnte der ausführliche Beitrag von K. Lehmann [Die „politische Theologie": Theologische Legitimation und gegenwärtige Aporie, DPT 185–216] in meiner Antwort nicht mehr ausdrücklich berücksichtigt werden, da er erst nach Abschluß meines Manuskripts einging. Dennoch möchte ich annehmen, daß ein erheblicher Teil seiner kritischen Anfragen in den folgenden Überlegungen zumindest indirekt aufgenommen ist.

[5] Zur Begriffs- und Bedeutungsgeschichte von politischer Theologie liegt jetzt auch eine Untersuchung vor: E. Feil, Von der „politischen Theologie" zur „Theologie der Revolution"?, in: E. Feil/R. Weth (Hg.), Diskussion zur „Theologie der Revolution", München/Mainz 1969, 110–132.

[6] Die Bezeichnung als „negative Theologie" oder als „dialektische Theologie", die vom Verfahren her gerechtfertigt erscheinen mag, ist auch schon in bestimmter Weise historisch festgelegt. „Sozialtheologie" scheint mir noch mißverständlicher als „Politische Theologie", und die von H. Maier selbst vorgeschlagene Bezeichnung „Théologie publique" [DPT, aaO. 8] ist schon in den angelsächsischen und deutschen Sprachraum nicht übersetzbar. „Kritische Theologie" scheint mir eigentlich ein Pleonasmus zu sein bzw. die Vorstellung zu insinuieren, als würden andere keine kritische Theologie treiben – ganz abgesehen davon, daß das Wort „kritisch" im kirchlich-theologischen Raum wie kaum ein zweites affektiv besetzt ist. – Soweit ich übersehen kann, weckt der Terminus „Politische Theologie" im angelsächsischen Sprachraum nicht die gleichen Mißverständnisse wie im deutschen; das mag u.a. damit zusammenhängen, daß man dort deutlicher jenen Wandel des Politischen selbst mithört, den ich im folgenden skizzieren will. – Zur Mehrdeutigkeit der Bestimmung „gesellschaftskritisch" für das unter dem Stichwort „Politische Theologie" behandelte Thema vgl. unten Anm. 29.

1. Die Kritiker der neuen „Politischen Theologie" scheinen mir zu gebannt auf den klassischen Inhalt dieses Begriffs zu blicken und dabei zu wenig *jenen Wandel* zu berücksichtigen, der gerade *der Kategorie des Politischen selbst* im Gefolge der Aufklärung widerfahren ist und der m.E. auch eine neue, kritische Form der Verbindung von „politisch" und „theologisch" erlaubt – vorausgesetzt, daß, was später zu zeigen ist, Theologie selbst für diesen Wandel des Politischen offen ist.[7] Ich meine hier einmal die durch die politische Aufklärung wirksam gewordene *Unterscheidung von Staat und Gesellschaft*[8], die in keiner der bekannten Formen der politischen Theologie berücksichtigt ist und die auch von jenen politischen Theologien ignoriert bzw. rückgängig gemacht wird, die in der Zeit nach der Aufklärung entstanden: etwa in der politischen Romantik oder im französischen Traditionalismus (L.G.A. de Bonald, J. de Maistre, J. Donoso Cortés) und ihrer restaurativen Idee eines „christlichen Staates"; sie alle knüpfen an voraufklärerische Traditionen an und sind mehr oder weniger ausdrücklich gegen die politischen Traditionen der Aufklärung selbst gewendet. Nun hat die Unterscheidung zwischen Staat und Gesellschaft, wenn immer sie im Auge behalten wird und weder die politische Dimension der Gesellschaft völlig in den Staat und seine Funktionen aufgehen läßt, noch den Staat selbst in die politisierte Gesellschaft zerfallen läßt, wesentlich antitotalitäre Tendenz.

Solange freilich im Bereich des Politischen diese Unterscheidung nicht zur Geltung kommt, ist eine Verbindung von „theologisch" und „politisch" wenigstens potentiell totalitär und jede politische Theologie am Ende reine Staatsideologie – was sie in ihren bisher bekannten Formen auch tatsächlich war. Wo indes diese Unterscheidung zwischen Staat und Gesellschaft in einer „Politischen Theologie" Berücksichtigung findet, da kann diese Theologie gerade das kritische Bewußtsein von jenen gesellschaftlichen Implikationen und Aufgaben des Christentums sein, die ihm aufgrund seiner biblischen Tradition in der durch die Aufklärung bestimmten geschichtlichen Situation erwachsen, und da kann sie gleichzeitig zum Ort der kritischen Emanzipation von staatskirchlichen Residuen in Kirche, Christentum und Theologie werden.

Ein weiterer Zug im Wandel des Politischen ist m.E. von entscheidender Bedeutung für die Verbindung von „politisch" und „theologisch", wie sie im Begriff der „Politischen Theologie" vollzogen wird. Im Zeitalter der Aufklärung wird die *politische Ordnung als Freiheitsordnung* manifest und wirk-

[7] Zum Wandel des Politik-Begriffs vgl. L. Dabin, L'état ou le politique, Paris 1957; D. Sternberger, Der Begriff des Politischen, Frankfurt a.M. 1961; M. Cowling, The Nature and Limits of Political Science, Cambridge 1963; K. Messelken, Politikbegriffe der modernen Soziologie, Opladen 1968, neben der in Anm. 8 genannten Literatur.

[8] Vgl. J. Habermas, Theorie und Praxis, Neuwied 1963; R. Schottky, Untersuchungen zur Geschichte der staatsphilosophischen Vertragstheorie im 17. und 18. Jahrhundert, Diss. München 1963; H. Kosellek, Kritik und Krise, Freiburg i.Br. 1959; H. Hoffmann (Hg.), Die Entstehung des modernen, souveränen Staates, Berlin/Köln 1967.

sam. Politische Strukturen und Verfassungen erscheinen nun nicht mehr wie die religiöse Ordnung als der Freiheit des Menschen vorgegeben und angeboten; sie werden nun vielmehr verstanden als eine fundamental auf der Freiheit des Menschen selbst basierende und dadurch auch prinzipiell veränderliche und wandelbare Wirklichkeit. So sehr auch jetzt noch politische Verfassungen nicht nur auf dem aufbauen, was durch die Souveränität des Volkes in politischer Entscheidung beschlossen wird, weil eben die Freiheit dieser Entscheidung auch noch einmal eine Vorgeschichte hat, die nicht innerhalb der konkreten freien politischen Ordnung erst gestiftet wird, so sehr ist doch mit diesen freiheitlichen politischen Verfassungen per definitionem das Problem und die Aufgabe ihrer Wandlung und Veränderung gestellt. Deshalb ist kritisches politisches Bewußtsein in einer solchen Freiheitsordnung nie von den gesellschaftlichen Fundamenten dieser Ordnung völlig isoliert. Politisches Bewußtsein einer freiheitlich-politischen Ordnung reicht in die gesellschaftliche Freiheitsgeschichte selbst. In *diesem Sinne* aber ist auch das theologische Bewußtsein „politisch". Nicht etwa, um das politische Bewußtsein selbst wieder kirchlich und theologisch zu bevormunden, keineswegs, sondern um Kirche und Theologie ihrerseits auf jene Freiheitsgeschichte der menschlichen Gesellschaft zu beziehen, die zum inhärierenden Fundament der neuen politischen Ordnungen geworden ist und von der das Christentum aufgrund der Inhalte seiner Botschaft nicht beliebig abstrahieren kann. Die daraus resultierende Form einer neuen „Politischen Theologie" fällt keineswegs hinter die mühsam erreichte Unterscheidung und Emanzipation der politischen von der religiösen Ordnung zurück – wie das oft von ihren Kritikern unterstellt wird –, sondern *setzt sie gerade voraus.* Das Problem der durch die Aufklärung bestimmten Gegenwart ist nicht so sehr die Unterscheidung von politischer und religiöser Ordnung, sondern die im Gefolge dieser wirksam gewordenen Unterscheidung auftretende Problematik der Kontingenz und Wandelbarkeit der freiheitlichen politischen Ordnungen und Verfassungen selbst.[9] Und deshalb kann auch eine den weltlichen Ausgangspunkt von Christentum und Kirche bedenkende Theologie heute nicht in einer abstrakten Säkularisierungsthese verharren, sie muß vielmehr die Veränderungen der auf der Freiheit des Menschen beruhenden Ausgangsordnungen ins Auge fassen – wie es die neue „Politische Theologie" versucht.[10]

[9] Wo immer politische Theorien Theorien der Veränderung und des Wandels politischer Ordnungen und Institutionen beinhalten, werden sie mit Theorien der Gesamtgesellschaft konfrontiert, damit aber notwendig mit Theorien, die in einem historischen Begründungszusammenhang stehen und deshalb hermeneutische und nicht nur analytische Probleme beinhalten. Hier scheint mir auch der legitime Ort der Auseinandersetzung zwischen politischer Theorie und Theologie zu sein.

[10] Die theologische Säkularisierungsthese und die „Politische Theologie" heben sich nicht, wie das vor allem H. Maier [DPT, aaO. 10–17] betont, potentiell auf, sondern ergänzen und korrigieren einander. Nur im Lichte einer solchen neuen „Politischen Theologie" kann m.E.

Nun hängt freilich die Legitimität des Gebrauchs von „Politischer Theologie“ im Horizont von Neuzeit und Aufklärung vor allem daran, wie das Verhältnis der Theologie selbst zu diesem Wandel des Politischen zu bestimmen ist. Gibt es hier am Ende doch nur die Alternative, daß entweder jede Verbindung von „politisch“ und „theologisch“ wieder in die Formen der alten politischen Theologie zurückfällt und damit den Wandel des Politischen selbst zwangsläufig ignoriert oder daß Theologie nun überhaupt aus der politischen Dimension verschwindet und sich, wie ihr das die Kritiker der neuen „Politischen Theologie“ empfehlen, endlich wieder „dem Eigentlichen“, nämlich der Rede von Gott zuwendet? Was aber heißt im Sinne christlicher Theologie: von Gott reden? Im Blick auf die biblische, vor allen auch auf die neutestamentliche Botschaft von der Göttlichkeit Gottes sprechen heißt immer auch von seiner angekündigten „kommenden“ Herrschaft sprechen.[11] Beides gehört zusammen wie zwei Seiten einer Münze und bestimmt geradezu das Spezifische der neutestamentlichen Gottesrede. So geht es in der christlichen Rede von Gott zentral um eine auch politisch relevante Kategorie, nämlich um die der Herrschaft. Die Art, wie diese Gottesherrschaft sich im Zeugnis Jesu auslegt, zeigt, daß sie keineswegs von den bestehenden politischen Herrschaftsformen her ausgelegt werden kann. Im Gegenteil! Gerade um der Transzendenz und Freiheit dieser göttlichen Herrschaft willen ist die theologische Rede von der Herrschaft Gottes der Beginn der Säkularisierung und Relativierung jeder bestehenden politischen Herrschaftsform; sie ist vor allem der Ursprung der Kritik an all jenen politischen Herrschaftsformen, die sich selbst als „absolut“, d.h. als der menschlichen Freiheitsgeschichte entzogen und ihr vorausliegend begreifen.[12] So ist die theologische Rede von der Herrschaft Gottes (als Rede von seiner Göttlichkeit) nicht nur in einem *herrschaftskritischen* Sinn „politisch“, sie ist es in gleichem Zuge auch in einem *emanzipativen* Sinn: Sie stellt die politischen Herrschaftsfor-

begründet und nicht bloß postuliert werden, daß die ressentimentfreie Anerkennung der Eigengesetzlichkeiten der Welt (ihre „Profanität“) das Christentum nicht in eine rein private Innerlichkeit, in eine reine Beliebigkeit gegenüber den emanzipierten Prozessen dieser Welt zwingt. Auch H. Maier betont das legitime Moment an meiner Entprivatisierungsthese, auch er spricht von einem unaufgebbaren gesellschaftsbezogenen Charakter der christlichen Eschatologie. *Wie* aber soll dies denn (unter Voraussetzung der emanzipierten politischen Ordnungen und ihrer damit gegebenen Veränderbarkeit) theologisch anders gedacht und anders kategorial ausgelegt werden als es hier geschieht?

[11] Vgl. z.B. W. Pannenberg, Der Gott der Hoffnung, in: S. Unseld (Hg.), Ernst Bloch zu ehren, Frankfurt a.M. 1965, 209–225; H.G. Jung, Befreiende Herrschaft, München 1965; sowie das Themenheft Eschatologie und christliche Hoffnung der Zeitschrift Concilium 5 (1969) Heft 1.

[12] So war es nur konsequent, daß die junge Christenheit im römischen Imperium als „staatsfeindlich“ angesehen und verfolgt wurde. Texte z.B. bei E. Peterson, Der Monotheismus als politisches Problem, München 1951; A.A.T. Ehrhardt, Politische Metaphysik von Solon bis Augustin I–III, Tübingen 1959–1969. Hier wurzelt auch der „Atheismus-Vorwurf“ gegen die junge Christenheit in Rom, gerechtfertigt im Horizont der antiken politischen Theologie.

men unter Menschen auf die menschliche Freiheitsgeschichte.[13] Insofern Freiheit als Fundament politischer Herrschaftsverhältnisse der Gegenbegriff zu absoluter politischer Herrschaft ist, ist die theologische Rede von der Herrschaft Gottes (als Rede von seiner Gottheit) geleitet von der Parteilichkeit für diese Freiheit. Dieses „Vorurteil" muß jede theologische Erkenntnis bestimmen. „Politische Theologie", wie sie hier vorgetragen wird, will das Bewußtsein davon sein.[14] Dabei versteht sie die Freiheit und deren Geschichte, die den neuen politischen Ordnungen zugrunde liegt, als eine verdankte Freiheit, die sich gerade in dem Maße frei hält von dem Anspruch absoluter politischer Herrschaft, als sie den Begriff einer dieser Freiheit vorausliegenden Herrschaft Gott vorbehält, im sog. eschatologischen Vorbehalt.[15] Wo Freiheit diesen Vorbehalt aufgibt, da scheint sie immer wieder dem Zwang zu verfallen, ein innerweltliches Subjekt für die Gesamtgeschichte der Freiheit einzusetzen (sei es die Klasse, die Nation, die Rasse, was immer, sei es die Kirche, die sich im Sinne des Dostojewskischen Großinquisitors mißversteht), das potentiell zu absoluter politischer Herrschaft drängt und den Unterschied zwischen Staat und Gesellschaft, so oder so, wieder einebnet. Oder sie interpretiert diese Freiheitsgeschichte als undialektische, gewissermaßen lineare Mündigkeitsgeschichte, als abstrakte Emanzipationsgeschichte, in der die neuen Konflikte und Repressionen der mündigen Freiheit unberücksichtigt bleiben und Mündigkeit schließlich, so sie ohne vorbehaltene Versöhnung gedacht wird, in die banale Vorstellung des bloßen Überlebens absinkt (oder in einer neuen Naturalisierung, in einer neuen Stillegung des Freiheitsprozesses verschwindet).[16] Da ich auf diese Fragestellung (in Abschnitt III) nochmals zurückkomme, möchte ich hier abschließend nur dies betonen: Gerade um in die politischen Ordnungen keine falschen Absolutheiten einschießen zu lassen, um sie also nicht mit Ansprüchen zu belasten, die sie als solche nicht einlösen können; gerade um die politischen Ordnun-

[13] Wie in solchem Kontext die berühmte „obrigkeitsstaatliche" Stelle in Röm 13 zu verstehen ist, zeigt z.B. E. Käsemann, Grundsätzliches zur Interpretation von Römer 13, in: ders., Exegetische Versuche und Bestimmungen II, Göttingen 1964, 204–222.

[14] Die klassische politische Theologie im Christentum hat unter dem Zwang der Vorstellungen antiker politischer Theologie geradezu die konträren Konsequenzen aus dem bezeichneten Befund gezogen (und die Geschichte von Kirche und Christentum liefert eine Fülle von Beispielen für diese Konsequenzen): Sie hat die bestehende politische Herrschaft unmittelbar mit dem göttlichen Herrschaftsgedanken verbunden und damit die politische Hoheit erneut religiös überhöht – im Gedanken der „Stellvertretung". Vgl. dazu E. Peterson, aaO., aber auch H. Albert, Traktat über kritische Vernunft, Tübingen 1968, 158 ff, und E. Topitsch, Kosmos und Herrschaft. Ursprünge der „politischen Theologie", in: Wort und Wahrheit 10 (1955) 19–30. – Eine wichtige Aufgabe bleibt die Erörterung der Bedeutung der Kritik von E. Peterson am politischen Monotheismus für die „monarchische" Verfassung der Kirche.

[15] Ausführlicheres dazu im Abschnitt III.

[16] Zum Letzten, vor allem zur Verschließung der politischen Freiheitsdimension in einem technisch-ökonomischen Strukturalismus vgl. meine Überlegungen zu: Technik – Politik – Religion im Streit um die Zukunft des Menschen, in: W. Heinen/J. Schreiner (Hg.), Erwartung – Verheißung – Erfüllung, Würzburg 1969, 157–183.

gen als Freiheitsordnungen zu begreifen und zu wahren, kann und darf die diesen emanzipierten politischen Ordnungen zugrunde liegende Freiheitsgeschichte selbst theologisch begriffen werden.[17] Und nochmals gelte, daß die neue „Politische Theologie" versucht, das Bewußtsein davon zu sein. Dieses Bewußtsein fällt nicht etwa – in Richtung der alten politischen Theologie – hinter die Aufklärung zurück, es nimmt sie, freilich auch mit dem Blick auf die in ihr liegenden Aporien, in sich auf.

2. Ich möchte nun, in aller Kürze, diese neue „Politische Theologie" nochmals in sich und im Blick auf ihre theologischen Aufgaben charakterisieren. Zum einen enthält sie den Versuch einer *theologischen Hermeneutik im zeitgenössischen gesellschaftlichen Kontext*, d.h. unter der Voraussetzung der religiös emanzipierten und dadurch wandelbaren politischen Verfassungen und damit gleichzeitig unter der Voraussetzung der wirksamen Unterscheidung von Staat und Gesellschaft, die das politische Thema nicht nur auf die Technik der Machtverwaltung innerhalb bestehender staatlicher Ordnungen und Institutionen einschränkt[18], sondern es immer neu – um des Wandels und des Fortschritts der politischen Verfassungen selbst willen – auf die gesellschaftliche Freiheitsgeschichte bezieht, so daß die politische Dimension in einer neuen Weise erweitert und differenziert wird. Mag sein, daß im Blick darauf[19] Walter Dirks jüngst das kühne Wort gewagt hat: Der neue Name für Kultur sei Politik. Das Ausbleiben einer entsprechenden (politischen – wie sonst?) Hermeneutik hat das Christentum seit der Aufklärung in erheblichem Umfang in eine reine Privatisierung oder – was schließlich aus der gleichen Wurzel kommt – in eine reaktionäre Politisierung ihrer Botschaft innerhalb bestehender politischer Ordnungen gedrängt. Beides widerspricht dem Kern und der Eigenart dieser Botschaft. Denn einerseits gibt es einen Bezug zur gesellschaftlichen Öffentlichkeit, der der neutestamentlichen Botschaft von Heil, Vergebung und Versöhnung innerlich ist und den Jesus auch im Angesicht seines Todes aufrechterhielt; die zentralen Verheißungen seiner Botschaft können jedenfalls nicht radikal privatisiert werden, sie setzen den Christen vielmehr immer neu in eine kritische Freiheit gegenüber seiner gesellschaftlichen Mitwelt ein. Zum andern können diese Verheißungsgehalte der neutestamentlichen Botschaft nie mit einem bestimmten politischen Zustand der Gesellschaft identifiziert und so innerhalb dieses Status direkt politisiert werden.

[17] Vgl. dazu J. Moltmann, Revolution der Freiheit, in: ders., Perspektiven der Theologie, München/Mainz 1968, 189–211.

[18] Im Lichte dieser Unterscheidung kann „politisch" nicht einfach reduziert werden auf die Handlungen des Staates und seiner Institutionen, kann nicht nur Prädikat der Technik und Pragmatik innerhalb bestehender politischer Verfassungen sein; vgl. dazu den Beitrag von W. Oelmüller [Zur philosophischen Begründung des Sittlichen und Politischen. Ein Beitrag zur „politischen Theologie", DPT, 38–71].

[19] Und wohl auch unter dem Eindruck der drohenden Verschließung dieser politischen Dimension durch eine rein technokratisch-administrative Auffassung von Politik.

Eng damit zusammenhängend ist die Charakteristik der neuen „Politischen Theologie" als *kritisches Korrektiv* gegenüber einer gewissen Privatisierungstendenz in der neueren Theologie, ihrer Vernunft und ihren Kategorien, in der ich eine andere Figur der gesperrten oder verdrängten Aufklärungsproblematik sehe. Das Eigentümliche dieser Problematik ist, verkürzt gesagt, das fundamentale Verhältnis von *kritischer Vernunft* und Gesellschaft, der gesellschaftsbezogene Charakter kritischer Vernunft. Unter dem Stichwort der Entprivatisierung soll somit das klassische theologische Problem des Verhältnisses von *fides* und *ratio* wiederholt werden – unter den Bedingungen dieser neuen Vernunftproblematik, derzufolge der Vollzug kritischer Vernunft nicht von Öffentlichkeit, Recht, Freiheit usw. abstrahieren kann.[20] – Keineswegs geht es bei dieser Entprivatisierung um eine Ausblendung der Fragen des einzelnen, seiner Individualität, seiner Subjektivität, seiner Freiheit, seines Todes. Sie sollen nur in einem neuen Problemzusammenhang – wie es in Abschnitt III ausgeführt wird – zur Sprache kommen. Historisch sucht diese Entprivatisierung jene Traditionen zu korrigieren, in denen der Zugang zu dem gesellschaftsbezogenen und in diesem Sinne „öffentlichen" Charakter der neutestamentlichen Botschaft hartnäckig verstellt ist. Diese Verstellung geschah vor allem durch jene politische Theologie, wie sie sich in der frühchristlichen Tradition unter dem Einfluß der politischen Staatsmetaphysik des alten Rom herausgebildet hat, und zwar als sog. „politische Christologie"[21] bzw. als „politischer Monotheismus", der in Erik Peterson seinen wirksamen Kritiker gefunden hat.[22] In diesen Formen der klassischen politischen Theologie wurde nämlich in gefährlicher Kurzschlüssigkeit die christliche Botschaft direkt innerhalb der bestehenden politischen Ordnungen politisiert und konnte so, im Konstantinischen Zeitalter, zur direkten

[20] Erneut zeigt sich die „systematische" Absicht der „Politischen Theologie". Sie will keineswegs, wie das Maier befürchtet, die dogmatische Glaubenslehre willkürlich zurückdrängen (vgl. dazu vor allem die beiden folg. Abschnitte II u. III). Sie scheint mir am wenigsten auszudrücken, daß die heutige katholische Theologie „im Augenblick kein Fundament im allgemeinen philosophischen (?) Denken der Zeit" [DPT, aaO. 18] hat. Abgesehen davon, daß ich nicht weiß, was H. Maier mit diesem „allgemeinen philosophischen Denken der Zeit" genau meint und auf welches Philosophieverständnis er sich dabei beruft, sucht gerade die Theologie in der hier vorgetragenen Gestalt die Auseinandersetzung mit zeitgenössischen Philosophien, wissend, daß ihr dabei weder „die" Philosophie noch die „reine" Philosophie begegnet, und voraussetzend, daß philosophisches Denken – schon seit Kant – seine Einheit und Kontinuität (auch mit den großen Traditionen) gerade in der Figur der Kritik hat. Daß und warum das Fehlen einer gemeinsamen philosophischen Grundlage, das Maier für die Krise von Dogmatik und Fundamentaltheologie verantwortlich macht, nicht ein bedauerlicher zeitweiliger „Betriebsunfall der Theologie" ist, zeigt z.B. Karl Rahner, Philosophie und Philosophieren in der Theologie, in: ders., Schriften zur Theologie VIII, Einsiedeln 1968, 66–87; vgl. dazu auch meine Artikel Theologie, in: LThK X, Freiburg i.Br. ²1965, 62–71, und Apologetik, in: Sacramentum Mundi I, Freiburg i.Br. 1967, 266–276; W. Oelmüller, Religionsphilosophie, in: Sacramentum Mundi IV, Freiburg i.Br. 1969.

[21] Vgl. dazu kritisch H.P. Schmidt, Anmerkungen und Anfragen zum Problem der „politischen Christologie", in: Concilium 4 (1968) 437–443.

[22] Vgl. E. Peterson, aaO. 45–147.

Nachfolgerin der religiösen Staatsideologien Roms werden. Bis hinein in die Gegenwart wirkt sich diese Form der falschen Politisierung christlicher Botschaft negativ aus, verstellt den Zugang zum fundamentalen Öffentlichkeitsbezug der neutestamentlichen Botschaft und auch zum unmißverständlichen Gebrauch des Terminus „Politische Theologie". Indirekt hatte diese Traditionslinie auch dadurch bedenkliche Folgen, daß – vor allem seit Augustinus[23] – in einer verständlichen kritischen Gegenbewegung zu diesem ideologischen Verfall der christlichen Eschatologie nun die Inhalte dieser endzeitlichen Verheißungen zu einseitig verinnerlicht, spiritualisiert und individualisiert wurden und daß gerade darin und nur darin die Erfahrung ihrer „Jenseitigkeit" begründet wurde.[24]

Als drittes Charakteristikum dieser Theologie möchte ich ihre *kritische Funktion in der Kirche* erwähnen. Daß Kirche und Theologie faktisch als politische Größen wirksam sind, und zwar noch vor jeder einzelnen politischen Stellungnahme: Wer möchte das bezweifeln? Die neue Form „Politischer Theologie" sucht durch ihre gesellschaftsbezogene Reflexion zu verhindern, daß Theologie und Kirche unkontrolliert und wie vom Rücken her mit bestimmten politischen Ideologien aufgeladen werden und sich unkritisch damit identifizieren. In diesem Sinne ist sie kritische Theologie in der Kirche, und zwar nicht nur im Blick auf die gegenwärtigen Konstellationen von Kirche und Gesellschaft, sondern vor allem auch im Blick auf die Strukturen und Verfassungen der christlichen Tradition selbst. Sie sucht die Wurzeln für die moderne Privatisierung des Christentums in Strukturen und Verhaltensweisen der Kirche selbst aufzudecken. Und sie versteht ihre Kritik bestimmter kirchlicher Institutionen und Traditionen als primäre Form theologischer Gesellschaftskritik.[25] Dies soll jedoch im einzelnen (unter Abschnitt IV) erörtert werden. Die kritische Funktion dieser Theologie zeigt erneut, daß ihre (historische) Vorläuferin nicht die klassische politische Theologie ist, sondern unter anderem[26] die Tradition eines sogenannten „kritischen Naturrechts" in der Neuzeit.[27] Diese neue „Politische Theologie" hat ihre

[23] Vgl. etwa D. Ritschl, Die Last des augustinischen Erbes, in: Parrhesia (Festschrift für Karl Barth), Zürich 1966, 471–490.

[24] Aufschlußreiche Hinweise dazu sind zu finden bei H. Gollwitzer, Die Revolution des Reiches Gottes und die Gesellschaft, jetzt in: P. Neuenzeit (Hg.), Die Funktion der Theologien in Kirche und Gesellschaft, München 1969, 129–155.

[25] Damit deutet sich in der Tat eine bestimmte Neuorientierung meines theologischen Konzepts im Hinblick auf das Thema Kirche an, die ich dann im IV. Abschnitt näher erläutern will.

[26] Inwieweit eventuell – im Sinne der klassischen Dreiteilung von natürlicher, mythischer und politischer Theologie – gerade gewisse Züge der natürlichen Theologie der Aufklärungszeit hier genannt werden können, erörtert E. Feil, Von der „politischen Theologie", aaO. 110–132.

[27] „Kritisches Naturrecht" (vgl. E. Bloch, Naturrecht und menschliche Würde, Frankfurt a.M. 1961) soll hier unterschieden werden von jener Naturrechtstradition, die innerhalb der mittelalterlichen und neuzeitlichen Geschichte des Christentums zur Vermittlung des universalen Anspruchs des Christentums benutzt wurde. Vgl. dazu B. Schüller, Die Herrschaft

problemgeschichtlichen Wurzeln primär in dem von einer in vieler Hinsicht berechtigten Aufklärungskritik gleichwohl nicht überwundenen, sondern eher gesperrten und denunzierten Erbe der Aufklärung selbst.[28] Sie fordert Kirche und Theologie heraus, sich den damit erwachsenden Problemen zu stellen und sie nicht als abgegolten anzusehen oder sie (in Romantik, Idealismus und Neotraditionalismus) für durchschaut zu halten, ohne sie wirklich passiert zu haben.[29]

Ich glaube, daß schon diese knappe Interpretation den Verdacht abweist, als biete diese Theologie frustrierten Christen nur ein neues Beschäftigungsfeld, nämlich die Politik, an. Sie macht auch nicht den leicht durchschaubaren Versuch, von der latenten Identitätskrise der Christen abzulenken und sie mit Surrogaten zu besänftigen, noch dokumentiert sie eine der verschleierten Selbstliquidationen der Theologie und der theologischen Tradition angesichts einer sogenannten „nachchristlichen Welt". Vielmehr sucht ein solches Verständnis von Theologie, die als christliche Theologie freilich nie „reine Theologie" war und nie „reine Theologie" sein kann[30], die alte und

Christi und das weltliche Recht, Rom 1963, J. Ratzinger, Naturrecht, Evangelium und Ideologie in der Katholischen Soziallehre, in: K. v. Bismarck/W. Dirks (Hg.), Christlicher Glaube und Ideologie, Stuttgart/Mainz 1964, 24–30.

[28] Dazu, daß „Aufklärung" bzw. „Zeitalter der Aufklärung" nicht nur ein historischer Titel ist, sondern – in einem kritischen Sinn – präsentischen Charakter hat, vgl. G. Picht, Aufklärung und Offenbarung, in: ders., Wahrheit, Vernunft, Verantwortung, Stuttgart 1969, 183–202; aber auch M. Horkheimer/Th.W. Adorno, Dialektik der Aufklärung, Frankfurt a.M. ²1969, sowie W. Oelmüller, Die unbefriedigte Aufklärung, Frankfurt a.M. 1969. Dazu – mit breitem Spektrum der Aufklärungsproblematik: I. Fetscher, Aufklärung, in: C.D. Kernig (Hg.), Sowjetsystem und demokratische Gesellschaft I, Freiburg i.Br. 1966, 438–460.

[29] Zum Schluß dieses Abschnittes möchte ich noch einmal die Frage aufwerfen, ob man die Absicht der neuen „Politischen Theologie" nicht besser mit „gesellschaftskritischer Theologie" kennzeichnen könnte. In meinen früheren Überlegungen zu diesem Thema habe ich jedenfalls (um das Mißverständnis der direkten Politisierung zu vermeiden) das „Politische" in der „Politischen Theologie" ausdrücklich als „gesellschaftskritisch" bezeichnet. („Jede eschatologische Theologie muß zu einer Politischen Theologie als einer gesellschaftskritischen Theologie werden.") Dennoch scheint mir dieser Begriff faktisch ebenso verwirrend und mehrdeutig zu sein wie derjenige der „Politischen Theologie". Einmal kann er dann jene „politische" Dimension gerade nicht ausdrücken, die in freiheitlichen politischen Ordnungen der Gesellschaft (als Medium eines politisch relevanten Wandels dieser Ordnungen) zukommt. Zum anderen insinuiert „gesellschaftskritisch" (wie ich das immer wieder erfahren mußte) die Vorstellung einer mehr passiv distanzierten, „unbeteiligten" Einstellung. Vor allem aber bleibt der Begriff „gesellschaftskritisch" zutiefst zweideutig in bezug auf die klassische politische Theologie selbst. Das läßt sich m.E. gut verdeutlichen, wenn man die Verwendung des Begriffes „politische Theologie" bei C. Schmitt (Politische Theologie, München/Leipzig ²1934; Römischer Katholizismus und politische Form, München ²1925) berücksichtigt. Trotz des unverkennbaren Zusammenhangs dieser politischen Theologie mit der Tradition der klassischen politischen Theologie (Autoritätsbegriff, Souveränitätsbegriff, Einschätzung der Monarchie, Betonung des Arkanum, Dezisionismus ...) formuliert sie sich als kritisches Verhältnis zur gesellschaftlichen Gegenwart, versteht sich also in diesem Sinne durchaus als „gesellschaftskritisch", bestimmt Kirche als Institution und Maßstab dieser Kritik, protestiert gegen den Rückzug der Religion in die Privatheit, gegen die wachsende Identifizierung von Politik und Technik, Herrschaft und Planung.

[30] Zum Begriff der Identität der Theologie vgl. mein kleines Büchlein: Reform und Gegenre-

immer gleiche Aufgabe jeder Theologie wahrzunehmen, nämlich von Gott zu reden und sein Wort zu bezeugen – unter den Bedingungen und Herausforderungen der jeweiligen geschichtlichen Situation.

II.

Natürlich ist mit dem bisher Gesagten die Bestimmung des Verhältnisses von Theologie, Christentum und Kirche zur politischen Wirklichkeit und damit auch die Charakterisierung dieses neuen theologischen Ansatzes noch keineswegs erschöpft. Dies alles verlangt vielmehr eine Erörterung und Verdeutlichung anhand einzelner Problemkreise, die die Kritik dieser Theologie zur Sprache gebracht hat. Das soll, in unvermeidlicher Kürze und Unvollständigkeit, in diesem und in den folgenden Abschnitten (II–IV) versucht werden. Immerhin möchte ich schon hier betonen, daß diese „Politische Theologie“ nicht einfach als „Theologie der Politik“ verstanden werden darf.[31] Eine solche „Theologie der Politik“ wäre in der Tat nur ein weiterer Beleg für die gegenwärtige Inflation von sogenannten regionalen Theologien – Theologie der Arbeit, Theologie der Geschlechter, Theologie der Musik usw. –, in denen sich die Theologie dem Verdacht aussetzt, sie wolle sich auf dem Weg über solche „Theologien über alles und jedes“ ihre eingebüßte Universalität erneut erschleichen und sich am Ende doch wieder als „Universalwissenschaft“ inthronisieren.[32]

Verfällt aber der hier zur Diskussion stehende theologische Ansatz nicht in einer anderen Hinsicht einem höchst bedenklichen, wenn auch in seiner Abstraktheit eher beliebigen als gefährlichen theologischen Totalitarismus? Versucht diese Theologie nicht unmittelbar handlungsorientierend im politi-

formation heute, Mainz/München 1969. – R. Spaemanns „Kritik der politischen Theologie“, wie er sie z.B. im Januar dieses Jahres (1969) in Münster vorgetragen hat, scheint mir durchgehend die Möglichkeit einer „reinen Theologie“ zu unterstellen, die sich ausschließlich mit Themen befaßt, die in der biblischen Tradition explizit schon zur Sprache gebracht sind. Ganz abgesehen davon, daß er damit nicht nur den Theologiebegriff der „Politischen Theologie“ in Frage stellt, sondern das herrschende Selbstverständnis jeglicher christlichen Theologie, scheint er mit seinem Theologieverständnis genau in jenen Hebraismus bzw. Rabbinismus zurückzufallen, den er der „Politischen Theologie“ im Blick auf deren Eschatologieverständnis vorwirft.

[31] Wie das etwa G. Ermecke in seiner Kritik versucht [„Politische Theologie“ im Licht einer realistischen Sozialtheologie. Luther – Kant – Marx: Ante Portas …, DPT, 162–177]. Demgegenüber weist auch C. Geffré in seinem Beitrag ausdrücklich auf die Differenz zwischen „politischer Theologie“ und „Theologie der Politik“ hin [Zur neueren Geschichte der Fundamentaltheologie. Von der Apologetik zur „politischen Theologie“, DPT, 96–120, hier 117f].

[32] In welchem Sinn jede Theologie „universal“ sein muß, kann in diesem Zusammenhang nicht ausgeführt werden. Will Theologie Rede von Gott (und nicht von Göttern) sein, muß sie in bestimmter Weise vom Ganzen der Wirklichkeit sprechen. Doch müssen diese Ganzheitsaussagen, wollen sie Anspruch auf Allgemeinheit erheben, gesellschaftlich-geschichtlich vermittelt werden. Diesem Thema soll sich die genannte systematische Arbeit widmen.

schen Bereich zu werden? Will sie nicht in gefährlicher Kurzschlüssigkeit aus theologischen, hauptsächlich eschatologischen Sätzen politische Handlungsmaximen gewinnen? Überspringt sie nicht die Funktion der Ethik bei dem Versuch, Theologie als Handlungsorientierung zu verstehen? Und verdirbt sie so nicht sowohl das Geschäft der Politik wie das der Eschatologie? Zunächst möchte ich ausdrücklich betonen, daß auch nach meiner Auffassung „Politische Theologie“ als eschatologische Theologie ihre Handlungsorientierung nur indirekt und mittelbar, auf dem Weg über eine politische Ethik, gewinnen und bestimmen kann.[33] Dieser Gesichtspunkt war auch schon in meinen bisherigen Überlegungen zu diesem Thema maßgebend. Dort wurde nur ein Problem angeschnitten, das unmittelbar auf Anleitung zu politischer Handlung zielt, nämlich das Thema „Revolution“. Das aber wurde nicht unmittelbar und direkt im Horizont der Eschatologie erörtert, sondern ausdrücklich unter dem ethischen Gesichtspunkt der Liebe. Und ich habe diese Auffassung an anderen Stellen[34] auch ausdrücklich gegen bestimmte Formen einer „Theologie der Revolution“ kritisch abgegrenzt. Bestätigt wird das z.B. in der Stellungnahme von D. Seeber wie auch durch die Herausgeber des Bandes „Diskussion zur ‚Theologie der Revolution‘ “[35], die in ihrer Einleitung schreiben: „Es bestehen hier (sc. bei J.B. Metz) starke Vorbehalte gegen eine Ausweitung oder gar Theologisierung des Revolutionsbegriffs und also die Neigung, die Revolutionsproblematik in die ‚Kasuistik‘ der ‚politischen Theologie‘ zu verweisen.“ Ausdrücklich habe ich mich gegen eine direkte und unmittelbare Politisierung der Eschatologie unter dem Stichwort „Politische Theologie“ verwahrt. Der Grund (den ich aus meinen früheren Überlegungen zum Thema hier wiederhole): Eine unmittelbare Umsetzung der Eschatologie in politische Handlungsorientierung enthält die Gefahr der baren Ideologisierung der Politik und des Verfalls der Eschatologie. Denn eschatologische Aussagen beziehen sich jeweils auf das Ganze der Geschichte unter dem „endzeitlichen Vorbehalt Gottes“. Dieses Ganze der Geschichte kann aber – gerade in ihrer eschatologischen Interpretation – niemals zur unmittelbaren politischen Handlungsmaxime werden; es kann nicht zum Inhalt eines unmittelbar politischen Handelns werden. Denn es gibt – nach dieser eschatologischen Interpretation – kein unmittelbar politisch signifikantes Subjekt dieser Gesamtgeschichte. Und wo immer eine Partei, eine Gruppe, eine Nation, eine Klasse sich als dieses Subjekt zu verstehen sucht und deshalb das Ganze der (kommenden) Geschichte direkt politisiert, entsteht eine mehr oder weniger totalitäre politische Ideologie.

[33] Unter anderen Voraussetzungen erörtert diese These auch T. Rendtorff in seinem hier abgedruckten Beitrag [Politische Ethik oder „politische Theologie“?, DPT 217–230].

[34] Vgl. z.B. meine Stellungnahme in: K. Rahner (Hg.), Die Antwort der Theologen, Düsseldorf ^{2}1969, 9–27; dazu auch die einschlägigen Passagen in meinem Beitrag: Technik – Politik – Religion, aaO. (vgl. oben Anm. 16).

[35] E. Feil/R. Weth (Hg.), Diskussion zur „Theologie der Revolution“, aaO. VIII–XVI und 1–16.

Damit ist freilich das angeschnittene Problem des Verhältnisses zwischen „Politischer Theologie" und politischer Ethik keineswegs zureichend aufgeklärt. Zunächst könnte man ja aus dem Gesagten folgern, daß es überhaupt keiner weiteren „Politischen Theologie" bedürfe, denn diese insinuiere – als Theologie, im Unterschied zur politischen Ethik – doch immer nur die Politisierung der Eschatologie. In diesem Sinne fordert z.B. Robert Spaemann[36] den entschiedenen Abschied von jeder „politischen Theologie". Doch scheint mir hier ein entscheidender Gesichtspunkt verkannt zu sein, der die Eigenart und die Situation politischer Ethik selbst betrifft. Um ihn zu erläutern, muß ich nochmals auf den im ersten Abschnitt erörterten Wandel im Politischen selbst hinweisen, demzufolge sich politisch relevante Probleme nicht nur auf Fragen innerhalb einer bestehenden politischen Ordnung beziehen, sondern auch auf Fragen des Wandels solcher Ordnungen selbst, insofern sie als freiheitliche Ordnungen auf der Freiheitsgeschichte der menschlichen Gesellschaft basieren. Politische Ethik, in der dies berücksichtigt wird, ist nicht nur mögliches Regulativ bei umstrittenen und nicht total theoretisierbaren Zielen innerhalb der politischen Ordnung und Verfassung[37], sie muß zugleich Ethik des möglichen und tatsächlichen Wandels solcher Freiheitsordnungen sein, abgekürzt ausgedrückt: Sie kann nicht nur Ordnungsethik sein, sie muß auch Veränderungsethik sein. W. Pannenberg hat in seinem Beitrag [Geschichtstatsachen und christliche Ethik. Zur Relevanz geschichtlich-politischer Sachfragen für die christliche Ethik, DPT, 231–246] gezeigt, in welchem Sinne gerade eine christliche Ethik eine Ethik der Wandlungen ist und sein muß. Eine politische Ethik aber, die nicht nur eine Ethik der Ordnungen, sondern der *Wandlungen* ist, wird als solche immer wieder mit Problemen der *Gesamtgesellschaft*, des gesamtgesellschaftlichen Woher und Wohin konfrontiert, d.h. aber, sie hat es mit Problemen und Theoremen zu tun, die auch in einem *historischen Begründungszusammenhang* stehen und die deshalb nicht nur eine analytische, sondern eine *hermeneutische* Behandlung erfordern. *„Politische Theologie" ist dann die spezifische christliche Hermeneutik einer politischen Ethik als Veränderungsethik.*[38]
Hier, in diesem Zusammenhang, muß ich mich mit dieser kurzen Bestim-

[36] In dem schon oben (vgl. Anm. 30) erwähnten Vortrag.

[37] Zur Kritik der positivistischen Vorstellung der Geschlossenheit politischer Entscheidungen, die adäquat mit technologischer Rationalität begründet und verwaltet werden können, vgl. in diesem Band die Beiträge von H. Peukert [Zur formalen Systemtheorie und zur hermeneutischen Problematik einer „politischen Theologie", DPT, 82–95] und K. Rahner [Die Frage nach der Zukunft. Zur theologischen Basis christlicher Gesellschaftskritik, DPT, 247–266], dazu auch meinen Aufsatz: Technik – Politik – Religion, aaO. Grundsätzlich zu diesem Thema: J. Habermas, Technik und Wissenschaft als Ideologie, Frankfurt a.M. 1968; jüngst A. Wellmer, Kritische Gesellschaftstheorie und Positivismus, Frankfurt a.M. 1969.

[38] Auch die sich auf das Naturrecht berufende klassische christliche Sozialethik kann sich heute nicht mehr der Einsicht entziehen, daß alle ihre materialen Normen geschichtlich vermittelt sind, daß sie also ohne hermeneutische Diskussion gar nicht legitimiert werden können.

mung des Verhältnisses von „Politischer Theologie“ und politischer Ethik zunächst begnügen. In ihr ist eine Fülle von Problemen enthalten, die sich freilich nicht nur einer „Politischen Theologie“, sondern m.E. der Theologie überhaupt, nicht zuletzt der katholischen Theologie, stellen und die vielleicht deswegen einseitig der „Politischen Theologie“ angelastet werden, weil sie sich ein Bewußtsein von ihnen zu bilden sucht. So verdeckt die Definition dieser Theologie als politischer Hermeneutik oder genauer: als theologischer Hermeneutik politischer Ethik, insofern diese als Veränderungsethik immer hermeneutische Verfahren impliziert, unter dem Stichwort „Hermeneutik“ jene Problematik, die sich der Theologie wiederum geschichtlich seit der Aufklärung explizit stellt und die ich in meinen früheren Überlegungen zur „Politischen Theologie“ mit dem Stichwort des neuen Theorie-Praxis-Verhältnisses gekennzeichnet habe. Hermeneutische Verfahren sind selbst praxisbezogene Verfahren, insofern es in ihnen nicht nur um die Erhellung der Verstehensbedingungen und Verstehenshorizonte in einem bestimmten Erkenntnis- und Handlungszusammenhang, sondern um die Frage der Veränderung solcher Bedingungen und Horizonte selbst geht.[39] Theologisch gewendet heißt dies: Es geht um eine neue Verhältnisbestimmung von Dogmatik und Ethik. In diesem Verhältnis von Dogmatik und Ethik, das als primäre hermeneutische Figur der Theologie das klassische hermeneutische Thema von Dogma und Geschichte in sich enthält[40], kann die Ethik nicht nur als reiner Anwendungsfall von Dogmatik begriffen werden. Die positive Alternative dazu ist, ohne in bekannte Einseitigkeiten zu verfallen, äußerst schwierig zu bestimmen.[41] Jedenfalls ist die Diskussion um den „Primat der Ethik“, wie ihn die Aufklärung proklamierte, für die Theologie noch keineswegs abgeschlossen und das damit angezeigte Problem für sie noch keineswegs überwunden, es sei denn, man hielte die in Romantik, Restauration und Idealismus einsetzende Gegenaufklärung, die die Ordnung des Ethos wieder (im Sinne der klassischen Ontologie) unter die Ordnung des Logos zurückstellt, für eine Lösung. Eine Lösung wäre das aber erst – gegen die herrschende Meinung in der katholischen Theologie[42] –, wenn die „Ethik“

[39] Vgl. J. Habermas, Zur Logik der Sozialwissenschaften, in: Philosophische Rundschau, Beiheft 5, Tübingen 1967; ders., Erkenntnis und Interesse, Frankfurt a.M. 1968. Die Frage der Veränderung der Erkenntnisbedingungen und Erkenntnishorizonte wirft in neuer Weise auch das Zeitproblem auf; vgl. dazu etwa C. v. Bormann, Die Zweideutigkeit der hermeneutischen Erfahrung, in: Philosophische Rundschau 16 (1969) 92–116.

[40] Im Sinne des oben gegebenen Begründungszusammenhanges zwischen „Politischer Theologie“ und politischer Ethik.

[41] In diesem Band diskutiert T. Rendtorff dieses Problem unter der leitenden Absicht, den Primat der Ethik zu erweisen. Vgl. auch die Formulierung bei Böckle: „eine Ethik des ‚Sozialen‘, die ihrerseits wiederum das tragende Fundament für eine ‚politische Theologie‘ bietet“, die mir – unentfaltet – in eine ähnliche Richtung zu weisen scheint, wenn ich unterstelle, daß Böckle den hermeneutischen Charakter der „Politischen Theologie“ nicht ignoriert und seinen Satz nicht nur – abgeschwächt – auf eine „politische Ethik“ bezogen wissen möchte.

selbst in ihrer „Logik“ begriffen wäre, die Wahrhaftigkeit selbst in ihrer Wahrheit, und wenn man so den abstrakten Gegensatz bzw. die rein abstrakte Vermittlung von Logos und Ethos überwände, die im üblichen Gebrauch ontologischer Kategorien in der systematischen Theologie vollzogen wird. Ohne „Dialektik“ freilich scheint mir dies kaum möglich. Nur ein dialektischer Begriff von Logik bleibt m.E. handlungsbezogen, ohne den Logos in reiner Handlungsorientierung aufgehen und so schließlich zur Taktik oder Pragmatik verkümmern zu lassen. Doch, wie gesagt, dieses Thema kann ich hier nicht weiter verfolgen, und so will ich auch nicht durch bloße Andeutungen neue Mißverständnisse produzieren.[43]

III.

Es ist hier noch eindringlicher nach dem „Theologischen“ in diesem Ansatz einer „Politischen Theologie“ zu fragen. Zwei Objektionsreihen, die sachlich untereinander zusammenhängen, drängen in diese Fragerichtung.
1. Das eine Bedenken fragt kritisch, ob dieser theologische Ansatz nicht viel zuwenig an Jesus Christus, an die in ihm ereignete und proklamierte Heils- und Erlösungstat Gottes, gebunden sei, und ob deshalb diese Theologie und der von ihr betonte „eschatologische Vorbehalt“ Gottes gegenüber der menschlichen Freiheitsgeschichte nicht einen viel zu formalen, „leeren“ Zukunftsbegriff voraussetze, der kaum mehr etwas „spezifisch Christliches“ an sich habe und der am Ende nur noch als theologisches Pseudonym stehe für die noch verbleibende Varianz und unbestimmte Offenheit der politischen Freiheitsgeschichte der Menschheit.[44]
Nur wer die große Komplexität und Schwierigkeit theologischer Vermittlung des christlichen Glaubens heute übersieht oder unterschätzt, wird das

[42] Vgl. z.B. den Artikel: Aufklärung, in LThK I, Freiburg i.Br. ^{2}1957, 1056 bis 1066; demgegenüber etwa: I. Fetscher, Aufklärung (vgl. oben Anm. 28).

[43] Sowenig das hier angesprochene fundamentale Theorie-Praxis-Verhältnis eine Selbstauflösung aller Theorie in Praxis oder eine Funktionalisierung aller Theorie zur Taktik bedeutet, sowenig bedeutet das neue Verhältnis von Dogmatik und Ethik in der christlichen Theologie, in welchem die Ethik nicht mehr einfach als der Dogmatik nachgeordnete Anwendungsdisziplin verstanden wird, eine völlige Umsetzung der Lehre in ethische Imperative, wie das H. Maier befürchtet [DPT, aaO. 18–20]. Wenn die „Politische Theologie“ dieses neue Verhältnis von Dogmatik und Ethik, von Orthodoxie und Orthopraxie aufzunehmen und zu reflektieren sucht – bisher vielleicht mehr schlecht als recht –, so ist sie doch (zumindest in ihrer Intention) nicht ein Symptom der Krise, sondern ein – vielleicht unzulänglicher – Versuch, diese zu überwinden. Und die Krise selbst scheint mir mehr bei der Theologie zu liegen, die Maier „im Augenblick“ vermißt. – Zur Geschichte des Theorie-Praxis-Problems vgl. G. Picht, Wahrheit – Vernunft – Verantwortung, Stuttgart 1969.

[44] Unter dem Gesichtspunkt der Vermittlung von technischer, politischer und christlicher Zukunftssicht habe ich diesem Vorwurf zu begegnen versucht in: Der zukünftige Mensch und der kommende Gott, in: H.J. Schultz (Hg.), Wer ist das eigentlich – Gott? München 1969, 260–275.

hier angeschnittene Problem als leicht lösbar empfinden. Nicht jeder, in dessen Theologie inhaltlich sehr viel von Jesus Christus die Rede ist, treibt schon „christliche Theologie“, die schließlich immer davon bestimmt bleibt, daß der Glaube an Gott in Jesus Christus in seiner Hoffnung verantwortet sein will. Christliche Theologie hat Rechenschaft abzulegen von diesem Glauben angesichts derer, die nach dem Grund seiner Hoffnung fragen (vgl. 1Petr 3,15), unter den Bedingungen und Herausforderungen unserer Gegenwart.[45] In diesem Sinne galten meine bisherigen Überlegungen dem Versuch, den christlichen Glauben und seine Tradition zu verantworten angesichts der Freiheitsgeschichte der menschlichen Gesellschaft und der damit – seit der Aufklärung – unausweichlich gestellten Fragen. Ausdrückliches Anliegen war (vor allem gegenüber bestimmten Tendenzen in der gegenwärtigen Theologie), dieses Glaubensverständnis nicht beziehungslos, mehr oder minder privatistisch und letztlich beliebig gegenüber der Welt in ihrer gesellschaftlichen Freiheitsgeschichte zu interpretieren, da es gerade so die Identität mit seiner biblisch überlieferten Grundgestalt verlieren würde. Das angeführte Bedenken scheint mir nun hauptsächlich durch das Andeutende und Unausgeführte dieser Überlegungen verursacht. So will und kann ich auch hier nicht einfach in direkter Apologetik erwidern, sondern mit dem Versuch, das Gemeinte zu differenzieren und zu erweitern. Dazu möchte ich auf eine Gestalt christlichen Glaubensverständnisses verweisen, die sich durchgehend schon in der biblischen Tradition selbst zeigt: Glaube als *memoria*, als Erinnerung.[46] Christlicher Glaube ist hier also als jenes Verhalten verstanden, in dem der Mensch sich an ergangene Verheißungen und angesichts dieser Verheißungen gelebte Hoffnung erinnert und sich an diese Erinnerungen lebensbestimmend bindet. Weder das intellektualistische Modell der Zustimmung zu Glaubenssätzen noch das existentialistische der unverfügbaren Existenzentscheidung steht hier im Vordergrund der Glaubensinterpretation, sondern die Figur der Erinnerung. Im Glauben vollziehen Christen die *memoria passionis, mortis et resurrectionis Jesu Christi*[47]; glaubend erinnern sie sich an das Testament seiner Liebe, in der die Herrschaft

[45] Dafür, daß diese „Verantwortung“ ein dem christlichen Glauben selbst inneres Moment ist, so daß eine fideistische Interpretation des Glaubens nicht zu einer höheren, sondern zu einer ideologischen Glaubensgestalt führt (in der Figur des „blinden Glaubens“), vgl. meinen Artikel „Apologetik“ in: Sacramentum Mundi I, und die dort angeführte Literatur. – In dem Ansatz T. Rendtorffs, wie er ihn hier [Politische Ethik oder „politische Theologie“?, DPT, 217–230] – und auch in anderen Publikationen – vorträgt, scheint mir freilich ein anderes Verständnis von Theologie wirksam zu sein. Wenn ich recht sehe, treibt Rendtorff eigentlich „Metatheologie“, d.h., für ihn ist Theologie nicht die theoretische Figur der Verantwortung des Glaubens, sondern kritische Theorie dieser theoretischen Verantwortungsversuche, also Theologie als Kritik von Theologien (im Horizont einer historischen „Theorie des gegenwärtigen Christentums“).

[46] Zur alt- und neutestamentlichen Bedeutungsgeschichte von Erinnerung vgl. P.A.H. de Boer, Gedenken und Gedächtnis in der Welt des Alten Testamentes, Stuttgart 1962, 351 f; „Anamnesis“, in: ThWNT, I2; J. Jeremias, Die Abendmahlsworte Jesu, Göttingen [4]1967; N.A. Dahl, Anamnesis, in: Studia theologica I (1947/48) 69–95.

Gottes unter uns Menschen gerade dadurch erschien, daß die Herrschaft zwischen den Menschen anfänglich niedergelegt wurde, daß Jesus sich selbst zu den „Unscheinbaren", den Ausgestoßenen und Unterdrückten bekannte und so diese kommende Herrschaft Gottes gerade als befreiende Macht einer vorbehaltlosen Liebe kundtat.
Um die Bedeutung eines solchen Glaubensverständnisses für das hier Gefragte deutlich zu machen, muß diese Erinnerungsgestalt des Glaubens vom alltäglichen Verständnis von Erinnerung unterschieden werden.[48] Gemeint ist also nicht Erinnerung, in der wir es uns leicht machen im Verhältnis zur Vergangenheit, Erinnerung, in der wir alles Vergangene in einem verklärenden, traumfarbenen Licht sehen; gemeint ist nicht Erinnerung, in der wir alles Vergangene in seinem Vergangen-Sein dadurch besiegeln, daß wir uns mit allem Gefährlichen und Herausfordernden an ihm ausgesöhnt haben. Und gemeint ist nicht eine Erinnerung, in der wir uns vergangenes „Glück" und „Heil" je nur individuell applizieren.[49] Hier ist eine andere Gestalt der Erinnerung gemeint: jene gefährliche Erinnerung, die unsere Gegenwart bedrängt und in Frage stellt, weil wir uns in ihr an unausgestandene Zukunft erinnern. „Die Erinnerung an die Vergangenheit kann gefährliche Einsichten aufkommen lassen und die etablierte Gesellschaft scheint die subversiven Inhalte des Gedächtnisses zu fürchten. Das Erinnern ist eine Weise, sich von den gegebenen Tatsachen abzulösen, eine Weise der ‚Vermittlung', die für kurze Augenblicke die allgegenwärtige Macht der gegebenen Tatsachen durchbricht. Das Gedächtnis ruft vergangene Schrecken wie vergangene Hoffnung in die Erinnerung zurück."[50] Solche Erinnerung durchbricht also

[47] Es wäre eine Untersuchung wert, wieso die memoria so sehr in die Sakramententheologie abwanderte und dort isoliert und nicht selten sakramentalistisch verstanden wurde.

[48] Hinweise zur Literatur über memoria bzw. Erinnerung: philosophisch: Memoria, in: Archiv für Begriffsgeschichte 9 (1964) 15–44; E. Rothacker, Geschichtsphilosophie (Handbuch der Philosophie IV), München 1934; W. Benjamin, Geschichtsphilosophische Thesen, in: ders., Zur Kritik der Gewalt und andere Aufsätze, Frankfurt a.M. 1965, 78–94. Zur theologischen Literatur vgl. Anm. 7. Weitere Darstellungen: M. Thurian, Eucharistie, Mainz/Stuttgart 1963; O. Haggenmüller, Erinnern und Vergessen Gottes und der Menschen, in: Bibel und Leben 3 (1962) 1–15, 75–89, 193–201; W. Schottroff, „Gedenken" im alten Orient und im Alten Testament, Neukirchen 1964; H. v. Campenhausen, Tradition und Geist im Urchristentum, in: ders., Tradition und Leben, Tübingen 1960, 1–16. – Eine Auseinandersetzung mit dem augustinischen memoria-Begriff kann hier nicht erfolgen; sie soll in einer größeren Arbeit versucht werden [hierzu und zur memoria-These insgesamt vgl. J.B. Metz, Glaube in Geschichte und Gesellschaft. Studien zu einer praktischen Fundamentaltheologie, Mainz ^{5}1992, 177–196].

[49] Memoria, wie sie hier verstanden werden soll, ist also weder reine Versöhnungsfigur noch reine Anwendungsfigur im Verhältnis zur Vergangenheit. Geschehenes auf mich „anwenden" heißt – soll das Geschehnis selbst nicht in einer Idee geschichtslos stillgestellt werden –, ihm für meine Gegenwart eine unabgegoltene Zukunft geben. – Vgl. zu den folgenden Überlegungen auch J.B. Metz, Technik – Politik – Religion, und ders., Reform und Gegenreformation heute, Mainz/München 1969. Daraus sind einige Passagen hier wörtlich übernommen.

[50] H. Marcuse, Der eindimensionale Mensch, Neuwied 1967, 117; vgl. dazu auch H.R. Schlette, Veränderungen im Christentum, Olten/Freiburg i.Br. 1969, 11–18.

den Zauberkreis des herrschenden Bewußtseins. Sie reklamiert unausgestandene verdrängte Konflikte und unabgegoltene Hoffnungen. Sie hält gegen die herrschenden Einsichten früher gemachte Erfahrungen hoch und entsichert damit die Selbstverständlichkeit der Gegenwart. Sie mobilisiert Tradition als kritisch-befreiende Potenz gegenüber der Sicherheit jener, „deren Stunde immer da ist“ (vgl. Joh 7, 6).

Wird christlicher *Glaube* als solche *memoria* gesehen und *Kirche* als öffentliche Form dieser Erinnerung interpretiert, dann ist dies in vieler Hinsicht folgenreich. Glaube als solche *memoria* ist keineswegs eine Gegenfigur zu Glaube als Hoffnung. Glaube als *memoria* in dem erläuterten Sinn antwortet auf die unter Theologen immer wieder diskutierte Frage nach einer Vermittlung zwischen dem „Schon“ und „Noch nicht“ des in Jesus Christus gewährten eschatologischen Heiles; in diesem Glaubensverständnis werden nämlich beide Bestimmungen nicht einfach konstatiert und mehr oder minder spannungslos zusammengehalten.[51] Glaube als *memoria* macht schließlich deutlich, wieso christlicher Glaube ein inhaltsgebundener, sozusagen ein „dogmatischer Glaube“ ist, eine *fides quae creditur*, und wieso er gerade darin jene auf die gesellschaftliche Freiheitsgeschichte bezogene kritische Freiheit verwirklichen kann, zu der der Christ im Licht der eschatologischen Botschaft berufen ist. Oder negativ formuliert: Ein solches Glaubensverständnis verhindert, daß christlicher Glaube die befreiende und provozierende Kraft, die aus seinen Inhalten und Überzeugungen kommt, ausblendet und daß er in purer Formalität zur symbolischen Paraphrase des jeweils herrschenden Bewußtseins herabsinkt, ohne zu dessen Veränderung etwas beizutragen.

Die biblischen Traditionen und die aus ihnen erwachsenen Bekenntnis- und Lehrformeln des christlichen Glaubens erscheinen im Lichte dieser Interpretation als Formeln der *memoria*, als Formeln, in denen der Anspruch ergangener Verheißungen und vergangener einst gelebter Hoffnungen und widerfahrener Schrecken in die Erinnerung zurückgerufen werden, um den Bann des gegenwärtig herrschenden Bewußtseins in seiner Instrumentalität und Einsinnigkeit zu durchbrechen, um sich von den Zwangsmechanismen des unmittelbar Gegebenen und Einsichtigen immer wieder neu zu lösen und die Banalität des Bestehenden und der aus ihm allein abrufbaren Zukunft zu durchstoßen. Diese vielleicht etwas ungewöhnlich oder überra-

[51] Die weitverbreitete theologische Rede von der „Spannung“ zwischen „Schon“ und „Noch nicht“ des eschatologischen Heils ist letztlich nichtssagend. Alles kommt darauf an, wenn man das Heilsverständnis nicht enthistorisieren und in einer Idee geschichtlich stillstellen will, daß das „Schon“ im „Noch nicht“, also die „Gegebenheit“ des Heils gerade in der Hoffnung angenommen und verstanden wird. Das „Schon“ ist ja eine bestimmte Modalität am „Noch nicht“, insofern dieses mehr und anderes als ein „Nicht“ oder gar ein „Nichts“ ist. Vgl. hierzu die Überlegungen unter III, 2 und die einschlägigen Erörterungen bei J. Moltmann, in: W.D. Marsch (Hg.), Diskussion zur Theologie der Hoffnung, München 1966, 207ff.

schend anmutende Interpretation des Sinns christlicher Glaubens- und Bekenntnisformeln wird meines Erachtens dann überzeugender, wenn die eigentümliche Ausgangssituation unserer Gesellschaft berücksichtigt wird, in der der christliche Glaube tradiert werden soll. Es ist eine immer geschichtsloser und erinnerungsloser werdende Gesellschaft, so daß in ihr Traditionen in zunehmendem Maß nur auf dem Wege über Institutionen und deren formuliertes Selbstverständnis, also über formulierte Bekenntnisse festgehalten und in die Gegenwart eingebracht werden. Dogmatischer Glaube oder Bekenntnisglaube ist dann die Bindung an Lehrsätze, die als Erinnerungsformeln eines verdrängten, unbewältigten, subversiven und gefährlichen Gedächtnisses der Menschheit verstanden werden können und müssen. Kriterium ihrer genuinen Christlichkeit ist die kritisch-befreiende, aber auch erlösende Gefährlichkeit, mit der sie die erinnerte Botschaft in die Gegenwart einbringen, so daß sich „Menschen über sie entsetzen und doch von ihrer Gewalt überwunden werden".[52] „Tot" und nichtssagend „leer" sind solche Bekenntnisformeln und solche dogmatischen Formeln dann, wenn die in ihnen erinnerten Inhalte nichts mehr von dieser ihrer Gefährlichkeit – für Gesellschaft *und Kirche!* – zeigen, wenn diese Gefährlichkeit unter den Mechanismen ihrer institutionellen Vermittlung erlischt und wenn die Formeln deshalb nur noch der Selbsterhaltung der sie überliefernden Religion und der Selbstreproduktion einer autoritären kirchlichen Institution dienen, die sich als öffentliche Tradentin christlicher memoria nicht mehr unter den gefährlichen Anspruch eben dieser *memoria* stellt.
Natürlich wäre das nun im einzelnen aufzuweisen anhand der klassischen Glaubenssätze und Lehrformeln. So kann man z.B. die bereits erwähnte Interpretation Erik Petersons[53] als Versuch verstehen, *die Glaubensformel von der Trinität* herrschaftskritisch zu wenden und sie gerade so in ihrer befreienden und erlösenden Gefährlichkeit sichtbar zu machen – vor allem dann, wenn man die in dieser trinitarischen Formel enthaltene Kritik eines monarchischen Herrschaftsbegriffs auch (was E. Peterson unterläßt) kritisch auf die Verfassung der Kirche selbst bezieht. – Das oben nur andeutungsweise formulierte Verständnis der *memoria* Jesu Christi als *memoria* der Ankunft der Herrschaft Gottes in der Liebe Jesu zu den Ausgestoßenen ließe sich wohl auch durchführen als solche gefährlich-befreiende Wendung der klassischen *christologischen Formeln*. Hier liegt, wie ich meine, ein großes und verlockendes Aufgabengebiet der Theologie. Wo nämlich eine solche Interpretation christlicher Glaubensformeln und eine dementsprechende Verwirklichung christlichen Glaubens gelänge, wo die in ihm tradierten Lehrformeln als Erinnerungsmarken verstanden würden, als das Buchstabieren eines gefährlichen Gedächtnisses der Menschheit: da hörte ein solches Glaubens-

[52] D. Bonhoeffer, Widerstand und Ergebung, München [13]1966, 207.
[53] In dem oben (Anm. 12) erwähnten Beitrag.

verständnis auf, toten Autoritätsglauben zu suggerieren, da würde es gewiß nicht den Verdacht auf sich ziehen, nur einen Glauben der Unmündigen, Glauben gar als „Opium des Volkes“ zu legitimieren. Da wäre dieses Glaubensverständnis vielmehr der Versuch, das Christentum selbst zu entfalten als gefährlich-befreiende und erlösende *memoria Jesu Christi* angesichts der gegenwärtigen Gesellschaft und ihrer „Systeme“. Es machte sich auch verständlich als Hermeneutik der agonalen Freiheitssituation des Menschen und als helfende Erinnerung in den Widersprüchen einer linear und einseitig verstandenen menschlichen Freiheitsgeschichte, die meint, sich über die *vergangenen* Leiden und Hoffnungen, über die Herausforderung der Toten hinwegzusetzen oder sie, ohne die Freiheit selbst zu verlieren, ignorieren zu können. Gerade um das Erbe der modernen Freiheitsgeschichte weder romantisch-restaurativ stillzulegen noch an eine pausbäckig-kleinbürgerliche oder totalitäre Fortschrittsidee zu verraten, bedarf es immer neu der Kraft der Erinnerung. Wo sie fehlt, wird das fiktive eindimensionale Jetzt „zum Erkenntnisgrund des inneren Sinnes ... Was im Denken geschichtlich ist, anstatt der Zeitlosigkeit der objektivierten Logik zu parieren, wird dem Aberglauben gleichgesetzt, der die Berufung auf kirchlich-institutionelle Tradition wider prüfenden Gedanken tatsächlich war. Die Kritik an Autorität hatte allen Grund. Aber sie verkennt, daß Tradition der Erkenntnis selbst immanent ist als das vermittelnde Moment ihrer Gegenstände. Erkenntnis verformt diese, sobald sie kraft stillstellender Objektivierung damit tabula rasa macht. Sie hat an sich, noch in ihrer dem Gehalt gegenüber verselbständigten Form, teil an Tradition als unbewußte Erinnerung; keine Frage könnte nur gefragt werden, in der Wissen vom Vergangenen nicht aufbewahrt wäre und weiterdrängte.“[54] Hilfreich freilich scheint mir nur eine *bestimmte* Erinnerung zu sein. Als bestimmte Erinnerung aber kann sie sich des Erinnerten nie so entäußern, daß sie von ihm nur das verwandelnd aufbewahrte, was sich allein über kritische Reflexion vermitteln läßt. Als bestimmte Erinnerung trägt sie jeweils schon Züge einer kritisch bejahenden Aneignung, wie sie uns auch in der geschichtlich vermittelten Gestalt des christlichen Glaubens begegnet. Solche bestimmte Erinnerung ist partikular im Horizont unserer Gesellschaft, gewiß, aber sie bleibt, wo sie diejenige des christlichen Glaubens ist, aus sich heraus an alle gewendet in der Bedrohtheit ihrer Freiheit und ihrer Hoffnungen.

Die kritische und befreiende Kraft christlicher Erinnerung, als bestimmter Erinnerung, zeigt freilich auch nie eine rein intellektuelle Attitüde.[55] Die in ihr zur Geltung kommende befreiende Kraft ist nicht einfach identisch mit dem, was sich in einem dialektischen Begriff kritischer Negativität ausdrük-

[54] Th.W. Adorno, Negative Dialektik, Frankfurt a.M. 1966, 60.

[55] Was z.B. Böckle [Moraltheologische Überlegungen zur „politischen Theologie“. Ein Seminarbericht, DPT, 178–184], Maier [DPT, aaO.] und Seeber [Was will die „politische Theologie“?, DPT, 26–37] gegenüber meinem früheren Entwurf geltend machten.

ken ließe.[56] Ihre kritische Kraft bleibt gekennzeichnet durch die Bestimmtheit ihrer Erinnerung: In dieser Erinnerung weiß sie um den „tödlichen" Konflikt zwischen den göttlichen Verheißungen und einer von unseren unverfremdeten Wünschen und Interessen betriebenen Geschichte. Ihre Kritik trägt nicht die Züge der „totalen Kritik", sie hat den Schmerz des Sich-Versagens, des Ausharrens, der Ungeduld *und* der Geduld an sich, wie sie christliche *memoria* als „Nachfolge Jesu" einfordert. Aus der Bestimmtheit der Erinnerung Jesu Christi erlangt sie auch jenen Impuls, der das „Gesetz" der Kritik in den „Geist" der Krisis überführt. Diese Kritik wird zum Dienst, zu einer Form des Daseins-für-Andere, die nicht durch die herrschenden Formen von Gesellschaftskritik definiert werden kann. Und erst wenn eine Theologie zur Entfaltung solcher aus der *memoria Jesu Christi* gewonnenen Kritik wird, hört sie auf, sanktionierende Theologie zu sein, sanktionierende Theologie, die sie auch dann bliebe, wenn sie bloß herrschende Gesellschaftskritik reproduzierte.[57]

2. Ein zweites Bedenken gegenüber den theologischen Grundlagen der neuen „Politischen Theologie" zielt auf das in ihr zur Geltung kommende Verständnis von Eschatologie. Es rügt die Zweideutigkeit dieser Eschatologie in bezug auf das Verhältnis von verheißenem Heil und geschichtlicher Zukunft; es sieht in dieser Zweideutigkeit eine tendenzielle Identifizierung von politischer Freiheitsgeschichte und Heilsgeschichte und damit am Ende doch eine Wiedererstehung der klassischen politischen Theologie – diesmal zwar nicht in rechter, sondern in linker politischer Variante.

Ich glaube, daß sich dieser Vorwurf, soweit er sich auf das von mir skizzierte Verständnis einer „Politischen Theologie" bezieht, im wesentlichen schon durch das oben zur „bestimmten Erinnerung" Gesagte entkräften läßt. Immerhin möchte ich – mehr aporetisch als in positivem Entwurf – einen Ge-

[56] Wenngleich dieser Begriff z.B. Th.W. Adorno unter den Zwang zu stellen scheint, immer wieder die Idee der Versöhnung (durchaus im Unterschied zu „Emanzipation" und „Mündigkeit") in Anspruch zu nehmen und sie in der „Negativen Dialektik" (aaO. 396) so zu charakterisieren: „Es liegt in der Bestimmung negativer Dialektik, daß sie sich nicht bei sich beruhigt, als wäre sie total; das ist ihre Gestalt von Hoffnung." (vgl. dazu theologisch: J.B. Metz, Politische Theologie, in Sacramentum Mundi III, bes. 1238 [in diesem Band als Appendix zu § 1, 27–32]. Dieser Gestalt von Hoffnung korrespondiert der Gedanke der Versöhnung, wie ihn Adorno (schon 1946/47) am Ende der „Minima Moralia" (Frankfurt a.M. 1964) ausgedrückt hat (aaO. 333ff). Dieser Text wird zwar gern auch von Theologen zitiert und reklamiert. Wichtiger wäre indes, die Frage der „negativen Vermittlung" von Eschatologie (im dialektischen Sinn der Negativität) ausführlich zu erörtern und kritisch zu prüfen. Da ich hier, in diesem Kontext, explizit philosophische Fragen zum Thema des hier diskutierten theologischen Ansatzes aussparen mußte, kann ich nur auf die beabsichtigte größere Arbeit zum Thema verweisen.

[57] Die Überlegungen dieses Abschnitts – mit dem zentralen Gedanken der „bestimmten", gefährlich-befreienden Erinnerungen – verstehen sich in einem ersten Ansatz auch als theologischer Beitrag zu den Aporien der Aufklärungsproblematik, wie sie – im Blick auf die Grundlagendiskussion der Wissenschaften – vor allem von J. Habermas erörtert werden. Vgl. jetzt auch Th.W. Adorno u.a., Der Positivismusstreit in der deutschen Soziologie, Neuwied/Berlin 1969.

sichtspunkt noch herausstellen, kurz und in größter Allgemeinheit. Die Kritik scheint mir nämlich ihrerseits von einer fragwürdigen Voraussetzung auszugehen. Sie unterstellt die Möglichkeit, daß zwischen geschichtlicher Zukunft des Menschen und der Menschheit und eschatologischer Heilszukunft ein „eindeutiges" und „reines" Verhältnis herzustellen sei. Nun läßt aber weder der Begriff der Geschichte noch derjenige des eschatologischen Heils dies zu.

In bezug auf die Geschichte verrät sich das Mißverständnis meines Erachtens schon in dem Vorwurf, wonach die in der „Politischen Theologie" enthaltene Eschatologie eine Spielart „immanenter Eschatologie" sei, die auf eine innergeschichtliche Vollendung der Geschichte ziele oder doch dieses Mißverständnis nicht zureichend ausschließe. Der ausdrücklich formulierte oder wenigstens insinuierte Gedanke von innergeschichtlicher Verwirklichung von Geschichte zeigt indes gerade, daß hier nicht eigentlich von Geschichte die Rede ist, sondern allenfalls von Natur, von physis, die allein sich nach einem immanenten *telos* verwirklicht und in ihm auszeitigt.[58] Geschichte hingegen ist, soweit sie überhaupt im Unterschied zu Natur gedacht werden kann und kritisch gedacht werden muß, prinzipiell nicht als „Immanenz" zu bestimmen, sie ist in diesem Sinne grundsätzlich unvollendbar, und das aus der klassischen Naturmetaphysik stammende Immanenz-Transzendenz-Schema scheint mir für die Bestimmung geschichtlicher Wirklichkeit und ihrer Zukunft hermeneutisch ungeeignet.[59]

Christliches Heilsverständnis hingegen hat seinen unaufgebbaren kategorialen Ort in und an der Geschichte. Es gibt zwar auch in der Theologie immer wieder den Versuch, unter dem Eindruck der Zweideutigkeit im Verhältnis von Eschatologie und Geschichte und der damit gegebenen Verborgenheit und Gefährdetheit von christlicher Heilshoffnung in der Geschichte, Geschichte selbst für das Verständnis des christlichen Heils stillzustellen – etwa in der Theorie der Geschichtlichkeit, wohl auch in Teilhards evolutiver Eschatologie, auch in einem „zyklischen" Verständnis von Geschichte[60] usw. Doch wird dieser Versuch in der Theologie immer wieder auch als Versu-

[58] Schon Thomas von Aquin zögerte, als er unter dem Zwang einer finalistischen Naturmetaphysik einen *finis ultimus naturalis* des Menschen annehmen sollte.

[59] In diesem Sinne scheint mir auch Jürgen Moltmanns sehr bemerkenswerter Versuch, „die Zukunft als neues Paradigma der Transzendenz" zu entfalten (Internationale Dialog-Zeitschrift II/1969, Heft 1, 2–13), am Ende doch nicht ganz überzeugend. Die Fragen stellen sich genau bei der angenommenen „Immanenz" der Geschichte. Transzendenz und Immanenz werden als Korrelationsbegriffe verstanden, d.h., die Immanenz hat nur Bestand durch die Transzendenz. So aber hatte in der klassischen Metaphysik der Kosmos Wesen und Dasein von der Idee (in exemplarischer Kausalität). Es stellt sich demnach hier die Frage, ob durch die Anwendung des Immanenzbegriffes auf die Geschichte nicht eine dem Phänomen Geschichte inadäquate und es am Ende wieder naturalisierende Kategorialität wirksam wird.

[60] So etwa, als Alternative zu der mit Recht von ihm kritisierten Rede von der „linearen Zeit", bei H.U. v. Balthasar, Das Ganze im Fragment, Einsiedeln 1963.

chung erkannt und kritisiert, wird ihm gegenüber immer wieder zu Recht die Aufgabe zur Geltung gebracht, das eschatologische Heilsverständnis über das Problem der geschichtlichen Zukunft des Menschen und der Menschheit zu vermitteln und Geschichte als den unaufgebbaren kategorialen Ort jeder spezifisch christlichen Rede von Gott anzunehmen.[61]
Auch die Figur „der einzelne angesichts der außergeschichtlichen Ewigkeit" führt meines Erachtens nicht aus der fundamentalen Zweideutigkeit von Eschatologie und Geschichte hinaus und entläßt damit nicht aus der Verborgenheit der christlichen Hoffnung. Abgesehen davon, daß in diesem Begriff des einzelnen und seiner sublimierten Subjektivität Geschichte nur fiktiv überschritten ist: Sie ist und bleibt anwesend als eindimensionale Gegenwart; abgesehen also davon, verharrt die so außergeschichtlich gedachte Ewigkeit als „das andere" jedenfalls in radikaler Zweideutigkeit. Denn als dieses umfassende außergeschichtliche „andere" kann eben nicht nur „Gott", sondern gerade auch die „Natur" (und damit der Zerfall des Menschen in seiner Freiheit in und an diese Natur) gedacht werden: Deus sive natura.
Angesichts dieser Problemlage habe ich in früheren Überlegungen das Bild von Walter Benjamin über das Verhältnis der „Dynamik des Profanen" zur „Richtung der messianischen Intensität" durchaus als erhellend angesehen, ohne natürlich die Inadäquatheit auch dieses Bildes (wie eines jeden) in Abrede zu stellen. „Wenn eine Pfeilrichtung", schreibt W. Benjamin[62], „das Ziel, in welchem die dynamis des Profanen wirkt, bezeichnet, eine andere die Richtung der messianischen Intensität, so strebt freilich das Glückssuchen der freien Menschheit von jener messianischen Richtung fort, aber wie eine Kraft durch ihren Weg eine andere auf entgegengesetzt gerichtetem Wege zu befördern vermag, so auch die profane Ordnung des Profanen das Kommen des messianischen Reiches. Das Profane also ist zwar keine Kategorie des Reichs, aber eine Kategorie, und zwar der zutreffendsten eine, seines leisesten Nahens." Hans Maier [DPT, aaO., 10 f] hat sich an den (zugegebenermaßen mißverständlichsten) letzten Satz gehalten und aus ihm die Synchronisation und tendenzielle Identifizierung von eschatologischer Heils-

[61] So in diesem Band ausdrücklich die Arbeiten von K. Rahner [Die Frage nach der Zukunft. Zur theologischen Basis christlicher Gesellschaftskritik, DPT, 247–266] (vgl. von ihm auch: Marxistische Utopie und christliche Zukunft des Menschen, in: ders., Schriften zur Theologie VI, Einsiedeln 1965, 77–88), und von H. Schürmann [Der gesellschaftliche und gesellschaftskritische Dienst der Kirche und der Christen in einer säkularisierten Welt, DPT, 145–161]; vgl. im katholischen Raum jüngst auch W. Kasper, Utopie und christliche Zukunft, in: W. Heinen/J. Schreiner (Hg.), Erwartung – Verheißung – Erfüllung, Würzburg 1969, und P. Lengsfeld, aaO. Von meinen eigenen Arbeiten darf ich verweisen auf: Gott vor uns, in: C. Bloch (Hg.), Ernst Bloch zu ehren, Frankfurt a.M. 1965, 227–241; Kirche und Welt im eschatologischen Horizont, in: Zur Theologie der Welt, Mainz/München 1968, 75–89; Der zukünftige Mensch und der kommende Gott, in: H.J. Schultz (Hg.), Wer ist das eigentlich – Gott?, München 1969, 260–275.

[62] Zitiert nach: W. Benjamin, Zur Kritik der Gewalt und andere Aufsätze, Frankfurt a.M. 1965, 95.

geschichte und politischer Freiheitsgeschichte der profanen Gesellschaft herausgelesen. Mir ging es indes nicht primär um die Folgerung, die Benjamin selbst aus seinem Bild zog, sondern um einen Vergleichspunkt, den das Bild in sich bietet. Es weist nämlich zwei Mißverständnisse des Verhältnisses von Eschatologie und Geschichte bestimmt ab, insofern sie beide auf Eindeutigkeit dieses Verhältnisses drängen. Es weist – durch die Betonung der Gegensätzlichkeit der Richtung (der Pfeile) – die Möglichkeit einer Identifizierung beider Ordnungen ab, es läßt nicht zu, daß christliche Eschatologie sich – wie immer – in die „Ordnung des Profanen" aufhebe oder sich in revolutionäre Dialektik auflöse; es läßt nicht zu, daß christliche Hoffnung sich nur als Vehikel des Sprungs in ein geschichtlich erkämpftes „Reich der Freiheit" verstehe, nicht aber auch als Hoffnung für mich und als Hoffnung für die Leiden und den Tod von gestern. Es weist aber auch (im Bild der – entgegengesetzt – aufeinander wirkenden Kräfte) den Dualismus, die Disparität oder die beziehungslose Beliebigkeit in der Bestimmung von Eschatologie und Geschichte ab, in welcher Geschichte von Eschatologie nur als Nichtigkeit denunziert wird, als Rost, den man vom Eisen klopft. Es weist eine Bestimmung dieses Verhältnisses ab, in dem Geschichte abstrakt negiert wird, in dem der Blick sich einseitig auf die Katastrophen der Geschichte richtet, so daß sie sich selbst ihrer Un-gültigkeit überführt, eine Bestimmung, in der Geschichte nur als Herrschaftsgebiet des Bösen aufgefaßt wird, und der Glaube dementsprechend als geglückte Flucht aus ihr und ihren Verhängnissen.[63]

Ich weiß, daß ich mit diesen knappen Überlegungen nur aporetisch auf die innere Komplexität und Mehrdimensionalität des eschatologischen Themas selbst hingewiesen habe, ohne es nun in sich positiv zu entwickeln. Ich bin mir auch dessen bewußt, daß eine Reihe von einzelnen Äußerungen in meinen früheren Überlegungen gerade diese „Mehrdeutigkeit" im eschatologischen Geschichtsverständnis nicht genügend ausgedrückt hat. Die Betonung des „schöpferischen" Charakters christlicher Hoffnung, die Rede von „schöpferischer Eschatologie" mag vielleicht zu rasch Prometheus oder den jungen Marx assoziieren. Bestimmt war und ist freilich diese operationale Charakterisierung von christlicher Eschatologie gerade von der Einsicht, daß wir im Horizont von Geschichte „das andere" nur ernst nehmen können, wenn uns auch das Bestehende nicht gleichgültig läßt; denn mehr als je gilt für eine Gotteserfahrung im Geschichtshorizont: „Nur wenn, was ist, sich

[63] Demgegenüber: „Die Erneuerung der Welt ... wird in dieser Weltzeit in gewisser Weise wirklich vorweggenommen ... Sie (die Laien) zeigen sich als Söhne der Verheißung, wenn sie stark in Glaube und Hoffnung den gegenwärtigen Augenblick auskaufen ... und die künftige Herrlichkeit in Geduld erwarten ... Diese Hoffnung sollen sie aber nicht im Innern der Seele verbergen, sondern in ständiger Bekehrung und im Kampf ... auch durch die Strukturen des Weltlebens ausdrücken ..." So „mehrdeutig" spricht die Kirchenkonstitution des jüngsten Konzils (Nr. 48, 35). Vgl. dazu auch die im Beitrag von Schürmann [DPT, aaO.] genannten einschlägigen Konzilstexte.

ändern läßt, ist es nicht alles."[64] Rein kontemplativ scheint mir im Horizont einer geschichtlichen Welt gar kein Begriff der Kontingenz dieser Welt zu gewinnen zu sein. Doch kann ich auch diese Überlegung in dem hier gegebenen knappen Rahmen nicht weiter verfolgen. Schwierigste, immer neu zu bedenkende Fragen bleiben – gerade für eine Theologie, die sich dieser Mehrdeutigkeit im Verhältnis von Eschatologie und Geschichte zwar abstrakt, aber nie bestimmt entziehen kann. Diese Fragen bleiben, vor allem in bezug auf den einzelnen, seine tödlichen Bedrohungen, aber auch angesichts der zunehmenden Narkotisierung der Erfahrung dieser Bedrohung des einzelnen selbst in einer Gesellschaft, in der die Unmittelbarkeit des einzelnen immer mehr zerfällt und das „Ich" in sekundären Erfahrungssystemen zu verschwinden scheint. Nicht um von den damit angedeuteten Fragen abzulenken, wurde „Politische Theologie" gedacht, sondern um auch theologisch hinter sie zu kommen und der Not des fragenden ungetrösteten Menschen theologisch nicht mit Personalismen und Existentialismen antworten zu müssen, die z.B. die Todeserfahrung des einzelnen viel zu unmittelbar angehen und einkalkulieren, als daß sie sie sowohl im biblischen Kontext und dessen Proportionen als auch im Kontext der Bedingungen unserer Gesellschaft wirklich ernsthaft entfalten könnten.

IV.

Im Blick auf Kirche habe ich „versuchsweise" und wiederum mit der Absicht eines „kritischen Korrektivs" die Definition von Kirche als „Institution gesellschaftskritischer Freiheit des Glaubens" vorgetragen. Obwohl ich – immer unter dem Zwang der Kürze jenes Beitrags – für diese Bestimmung eine theologische Begründung zu geben suchte; obwohl ich ausdrücklich dem Problem einer institutionalisierten kritischen Freiheit nachging, ja, von ihm ausging; obwohl ich mich der Frage nach der historischen und sozialen Basis einer solchen Kirchendefinition stellte und im Umriß Funktion und Aufgabe einer so verstandenen Kirche zu bestimmen suchte – nie habe ich, wie das H. Maier [DPT, aaO. 20 f] insinuiert, unterschiedslos von „der" politischen Aufgabe der Kirche gesprochen! –; obwohl ich schließlich die kritisch auf die Kirche selbst und die Transformation ihres institutionellen Verhaltens zielende Absicht ausdrücklich betont und (auch an Einzelfragen) erörtert habe: Hier hat mir doch die Kritik in besonderem Maße die Abstraktheit und Mehrdeutigkeit einer solchen Bestimmung und die Fraglichkeit ihrer Vermittlung mit den konkreten kirchlichen Verhältnissen bewußter gemacht. Zu abstrakt und mehrdeutig erscheint mir diese Bestimmung von Kirche in verschiedener Hinsicht. a) So etwa insinuiert diese Definition eine zu direkte und unvermittelte Überwindung der seit der Aufklärung

[64] Th.W. Adorno, Negative Dialektik, aaO. 389.

manifest gewordenen Privatisierung von Religion, Kirche und Christentum. Obwohl sie die gesellschaftskritische Funktion der Kirche immer gleichzeitig als eine selbstkritische zu verstehen suchte[65], hat sie doch zu wenig berücksichtigt, daß es vor allem darum geht, die Ursachen für diese Privatisierung primär im kirchlichen Raum und in den Verhaltensweisen der kirchlichen Institutionen selbst zu suchen und aufzudecken.[66] b) Zwar scheint mir, abstrakt, die These immer noch richtig zu sein, daß das, wiederum seit der Aufklärung, disputierte Thema des Verhältnisses von Institution und Freiheit heute eine ganz neue Variante gewonnen hat: daß es nicht mehr so sehr um Fragen der kritischen Freiheit innerhalb von bestehenden Institutionen, sondern um die Krise der nicht-institutionalisierten Freiheit selbst geht.[67] Gleichwohl kann eine solche These, wo sie abstrakt als Zwang zur Institutionalisierung der kritischen Freiheit vorgetragen wird, eine gefährliche Dispenswirkung innerhalb einer bestehenden kirchlichen Institution gewinnen, wenn und insofern diese sich ihrerseits in ihrem Autoritäts- und Öffentlichkeitsverständnis wie in ihrem Selbstverständnis noch gar nicht entschieden der Herausforderung der „Autorität der Freiheit" gestellt hat.[68] c) So ist es mir auch im Rahmen der genannten Definition von Kirche als Institution gesellschaftskritischer Freiheit des Glaubens nicht gelungen, die damit gegebenen Funktionen und Aufgaben von Kirche zureichend konkret zu bestimmen, um diese Definition erfolgreich gegen den Vorwurf unverbindlicher Allgemeinheit[69] oder neointegralistischer Tendenz zu schützen. Im Blick auf solche und andere[70] Schwierigkeiten möchte ich zwar diesen

[65] Schon mit Rücksicht auf das konstitutionell „unreine" Verhältnis zwischen Kirche und weltlicher Gesellschaft (nicht: Staat) – aufgrund der eigentümlichen Identität der Kirche. Zu dieser Identitätsformel vgl. J.B. Metz, Reform und Gegenreformation heute, Mainz/München 1969, 39ff.

[66] Vgl. in diesem Band die entsprechenden Ausführungen von W. Pannenberg [DPT, aaO., bes. 243–246].

[67] Vgl. dazu vor allem meinen Exkurs über „Institution und Institutionalisierung" in: Zur Theologie der Welt, 122–127 [in diesem Band § 1, S. 22–36] – Dort habe ich auch auf die Schwierigkeit hingewiesen, die darin besteht, daß ich bei meinen Überlegungen weder theologisch noch philosophisch noch soziologisch auf einen einheitlich geklärten Institutionsbegriff rekurrieren konnte.

[68] Vgl. das unten zum Thema „Ungleichzeitigkeit" Gesagte!

[69] Wenn freilich H. Maier davon spricht, daß ich immer nur allgemein vom Widerstand gegen den Terror der Unfreiheit und der Ungerechtigkeit gesprochen hätte [DPT, aaO., 16], so übersieht er, daß ich das getan habe im Hinblick auf das Verhalten der Kirche in ihrer Geschichte (und im Hinblick darauf kann man kaum sagen, daß dieser Vorwurf nur abstrakt sei).

[70] Zum Beispiel wurde immer wieder betont, daß der Träger der direkten und unmittelbaren politischen Aufgaben des Christentums primär der einzelne sei, nicht die Institution. Abgesehen davon, daß ich nie von „der" politischen Aufgabe der Institution gesprochen habe; abgesehen davon, daß ich diese Aufgabe nie exklusiv für die Institution selbst reklamiert wissen wollte, scheint mir dieser Vorwurf seinerseits die Aporien des einzelnen und seines freien Handelns in unserer Gesellschaft doch zu leicht zu nehmen, vor allem wenn er das Prädikat „direkt" und „unmittelbar" mehr oder weniger problemlos mit dem einzelnen und seiner Freiheit verbinden zu können meint. – Hinzu kommt, daß der einzelne als Subjekt

Versuch der Bestimmung von Kirche nicht einfach aufgeben. Doch will ich im folgenden auf eine Bedeutung der „Politischen Theologie" für die Kirche eingehen, die in der genannten Definition zwar auch wirksam war, gleichwohl nicht unmittelbar im Blick stand. Vielleicht kann daraufhin die Bestimmung der Kirche als Institution gesellschaftskritischer Freiheit des Glaubens und die damit verbundene Rede von der Kirche als einer „Institution zweiter Ordnung" eine neue, bestimmtere Relevanz gewinnen.
Ich meine hier das Verständnis dieser Theologie als einer kritischen Theologie in der Kirche, als Ort der Emanzipation von bestimmten Strukturen und Verhaltensweisen der Kirche. Im Blick auf die Kirche selbst ist damit das Thema des Wandels kirchlicher Praxen und Lebensformen angeschnitten, wie es ja heute allenthalben diskutiert wird und wie ich es auch in meinem kleinen Buch „Reform und Gegenreformation heute" aufzugreifen suchte.[71] Nicht um den Krisenjargon in der Kirche willkürlich zu mehren und die Konjunktur von „Kritik" anzuheizen, sondern um Orientierung zu gewinnen für entschiedene Reformen, soll hier kritische Theologie betrieben werden. Diese Kritik ist geleitet von dem Versuch, *die Ungleichzeitigkeit kirchlicher Verhaltensweisen und Lebenspraxen mit der heutigen Gesellschaft zu überwinden*. [Später habe ich den Begriff der „Ungleichzeitigkeit" positiv gewendet, vgl. z.B. „Produktive Ungleichzeitigkeit", in: J. Habermas (Hg.), Stichworte zur „geistigen Situation der Zeit" II, Frankfurt a.M. 1979, 529–538]. Dieser Versuch ist keineswegs gemeint im Sinne einer unkritischen oder opportunistischen Anpassung von Kirche und christlichen Traditionen an die Strukturen und Verfassungen gegenwärtiger Gesellschaftsformen oder gar im Sinne der völligen Selbstauflösung von Kirche und Christentum in die Gesellschaftsprozesse hinein. Ist es nicht vielmehr die eigentümliche Ungleichzeitigkeit der Kirche mit ihrer gesellschaftlichen Umwelt, die es immer wieder verhindert, daß diese Kirche das Unzeitgemäße der in ihr tradierten und veröffentlichten *memoria Jesu Christi* zur Geltung bringen kann? Nichts scheint mir so angepaßt und in dieser Anpassung so stillgestellt wie die ungleichzeitig lebende Religion! Nichts Gefährliches, nichts Befreiendes und Erlösendes scheint mehr an ihr zu sein. Denn wo Religion und Kirche in ihren Anschauungen, Lebensformen und Strukturen ungleichzeitig zu den Problemen und Strukturen der zeitgenössischen Gesellschaft leben, kann die provozierende Unzeitgemäßheit und „Fremdheit" ihrer Verkündigung allzuleicht historisch dechiffriert werden, d.h. es kann die Unzeitgemäßheit und Fremdheit der christlichen *memoria* als Ausdruck dafür angesehen werden, daß ihr öffentlicher Träger, die Kirche, eben ungleichzeitig ist, d.h. einen früheren Status der gesellschaftlichen Entwicklung und des

politischen Handelns vor ähnliche Fragen wie die „Politische Theologie" gestellt wird, wenn er sich Rechenschaft darüber zu geben sucht, wie und warum er denn als *Christ* so oder so handelt.

[71] Vgl. Anm. 2 u. ö.

gesellschaftlichen Bewußtseins repräsentiert. Und wer möchte leugnen, daß vieles, was von Kanzel und Katheder gar oft als das „Paradox", als der „Skandal" des Christentums vorgetragen wird, als Widerspruch und Fremdheit des Kreuzes, nur ungleichzeitiges Bewußtsein, nicht aber Unzeitgemäßheit der Torheit des Kreuzes dokumentiert! In diesem Sinne scheint mir die Überwindung solcher Ungleichzeitigkeit eine der fundamentalen Aufgaben gegenwärtiger Theologie, die sich gerade nicht schiedlich-friedlich von Kirche überhaupt distanziert.

Das damit bezeichnete Aufgabengebiet möchte ich hier, verkürzt, erneut mit der Konfrontation der Kirche mit den anhaltenden, freilich kritisch zu vermittelnden Problemen der Aufklärung kennzeichnen, die sich kirchlich vielleicht in die Frage „Autorität vor dem Anspruch der Freiheit" zusammenfassen ließen und die von der Theologie die Anstrengung verlangen, das konstitutionelle Mißtrauen gegenüber dieser Freiheit abzubauen und natürlich auch den fatalen Anschein zu zerstreuen, als könne man diese Freiheit ernst nehmen (und sie als Mündigkeit kirchlich proklamieren), ohne durch das Fegefeuer einer Reform an Haupt und Gliedern hindurchgegangen zu sein. Für die Erörterung von Einzelaspekten dieses Themas ist hier leider nicht mehr Raum. Ich darf dazu, aus meiner Sicht, nochmals auf meine Überlegungen zu „Reform und Gegenreformation heute" verweisen.[72] Jedenfalls werden hier Themen wie Autorität, Öffentlichkeit, kirchliche Verfassung, Recht, Freiheit unabweislich auf die theologische Tagesordnung gepreßt. Und ersichtlich wird zudem, daß eine solche Theologie durchaus auch „Laientheologie" ist und sein muß, daß sie – wie eigentlich jede Theologie – nie reine „Amtstheologie" ist oder sein kann.[73]

Nun könnte man ja meinen, dies alles sei nicht die Aufgabe einer systematischen Theologie, und „Politische Theologie" als kritische Theologie in der Kirche erweise sich so mehr als Reformstrategie denn als Glaubenslehre. Doch ein solcher Einwand scheint mir Entscheidendes, ja vielleicht das Entscheidende an der *theoretischen* Situation zeitgenössischer Theologie zu übersehen. Denn ein kritischer Vernunftbegriff, mit dem systematische Theologie doch offensichtlich zu arbeiten sucht, läßt aus sich selbst eine solche Abstraktion von Öffentlichkeit, Recht, Freiheit usw. gar nicht mehr zu (ohne damit der kritischen Vernunft etwa die Freiheit der Kontemplation zu rauben).[74] Dieser Einwand scheint mir aber auch die Situation der *kirchlichen* Theologie selbst zu verkennen. In einer Zeit, in der die Theologie die Einheit und Unterschiedenheit ihres Gegenstandes gar nicht mehr „rein theologisch" adäquat bestimmen kann[75], sondern dabei auf den Kanon des prak-

[72] Vgl. zur Situation in der evangelischen Kirche jüngst W. Pannenberg, Reformation zwischen gestern und morgen, Gütersloh 1969.

[73] Was H. Maier in seinen „Einwänden eines Laien" [DPT, aaO., 1–25] (in einer für mich verständlichen Emotionalität) zu unterstellen scheint.

[74] Das habe ich bereits in meinem ersten Ansatz deutlich herausgestellt.

tizierten kirchlichen Bewußtseins verwiesen ist, entsteht in der Theologie und für sie selbst gewissermaßen ein neues Kanonproblem, d.h. die Kirche in ihrem institutionellen Verhalten, in der Praxis ihrer Autorität, in ihrer Öffentlichkeit usw. wird zu einem bedrängenden zentralen Thema der Theologie selbst. Was hier „Politische Theologie" genannt wird, möchte Förderung des Bewußtseins dieser kirchlichen und theoretischen Situation der Theologie sein und auch demgemäß verfahren.[76] Dann könnte sie vielleicht dazu beitragen, daß eine schmerzlich gewandelte Kirche als Veröffentlichung eines gefährlichen und befreiend-erlösenden Gedächtnisses der Menschheit sichtbar wird, eine Kirche als öffentliche Tradentin der *memoria Jesu Christi*, und daß von einer so gewandelten Kirche auch gelten könne, „daß die Herrschenden ohne sie ruhiger schlafen".

[75] Vgl. K. Rahner, Der Pluralismus in der Theologie und die Einheit des Bekenntnisses in der Kirche, in: Concilium 5 (1969) 462–471.

[76] Unerörtert muß hier bleiben, wie denn eine kirchliche Theologie den kritischen Vorsprung gegenüber der bestehenden Kirche und ihren Verhaltensweisen gewinnen und legitimieren könne. Unerörtert muß bleiben, daß und inwiefern eine solche kirchenkritische Theologie nicht einfach eine Kritik „von außen" betreibt, wie sehr sie (übrigens wie jede Theologie) in ihrer Kritik viel mehr davon bestimmt ist, daß sie das zum Objekt hat, was zugleich bestimmende Struktur ihrer erkennenden kritischen Subjektivität ist, nämlich Kirche, und wie sehr sie hier ein antizipierendes eschatologisch geleitetes Erkenntnisinteresse zur Geltung bringen muß, um als kirchliche Theologie weder auf kirchlichen Positivismus zurückzufallen noch Kirche einfach „von außen" zu kritisieren. – Hier wäre auch die Frage nach der Bedeutung der „Charismen" in der Kirche aufzunehmen und das Problem der „partiellen Identifizierung" (vgl. Reform und Gegenreformation heute, aaO. 28 f) zu diskutieren.

§ 3 Was will die „Politische Theologie"?

(1970)

Vorgetragen bei einem Symposium zur „Politischen Theologie" der Katholischen Sozialakademie Österreichs vom 2. bis 4. Okt. 1970 in Wien, abgedruckt in: Fragen des sozialen Lebens 9, Politische Theologie, Wien 1971, 35–51. In diese Tonbandabschrift eines frei gehaltenen Vortrags ist vor allem der Beitrag *Zur Präsenz der Kirche in der Gesellschaft* (erschienen in: Die Zukunft der Kirche, Concilium-Sonderband 1970/71, 86–96; vgl. auch *Glaube in Geschichte und Gesellschaft*, Mainz [5]1992, § 5, sowie *Freiheit in Gesellschaft. Thesen: Johann Baptist Metz, Stellungnahmen: R. Pesch, E. Kogon, A. Exeler,* Freiburg i. Br. 1971) eingearbeitet. Zum Kontext gehört: J.B. Metz / J. Moltmann / W. Oelmüller, *Kirche im Prozeß der Aufklärung*, München/Mainz 1970.

I.

Schon das Thema bringt mich begreiflicherweise etwas in Verlegenheit, und zwar einfach durch den bestimmten Artikel „*die* Politische Theologie". Selbst wenn man einmal unterstellt, daß ich – wie verschiedentlich geäußert wurde – diese Diskussion um „die Politische Theologie heute" angestoßen habe, so kann ich mich doch keineswegs als Repräsentant *der* Politischen Theologie ausgeben, wie sie heute unter verschiedensten Formen diskutiert wird, und ich möchte mich in vieler Hinsicht auch nicht einfach als Repräsentant dessen verstehen, was zuweilen unter Berufung auf mich „Politische Theologie" genannt wird.

An dem Begriff selbst ist ja zunächst so ziemlich alles unbestimmt, nicht nur das „Theologisch", sondern auch das „Politisch", und vor allem die Verbindung beider miteinander. In der Verbindung beider miteinander – „politisch" und „theologisch" – ist mindestens ein Präjudiz getroffen, daß nämlich hier „politisch" nicht verstanden werden kann als bloße Taktik der Machtapplikation auf die Gesellschaft, als Handhabung von Macht innerhalb der Gesellschaft, als Strategie und als Technik der Machtverwaltung. Man wird heute Politik nicht nur so verengt verstehen dürfen, denn noch nie – so darf man wohl sagen – hat unsere Gesellschaft mehr Anspruch auf Rationalisierung erhoben, und noch nie war die „große Politik" in ihren Zusammenhängen so irrational, und sie machte noch nie den Eindruck solcher Kulturlosigkeit wie heute. Die Details werden offensichtlich immer durchsichtiger, das Ganze in einer zum Teil erschreckenden Weise immer irrationaler. Politik, die das ins Auge faßt, könnte ein neuer Name für Kultur werden.

Wenn „politisch" und „theologisch" miteinander verbunden werden, dann handelt es sich nicht um eine bloße Anwendungsfrage, also um Theologie der Politik und um die Frage „Was redet der Theologe und was redet die Kirche in die Politik hinein?“, sondern um eine Frage, die an die theologische und kirchliche Substanz selbst heranreicht. Also nicht die Vorstellung, daß es hier Kirche gibt und deren Theorie, genannt Theologie, die sich nun erdreisten, Ansprüche zu reklamieren und sich in den politischen Bereich einzumischen. Wenn der Anspruch bestätigte, daß es sich hier nicht nur um Fragen der berechtigten oder unberechtigten Anwendung von Kirche und Theologie auf Politik handelt, sondern um die Frage der Identität von Theologie und Kirche heute überhaupt, dann kann natürlich Politische Theologie nicht bloß das sein, was man ihr heute oft unterstellt, nämlich eine Art Ausbruchsphänomen aus dem Unbehagen an Theologie und Kirche heute, eine Art neues Beschäftigungsfeld für frustrierte Christen. Politische Theologie kann auch nicht eine Ablenkung von der latenten oder zum Teil ganz offen gewordenen Identitätskrise von Kirche und Christentum sein. Was aber dann, wenn es sich hier um Substantielles der Theologie und der Kirche selber handelt?

II.

Ich möchte zwei Einstiegspunkte in die Bestimmung von Politischer Theologie geben, die mit dem erhobenen Anspruch zusammenhängen. Einmal im Blick auf die Situation und die Aufgabe der Theologie und im Blick auf die Situation der Kirche. Zunächst also im Blick auf die Situation und die Aufgabe der Theologie. Man könnte die Feststellung, daß vor allem Wissenssoziologie und Ideologiekritik für das theologische Bewußtsein sehr wenig verarbeitet seien, verbreitern und die von der Aufklärung gelieferten Problemstellungen als im Grunde genommen verdrängt und unbehandelt ansprechen. Man könnte sagen, die Theologie habe sich bisher sehr stark bestimmen lassen von der Täuschung, daß durch Romantik und Idealismus und die ihnen zugeordneten Formen von Institutionen und politischem Verhalten die Probleme, die seit der Aufklärung anstehen, eigentlich erledigt seien. Aber diese Probleme schlagen heute allenthalben wieder durch. Wenn man das auf die Phänomene etwa der Wissenssoziologie und Ideologiekritik, die ja auf ihre Art beide Kinder dieses Prozesses der Aufklärung sind, anwendet, dann könnte man folgendes sagen: In einer Zeit, in der durch diese Ideologiekritik und durch die Wissenssoziologie alle unsere Ideen und alle unsere Begriffe, also auch die Idee und der Begriff „Gott“, der so zentral und unaufgebbar für uns ist, auf ihr soziales Interesse, auf ihre sozialgeschichtlichen und auf ihre psychologischen Zusammenhänge hin bestimmt und entlarvt werden, kann die Eigentümlichkeit und sozusagen die Unableitbarkeit dessen, was wir mit „Gott“ meinen, nur überzeugend sichtbar gemacht werden, wenn wir die befreiende, die kritische Kraft des Inhalts dieses Wortes „Gott“ gegenüber allen psychologischen und gesellschaftlichen Determinanten immer neu freisetzen und aufzeigen. Eine Theologie, die in diesem Sinne die kritische Verantwortung des christlichen Glaubens und seiner Überlieferung sein und bleiben will, kann in ihrem Kern deshalb nicht von gesellschaftlichen und praktischen Bezügen absehen. Die theologische Theorie läßt keine Abstraktion von den Problemen der Öffentlichkeit, des Rechts und der Freiheit zu. Sie muß von ihrem Ansatz her immer die Folgen in Rechnung stellen, die etwa dadurch entstehen, daß in einer bestimmten Situation von „Gott" gesprochen oder geschwiegen wird. Und sie muß die Folgen in Rechnung stellen, die dieses Sprechen von „Gott" in einer bestimmten Situation bewirkt. Davon abgesehen, kann sich eine Theologie, die sich den ideologiekritischen und den wissenssoziologischen Problemen heute ernsthaft stellt, eine solche Abstinenz von gesellschaftlichen Problemen nicht leisten, und in diesem noch sehr allgemeinen Sinn muß sie von ihrem Ansatz und Wesen her Politische Theologie sein, und zwar noch ganz unabhängig von der Frage, inwieweit bei der Behandlung etwa der endzeitlichen Hoffnung des Christen auch die konkrete politische Thematik nicht auszuschalten ist. Es ist dies also eine sehr grundsätzliche Erwägung, die an die theologische Rede und Begriffsbildung als solche heranreicht. Im Blick auf die Kirche möchte ich als zweites Moment dieses hinzufügen: Es gilt hier, von vornherein zu beachten, daß die Kirche in ihrer gesellschaftsgeschichtlichen Erscheinungsform immer schon als eine politische Größe wirksam war und faktisch wirksam ist. Das heißt, sie ist und wirkt politisch noch vor jeder ausdrücklichen politischen Stellungnahme und damit auch noch vor jeder Frage, welche Kriterien sie denn habe, wenn sie politisch handeln will. Die Frage der Politik in der Kirche ist nicht die Frage, ob sich die Kirche nun einmischen soll (und wenn sie sich einmischt, warum, wozu, mit welchen Gesichtspunkten, mit welchen Kriterien) oder ob sie sich nicht einmischen soll. Dieser Satz, der vielleicht selbstverständlich klingen mag, hat enorme Konsequenzen. Die Kirche hat eine bestimmte Option innerhalb der politischen Geschichte der Menschheit, sie hat einen bestimmten Trend auch innerhalb der neuzeitlichen Geschichte der Politik und der politischen Freiheit der Menschen eingenommen. Hier müssen wir in Rechnung stellen, daß die Kirche nicht neutral ist, daß sie sozusagen nicht politisch unschuldig ist, und zwar auf allen Ebenen, auf der höchsten der Gesamtinstitution ebenso wie auf den Ebenen der Nationalkirchen, wo sich dies am Beispiel der südamerikanischen Kirchen jetzt deutlicher zeigt als bei uns, aber bei uns im Grunde genommen nicht weniger wirksam ist als dort, eben nur in anderen, sublimeren Formen.

Wenn man sich die neuzeitliche Geschichte der politischen Freiheit ansieht, dann wird man folgendes bemerken: Die Kirche und die kirchlichen Traditionen standen in einem merklichen Vorbehalt und fast in einem undialektischen Anti zur Ausbildung der neuzeitlichen politischen Freiheit. Dazu gehört, daß die Religionsfreiheit den beiden Kirchen groteskerweise vom Staat eingeschärft werden mußte und nicht etwa aus dem Wesen einer Kirche, die Religion der Freiheit sein sollte, resultierte. Dazu gehört aber noch etwas anderes. Die konkrete, faktische Geschichte der katholischen Kirche in der Neuzeit war vor allem eine Geschichte von Antitraditionen zu dieser politischen Freiheit der Neuzeit. Ihre Zeiten, wenn es überhaupt solche neuzeitlichen Zeiten der katholischen Kirche gibt, sind viel zu offensichtlich die Zeiten des Gegen: Gegenreformation, Gegenrevolution, Gegenaufklärung, Restauration, Romantik, Neuscholastik; all das sind im Grunde genommen restaurative Phänomene im Unterschied zu früheren Phasen der Geschichte der Kirche, in denen sie viel produktiver, viel kritischer den Impulsen der jeweiligen Geschichte entsprochen hat. Und eine Kirche, die eine solche Geschichte hat, ist im Hinblick auf die fundamentalen Themen des Politischen, vor allem hinsichtlich des zentralen Begriffs der politischen Freiheit, eben nicht neutral. Dies zu berücksichtigen bedeutet einmal, eine große Geschichte aufarbeiten zu müssen, und zum anderen, die Gefahr abzuwenden, daß die Kirche sich in einer eigentümlichen Bewußtlosigkeit ständig in den Dienst nehmen läßt von ganz bestimmten politischen Ideologien. *Politische Theologie ist also nicht der Versuch, die Kirche für eine ganz bestimmte konkrete Politik neu aufzuladen, sondern zunächst einmal der Versuch, dies zu verhindern.*

Dieser Versuch ist wichtig, denn eine politisch „bewußtlose" Kirche – heute wird das ja unter dem Stichwort „Neutralität der Kirche" oft suggeriert – ist das Reizfeld dafür, daß politische Ideologien einströmen. Ich darf in diesem Zusammenhang an die Situation der Universitäten erinnern. Auch dort ist das unvermittelte Verhältnis von Universität, Politik und Gesellschaft einer der zentralen Punkte. „Politisierung der Universität" ist ein sehr mißverständliches und als solches abzulehnendes Schlagwort. Aber, was gefordert ist, ist die Kritik der Vorstellung, daß die Wissenschaften und die Universität politisch neutrale und somit „unschuldige" Größen seien. Bei der komplexen Form des Zusammenhangs von reiner Wissenschaft und angewandter Wissenschaft, bei dem Nicht-mehr-voneinander-trennen-Können von Wissenschaft und Technik, von Forschung und Technologie ist es ganz ausgeschlossen, die externen Bestimmungen von Wissenschaft heute unreflektiert zu lassen, will man nicht in eine fatale Abhängigkeit kommen.

III.

Nach dieser Korrektur an allzu direkt-politischen Vorstellungen von Politischer Theologie muß nun das Gesagte in seinem theologischen Kern an Hand einer These erläutert werden. Aus dieser These möchte ich dann einige Konsequenzen ziehen, ohne freilich konkrete Angaben zu den Modellen der Sozialarbeit unter ganz bestimmten Bedingungen geben zu können. Aber vielleicht kann die Überlegung über das Verhältnis von kirchlicher Situation heute und bestimmten Strukturen unserer gegenwärtigen Gesellschaft doch als Hintergrund, Information und Orientierung für die Sozialarbeit helfen. Die These besagt, daß *Kirche sich heute verstehen und bewähren muß als die öffentliche Zeugin und Tradentin einer gefährlichen Erinnerung der Freiheit in den Systemen unserer Gesellschaft, die sich emanzipatorisch nennt*. Das ist eine theologische These, die kein Politologe aufstellen könnte. Sie hat sich als theologische These mit den Problemen der heutigen Gesellschaft zu konfrontieren und sich an ihnen zu bewähren. Die zentralen Begriffe darin – „Kirche – Erinnerung der Freiheit" – müssen nun erläutert und differenziert werden.

Im Mittelpunkt der These steht ein Begriff, der eine große und unwiderrufliche theologische Tradition hat, nämlich „*memoria*". Das durchschnittliche Verständnis von dem, was in der Rede von „Erinnerung" und „Gedächtnis" gemeint ist, ist zunächst begleitet von der Vorstellung, daß Erinnerung etwas Entlastendes gegenüber der Vergangenheit habe, daß sie sozusagen versöhnt mit der Vergangenheit, daß sie eine Art Verklärung ist. Wir sagen ja, Erinnerung verkläre, und dies kann drastisch deutlich werden, wenn man z.B. Kriegskameraden am Stammtisch über den Krieg reden, Kriegserinnerungen austauschen hört. Alles Gefährliche, die Hölle des Krieges, ist wie ausgeblendet, geblieben sind allein die längst bestandenen Abenteuer. Der Krieg wird gefiltert durch ein Klischee der Harmlosigkeit, das Bedrohliche, das Gefährliche, das noch gar nicht Abgegoltene an dieser Erinnerung ist verschwunden, vergessen. Die Erinnerung hat in diesen Diskussionen keine Zukunft mehr, sie ist nur Bestätigung für eine selbstgemachte Zustimmung zur Vergangenheit.

Es gibt aber andere Erinnerungsformen, Erinnerungen, die man subversiv nennen könnte, gefährliche Erinnerungen, die plötzlich durchschlagen inmitten unserer Selbstverständlichkeiten, in denen die Erfahrung vergangener Schrecken und vergangener Hoffnungen plötzlich auftaucht inmitten unserer Alltagswelt und die Plausibilität dieses Alltags entsichert. Es gibt so etwas wie subversive Inhalte des Gedächtnisses der Menschen, und die etablierte Gesellschaft scheint diese subversiven Inhalte zu fürchten. Ich darf dies vielleicht an einem Beispiel erläutern, von dem ich nicht ganz sicher bin, ob es authentisch ist oder nur anekdotisch: In den Niederlanden haben die Fenster zumeist keine Vorhänge. Dies ginge, so erfuhr ich als Begründung, auf die Zeit der spanischen Besetzung der Niederlande zurück. Die spanische Besatzung machte nämlich nach einiger Zeit die merkwürdige Feststellung, daß sich die Niederländer in ihren Häusern versammelten und ihren Kindern von der Zeit erzählten, in der die Spanier noch nicht im Lande waren, in der man noch erste Spuren einer bürgerlichen Freiheit finden konnte. Die Jungen nahmen diese Erzählungen auf und begannen rebellisch zu werden. Als die Spanier dies merkten, verboten sie diese Zusammenkünfte, und damit die Einhaltung des Verbotes kontrolliert werden konnte, durften die Fenster nicht mehr durch Läden oder Vorhänge verschlossen werden. So gefährlich kann Erinnerung für ein politisches System werden.

„Memoria" ist ein zentraler Begriff des Christentums. Er kommt in den wesentlichen Vollzügen unseres Glaubens vor, nicht zuletzt bei der Feier der Eucharistie. In ihr vollziehen wir die „memoria passionis, mortis et resurrectionis Christi". Bedauerlicherweise hat sich dieser Begriff sakramentalistisch verengt auf die Eucharistie und setzt dabei ein Eucharistieverständnis voraus, das nichts mehr mit dem zu tun hat, was ich das Überschreiten des Kultbereiches nennen möchte. Denn wir erinnern uns im Glauben an das Testament der Liebe Jesu, in der doch die Herrschaft Gottes unter uns Menschen gerade dadurch erschien, daß die Herrschaft zwischen uns Menschen anfänglich niedergelegt wurde, daß Jesus sich zu den Unscheinbaren, den Ausgestoßenen und den Unterdrückten bekannte, und daß er so gerade die kommende Herrschaft Gottes kundgetan hat als die Ankunft der befreienden Macht einer vorbehaltlosen Liebe, die nicht aufzurechnen ist gegen menschliche Herrschaftsverhältnisse. So etwas greift grundsätzlich in unsere zwischenmenschlichen Herrschaftsformen ein, und es ist offenkundig, daß diese „memoria Jesu Christi" keine Erinnerung ist, die uns von den Wagnissen der Zukunft der menschlichen Geschichte der Freiheit dispensiert und uns nur nach rückwärts blicken läßt. Sie ist nicht eine bürgerliche Gegenfigur zur Hoffnung, die heute ja im Mittelpunkt der theologischen Diskussion steht; nein, wenn sie in dem aufgezeigten Sinn verstanden wird, dann enthält sie eine bestimmte Vorausnahme der Zukunft, und zwar als einer Zukunft derer, die wir die Hoffnungslosen, die Bedrängten und die Gescheiterten nennen. In diesem Sinne ist sie eine gefährliche und eine befreiende Erinnerung, die uns heute immer wieder neu bedrängt, weil wir uns eben nicht an irgendeine Zukunft erinnern, sondern an die so beschriebene im Leben Jesu, in seinem Testament, die uns zwingt, uns ständig unter dieser Erinnerung zu verändern, damit wir ihr entsprechen können. Eine solche Erinnerung durchbricht das, was man „Plausibilitätsstrukturen der Gesellschaft", die „Eindimensionalität des Bewußtseins" genannt hat. Sie kündigt die Sicherheit derer auf, „deren Stunde immer da ist", wie es im Johannesevangelium heißt. Sie erhebt (um es in einem neomarxistischen Schlagwort zu wiederholen) den Verdacht, daß unsere gesellschaftlichen Zusammenhänge Verblendungszusammenhänge sein können. In diesem Sinne wirkt sie auf eine etablierte, in bestimmten Herrschaftsverhältnissen arbeitende und beruhigte Gesellschaft in der Tat gefährlich. Der christliche Glaube kann und muß um seiner Identität willen als eine solche Erinnerung gesehen werden.

Kirche wäre die Form der Öffentlichkeit dieser Erinnerung. Die kirchlichen Lehr- und Bekenntnisformeln wären Formeln, in denen eben dieses gefährliche Gedächtnis immer neu und öffentlich buchstabiert wird. Würden wir darauf verzichten und den Glauben völlig inhaltlos werden lassen, dann würden wir ihm alle kritische Kraft nehmen, wir würden ihn nur noch zu einer symbolischen Paraphrase des modernen Bewußtseins machen ohne jede Relevanz. Dabei muß es ein Kriterium für die Christlichkeit dieser Gedächtnisinhalte geben, und das Kriterium ist m.E. die befreiende und erlösende Gefährlichkeit, mit der die erinnerte Freiheit Jesu in die gegenwärtige Gesellschaft und deren Bewußtseinsformen und in die gegenwärtige Kirche jeweils neu eingebracht wird. Die Reformen der Kirche waren immer auch der Durchbruch einer solchen „memoria Jesu Christi". Die Kirche erinnert dabei an eine *verdankte Freiheit*, an die im Kreuz und in der Auferweckung Jesu eingeräumte, endzeitliche Befreiungsgeschichte Gottes, die sich weder in das Mündigkeits- und Emanzipationsideal einer bürgerlichen Aufklärungsgeschichte noch in die Apotheose revolutionärer Befreiungsgeschichte auflösen läßt.

Diese Freiheit dispensiert nicht von der Verantwortung für die Geschichte der menschlichen Freiheit, sondern weist gerade in diese ein, wie der oft zitierte Satz des Paulus besagt, der hier vielleicht einen neuen Stellenwert gewinnt: „Alles ist euer, sei es Paulus, Apollos, Kefas, sei es der Kosmos, das Leben oder der Tod, Gegenwärtiges oder Zukünftiges, alles ist euer, ihr seid Christi, Christus ist Gottes." In diesem Sinne des „alles ist euer", „alles ist auf eure Freiheit gestellt" ist die Erinnerung Jesu Christi wirklich eine emanzipatorische Erinnerung, die von jeder Vergötzung und Verabsolutierung der kosmischen und politischen Mächte frei machen will. Im Lichte der Erinnerung Jesu Christi erscheinen ja alle politischen Ordnungen prinzipiell als Freiheitsordnungen, denn alle diese Ordnungen sind nun auf das „alles ist euer" gestellt. Die Verkündigung der Herrschaft Gottes ist insofern unmittelbar und direkt in die Geschichte der Gesellschaft einbezogen, als die Verkündigung dieser Herrschaft heißt, daß alle Herrschaftsformen, die wir kennen, niemals der menschlichen Freiheit vorausliegen können. Das antike politische Ethos der prästabilierten Ordnung, demzufolge die Ordnung der Freiheit vorausliegt und die Freiheit sich innerhalb der Ordnungen bewährt in Anpassung an diese Ordnungen, erweitert sich durch die Verkündigung der Herrschaft Gottes zu einem politischen Ethos der freiheitlichen Wandlungen und Veränderungen. So hat das Christentum am Anfang tatsächlich gewirkt. Wodurch hat es denn den römischen Kaiserkult zerstört? Doch durch den Angriff direkt aus dem Glauben, nicht aus politischen Intentionen, durch eine aus der Mitte des Glaubens kommende Attacke auf eine politische Ordnung, die sich selbst verabsolutiert und sich der menschlichen Freiheit entzogen hatte. Dort ist ein bestimmter Anfang der abendländischen Geschichte der Freiheit.

Dabei gilt, daß alle Macht der Vollendung, der Versöhnung und des Friedens, die nun der menschlichen Freiheit vorausliegt, in dieser Erinnerung Jesu Christi Gott vorbehalten wird, und zwar im sogenannten endzeitlichen Vorbehalt Gottes. Aus der Erinnerung dieses endzeitlichen Vorbehaltes muß die Kirche ihre kritische Kraft ziehen gegenüber allen totalitären Systemen von Herrschaft und gegenüber allen Ideologien einer eindimensionalen Aufklärungsgeschichte, die so tut, als würde die Menschheit sich immer mehr über sich selbst aufklären und am Ende total aufgeklärt sein. Dies ist heute nur noch ein pausbäckiges, kleinbürgerliches Aufklärungsideal; dazu sind die Katastrophen der Aufklärungsgeschichte zu groß gewesen, als daß wir nicht wüßten, wie sehr diese Geschichte innerlich bedroht ist. Das Einbringen dieses Wissens wäre Aufgabe der Kirche. Wenn sich nämlich die Geschichte der menschlichen Freiheit, wie wir sie vor allem in der europäischen Tradition kennen, ohne die Erinnerung des endzeitlichen Vorbehaltes Gottes vollzieht, dann steht sie vor einem Dilemma: Entweder muß sie immer wieder ein innerweltliches Subjekt für die Geschichte dieser Freiheit angeben, das diese Freiheitsgeschichte exekutiert; ob dieses Subjekt nun die Klasse, die Rasse, die Nation oder vielleicht auch die Kirche ist, wie sie Dostojewski in seiner Geschichte vom Großinquisitor beschrieben hat: In jedem Falle muß ein bestimmtes konkretes, politisch handlungsfähiges Subjekt angegeben werden, das potentiell zu totalitärer Herrschaft drängt. Oder diese Geschichte der Freiheit, die diese endzeitliche Erinnerung verloren hat, interpretiert sich als eine lineare, undialektische Geschichte der Aufklärung der Menschen, als eine einfache Emanzipationsgeschichte, in der die neuen Konflikte und Katastrophen der schon erworbenen Freiheit retuschiert werden.

IV.

Die Frage, die uns gestellt ist, lautet einfach: Wo ist denn dieses endzeitliche Freiheitsgedächtnis lebendig, das kritisch befreiend in diesen Prozessen unserer Gesellschaft heute fragt? Wer ist es denn, der in unserer emanzipatorischen Gesellschaft veranlaßt zu den offensichtlich vergessenen oder immer mehr verdrängten Freiheiten? Zur Freiheit etwa, am Leiden Anderer zu leiden und die Prophetie des fremden Leids zu achten, obwohl die Negativität des Leids immer unzumutbarer und in unserer Gesellschaft allmählich unziemlich erscheint? Wer veranlaßt denn zu dem Mut, zu der Freiheit, alt zu werden, obwohl unsere Öffentlichkeit von der Verleugnung des Alters bestimmt scheint und, wie es Simone de Beauvoir ausgedrückt hat, das Alter fast als eine geheime Schande empfunden wird? Wer veranlaßt denn zur Freiheit der Kontemplation, obwohl wir bis in unsere letzten Bewußtseinsräume unter der Hypnose von Arbeit, Leistung und Planung stehen? Wer veranlaßt schließlich zur Freiheit, daß wir uns unsere eigene Endlichkeit und Brüchigkeit vorrechnen dürfen und können, obwohl unsere Öffentlichkeit unter der Suggestion eines immer heileren Lebens steht? Wer antwortet heute dem Freiheitsanspruch vergangener Leiden und Hoffnungen? Wer antwortet der immer noch gebliebenen Herausforderung der Toten, die auch frei sein wollten? Wer sensibilisiert unser Gewissen für deren Freiheit? Wer kultiviert denn heute die Solidarität mit der vergangenen Geschichte der Freiheit, mit den Toten, zu denen wir ja übermorgen auch gehören werden? Wer kann denn ein Verständnis von Freiheit heute entwickeln, das er auch noch mit jenen

teilen kann, die eben nicht den emphatischen Tod in der vordersten Linie eines revolutionären Befreiungskampfes, sondern den schrecklich banalen, verheißungslosen Tod des Alltags sterben? Wer insistiert denn auf diesen Dimensionen der Freiheit heute? Eine Gesellschaft, die solche Dimensionen ignoriert oder verdrängt, bezahlt m.E. mit dem wachsenden Verlust an anschaulicher Freiheit überhaupt. Ihr Eschaton, ihre Endzeitvorstellung ist die Langeweile, ihr Mythos ist die Planungsgläubigkeit, und das verschwiegene Interesse ihrer sogenannten Rationalität könnte die Abschaffung der Welt als Widerstand sein, damit man sie eben nicht erleben und erleiden muß. Und so hat Ernst Bloch gesagt, und ich finde dies richtig: „Im Westen eine Art gönnerische, pluralistische Langeweile und im Osten eine befohlene, gedrückte, monolithische Langeweile. Es sieht aus wie bei einer partiellen Sonnenfinsternis, alles ist so merkwürdig grau, und die Vögel singen nicht, irgend etwas ist los, das transzendierende Wesen ist schwach." Oder – so könnten wir jetzt in unserer Terminologie anfügen – die gefährliche Erinnerung scheint erloschen, das endzeitliche Gedächtnis der Christen scheint stillgestellt zu sein in unserer Gesellschaft.
Wir müssen uns, bevor wir irgend etwas über das Verhältnis von Kirche und Gesellschaft heute diskutieren, in aller Redlichkeit fragen: Haben „memoria Jesu Christi" bzw. ihr Träger – die Kirche und das institutionelle Christentum – hier nicht geschichtlich einfach versagt? Hat die Kirche als institutionelle Trägerin des Christentums und seiner „memoria" nicht abgedankt gegenüber diesen Problemen? Kann man am Ende die Zukunft der menschlichen Freiheit doch nur mit säkularen Utopien beschreiben, seien sie nun marxistischer oder westlicher Provenienz? Ich meine, wir sind uns darüber klar, daß die meisten Urteile von Gesellschaftstheorien heute in diese Richtung laufen und viele innerhalb der Kirche ähnlich denken. In den modernen Gesellschaftstheorien hat sich ja zunächst die klassische Religionskritik in Ost und West auf die Kirche zusammengezogen.
Was ist die Kirche für diese Menschen heute? Organisation eines ungleichzeitigen Bewußtseins, institutionalisierte Tabuisierung von Wissen und produktiver Neugier, eine Art antiemanzipatorischer Restbestand in unserer Gesellschaft, mit einem bloß simulierten Interesse an Freiheit, am „aufrechten Gang" des Menschen, wie Bloch sagen würde, als Narkotikum in leidvollen, ungerechten Verhältnissen? Darüber hinaus – und das ist noch viel bedenklicher – sprechen die meisten Gesellschaftstheorien von einer wachsenden Funktionslosigkeit der Kirche in dieser emanzipatorischen Gesellschaft. Und so weicht ja auch immer mehr die emphatische Kritik an der Kirche der Indifferenz oder wohlwollenden Höflichkeit, einer Karikatur jenes Mitleids, das man Sterbenden entgegenbringt. Selbst militante Kommunisten fügen sich immer mehr im Kampf gegen eine total privatisierte Kirche, und in den Futurologien des Westens kommt die Kirche praktisch nicht mehr oder eben nur als quantité négligeable vor. Und auch liberale Christen predigen den unwiderruflichen Abschied von den Kirchen und

empfehlen ein eklektisches Kultchristentum, also eine Art Entlastungstherapeutikum gegen die Zwangsmechanismen der modernen Gesellschaft. Man könnte entgegnen, daß sich in diesen Urteilen nur die bleibende Angefochtenheit der Kirche in der Welt, jene tödliche Situation der Kirche des gekreuzigten Herrn spiegelt, mit der eben jeder Gläubige nüchtern zu allen Zeiten zu rechnen hat. Diese Antwort ist abstrakt wohl richtig. Aber ich würde empfehlen, sie unter keinen Umständen zu schnell zu geben. Denn wenn wir sie geben, dann übersehen wir m.E. eine tiefreichende Wurzel der herrschenden Einstellung der Gesellschaft zur Kirche, nämlich die historische Erfahrung mit der Kirche, die Erinnerung an die Enttäuschung durch die Kirche, also das historische Gewissen der Generationen, das von den bedenklichen Allianzen der Kirche mit den Mächtigen spricht, einer Kirche, die zuweilen den zwiespältigen Eindruck machte und macht, als wäre sie eine nicht mehr geglaubte, sondern sich selbst ersetzende Religion. Das ist doch auch das vorrangige historische Problem der Kirche, nicht die Frage, wie denn z.B. die Sukzession des Primats zu begreifen sei. Und dieses Problem kann nun nicht durch eine bessere oder subtilere Interpretation kirchlicher Vergangenheit gelöst werden, sondern eben durch den Beweis des Geistes und der Kraft, einer neuen Praxis, durch schmerzliche Wandlungen. Nur hier wurzelt das Ethos dessen, was man kirchliche Reform nennen könnte. Es geht doch nicht um billige Modernität und Aktualität, die kritiklos den modernsten Illusionen verfallen möchte, sondern um die Frage der geschichtlichen Identität und Kontinuität der Kirche mit ihrer geglaubten Sendung und mit den gestellten Ansprüchen nicht nur an die Gesellschaft, sondern primär auch an die Kirche selbst. Wenn wir hier von Kirche reden, dann heißt Kirche, daß wir dies selber sind, vor allem wir, die wir doch aus diesem Gedächtnis Jesu Christi zu leben suchen, wir, für die die Vorstellung einer völlig kirchenlosen, also institutionslosen Überlieferung des Gedächtnisses Jesu Christi illusionär erscheint, weil sie den einsamen einzelnen in unserer Gesellschaft zum Erinnerungsträger machen würde, der vor lauter Fremdinhalten schon übermorgen nicht mehr wüßte, an was er sich überhaupt erinnern muß. Es geht um unsere christliche Identität, wenn wir diese Frage stellen.

V.

Ohne im Augenblick zu den Basisproblemen der Sozialarbeit im einzelnen etwas sagen zu können, möchte ich zum Abschluß einige Hinweise in praktisch-kritischer Absicht geben.

Im Unterschied zur Soziallehre will und kann die Politische Theologie keine materialidentischen, spezifisch christlichen Normen für das Sozialhandeln aufstellen. Vielmehr geht es ihr als Theologie primär um eine „neue Spiritualität". Gemeint ist die Ausbildung kirchlicher Spiritualität als einer Spi-

ritualität der befreiten Freiheit des Christen, die sich, wo immer sie sich bezeugt, in der Ausbreitung gesellschaftskritischer Freiheit bezeugen und bewähren muß. Dabei wird dieses Zeugnis solcher Freiheit natürlich unterschiedliche Züge tragen, je nach dem gesellschaftlichen Bezugsfeld. Im Blick auf die Systeme unserer westlichen Wohlstandsgesellschaft wird es m.E. vor allem jene verdrängten und vergessenen Freiheiten praktizieren und reklamieren müssen, von denen vorhin in Frageform die Rede war. Im Blick auf die sogenannten Entwicklungsländer wird das Zeugnis sich ganz sicher in erster Linie als unerschrockener Dienst am sozialen Elend bewähren müssen; und hier tritt die Interferenz dieses Freiheitszeugnisses mit den politischen Realitäten noch deutlicher zutage als bei uns. Es wäre in einer solchen Situation objektiv unehrlich, sich auf die grundsätzliche Mehrdeutigkeit der politischen Realität zu berufen, um damit das Ausbleiben kirchlicher Stellungnahmen zu rechtfertigen und die Abstinenz der Kirche, die sich jahrhundertelang eingemischt hat, nun zu rationalisieren. Wenn man das tut, dann könnten (an den Entwicklungsländern wird uns dies besonders deutlich, aber es ist auch unser Fall) gerade Bischöfe, gerade Theologen – soweit sie Einfluß haben – leicht zu Mandarinen einer Kirche werden, die unter dem Deckmantel ihrer politischen Neutralität und ihrer politischen Unschuld im Grunde genommen einen alten Integralismus betreibt und die eingefahrenen, nicht mehr diskutierten politischen Allianzen ohne Rücksicht auf das konkrete Leid und die konkrete Unterdrückung stabilisiert.
Eine Soziallehre, die sich dieser Kritik der kirchlichen Situation in der Gesellschaft und der politischen Implikationen der kirchlichen Existenz in der Gesellschaft entschlagen kann, gibt es nicht. Die gesellschaftskritische Freiheit, die hier gemeint ist, ist keine rein intellektuelle Attitüde, und sie kann auch nicht durch das Herbeiziehen anderer Wissenschaften – so nötig das für eine analytische Behandlung von Einzelproblemen ist – gelöst werden. Ihre Züge tragen nicht einfach die Züge einer totalen Kritik, sie muß vielmehr als Spiritualität der befreiten Freiheit sowohl die Geduld als auch die Ungeduld, den Schmerz des Ausharrens, des Sichversagens an sich haben können. Nur so ist sie eine christliche Spiritualität und nur so ist sie nicht bloß die niveaulose Reproduktion der herrschenden Gesellschaft. Nur so wiederholen wir nicht nur, was die anderen hundertmal besser sagen, die trotzdem ständig neue Aporien reproduzieren. Wir können uns auch nicht zwischen eine letzte Alternative des Betens und Handelns in dieser Sache drängen lassen. Gerade aus dem kontemplativen Gebet sucht diese Spiritualität die Freiheit von den vermeintlich unüberwindlichen Zwängen und Plausibilitäten unserer gesellschaftlichen Mechanismen und Vorurteile zu gewinnen und vor allem die Kraft zu jener Selbstlosigkeit, die ein befreiendes Handeln im Interesse der Anderen, der Minoritäten etwa, verlangt. Im Handeln hingegen befreien wir uns von dem immer wieder laut werdenden Verdacht, Opium des Volkes zu sein, und von dem Verdacht, als sei der von uns angerufene Gottesname doch nur ein Beschwichtigungswort für Dinge,

die man anderweitig lösen müsse, oder für ein anonymes Schicksal, in das all unsere Freiheit wieder verschwindet.
Wir müssen uns fragen, ob die Sache der einen unteilbaren Freiheit nach Ausweis der Geschichte nicht immer auch gerade an den Ohnmächtigen hängt, die keine Macht haben, welche der Macht der Liebe vorausliegt, die keine anderen Verbündeten haben als die gefährliche Erinnerung an eine unabgegoltene Freiheit.
Die Kirche müßte auf allen ihren Ebenen das institutionalisierte Interesse einer solchen Freiheit sein und dies auch vertreten – opportune/importune – angesichts der radikalen Bedrohungen. Die Kirche wird ein wirksames Freiheitszeugnis natürlich nur geben, wenn sie in sich selbst diese Freiheit abbildet. Wenn es ihr gelingt, selbst ein Asyl dieser Freiheit zu sein, kann sie, sich auf Freiheit berufend, reden, sonst wird es ihr niemand abnehmen. Deshalb meine ich, daß es eine wichtige Aufgabe für solche ist, die sich ein differenziertes soziales Bewußtsein im Blick auf die Kirche erworben haben, die inzwischen in der Kirche angebahnten Prozesse der Aufklärung, der Mündigkeit, der Verbreitung einer immer größeren pluralen kritischen Öffentlichkeit, des Übergangs von einer bloß erklärten zu einer verfaßten Freiheit, also die Kultur der Freiheit in der Kirche weiterzubringen und weiterzuführen. Das ist möglich, aber es ist sehr schwer zu programmieren, und es ist niemals nur damit getan, nun wirklich bestimmte Freiheitsformen in die Kirche einzuführen. Es fehlt uns eine große Geschichte dafür. Es fehlt uns diese Kultur der Freiheit. Wenn man diese schaffen will, dann dient man nicht in der Substanz einer falschen Anpassung an das, was man heute modernes Leben und moderne Zeit nennt, sondern nur der Überwindung einer gefährlichen Ungleichzeitigkeit unserer kirchlichen Lebensform. [Zum (positiven) Begriff einer „produktiven Ungleichzeitigkeit“ und einer „unproduktiven Gleichzeitigkeit“ vgl. § 2]
Diese Ungleichzeitigkeit macht es uns ja immer schwerer, daß wir uns inmitten unseres Lebens von der kirchlichen Verkündigung in unseren Ängsten und unseren Hoffnungen angesprochen fühlen. Deshalb schwindet ja auch immer mehr die lebendige Identifikation mit der Kirche. Die Zahl derer, die sich als Kirche fühlen, wird immer kleiner, trotz aller Rede vom allgemeinen Priestertum der Gläubigen und der Kirche als dem Volk Gottes, trotz aller Beschwörung der Funktion des Laien in der Kirche.
Wo kollektive Identifikationen zerbrechen – das hat Freud einmal analysiert –, bricht leicht Panik aus. Wer nun in einer solchen Panik die Schuld nur bei denen sucht, die Identifikationsschwierigkeiten haben, und sich dabei auf die kleine Herde beruft, vom Gesundschrumpfen der Kirche spricht, der weist der Kirche ganz bestimmt auch keinen Weg; es sei denn, einen Weg in die Sekte.
Eine letzte Bemerkung möchte ich dieser allgemeinen Orientierung anfügen: Sie betrifft die Aufgabe der Bewahrung des allgemeinen kirchlichen Bewußtseins vor Sektenmentalität, die auf uns zukommt. Die Situation der

Kirche ist voll Bedrängnis; die Kirche lebt in einer „kognitiven Vereinsamung". Anpassen kann sie sich nicht, denn sie kann sich nicht an etwas Fremdes schlechthin anpassen, auf dessen Definition sie keinen Einfluß hat, sie kann sich nur zurückziehen. Es wird ja heute gesagt, es gäbe eine gefährliche, falsche Anpassung. Es gibt aber auch einen ganz verhängnisvollen Rückzugsprozeß innerhalb der Mentalität der Gesamtkirche. Ich kann ihn im einzelnen hier nicht beschreiben, sondern nur auf diese Gefahr hinweisen, daß die Kirche – in einem theologischen Sinn die Großkirche – zur Sekte werden könnte, indem sie z.B. ihre Lernprozesse abbricht, indem sie die Auseinandersetzung mit der neuzeitlichen Geschichte der Freiheit und den damit gegebenen Problemen nicht aufnimmt, obwohl es ihr heute – ein letztes Mal durch das Konzil – aufgedrängt worden ist. Darüber hinaus gibt es schon wieder diese zelotisch angeschärfte Sprache, ein militantes Gebaren bei innerkirchlichen Auseinandersetzungen und eine Art Kirchlichkeit, die sich mit einem freudig humorlosen Sektierertum identifiziert.
Die Warnung vor einer solchen Sektengefahr der Großkirche ignoriert natürlich nicht den gesellschaftlich beschreibbaren, zunehmenden Status der Minorität der Kirche in der Gesellschaft von heute und morgen. Denn nicht die Minorität, sondern die Mentalität definiert die Sekte in einem theologischen Sinn. Minorität bräuchte die Kirche als solche letztlich weder zu fürchten, noch bräuchte sie sich ihrer zu schämen, es sei denn, sie selbst halte sich für die innerweltliche Vollstreckerin der Geschichte, der befreiten Freiheit Jesu und mißverstehe sich so als eine Ideologie, die ihre Freiheitshoffnung ersetzen will. Die Minorität kann eine Chance sein. Sie kann mehr Mobilität in die Kirche bringen, sie kann endlich die sogenannten „unteren Schichten" von dem ungeheuren Druck befreien und sich mehr auf sie konzentrieren. Sie kann die Gesamtkirche mehr in die Nähe zu bedrängten Minoritäten in unserer Gesellschaft bringen, damit sie endlich weiß, was es heißt, ausgestoßen zu sein. Sie kann die Kirche entschiedener herausführen aus ihren parastaatlichen Strukturen. Sie kann in diesem Sinn zum Fegefeuer werden, auf daß dann in den kirchlichen Lebensformen doch wieder lebendiger jene Freiheit repräsentiert werde, die zu verbreiten – in welchen Formen auch immer – offensichtlich die Definition der sozialen Aufgabe im letzten ist: die Freiheit Jesu, auf deren gefährliches Gedächtnis die Zukunft aller menschlichen Freiheit nicht verzichten kann.

§ 4 „Politische Theologie" als fundamentale Theologie der Welt

(1972/1974)

Dieser Text basiert auf dem Beitrag *Grond en functie van de politieke theologie*, in: Tijdschrift voor Theologie 12 (1972) 2, 159–170. Der Text ist auch enthalten in einem zweiten italienischen Diskussionsband zur „Politischen Theologie" (Brescia 1975). Der hier erstmals in deutscher Sprache vorgelegte Text von 1972 ist durch einen Abschnitt ergänzt aus dem Beitrag *La Théologie à „l'âge de la critique"*, in: Le Service Theólogique dans l'Eglise (Mélanges Congar), Paris 1974, 131–148. In diesen Kontext gehört auch das *Vorwort* zu A. Ganoczy, Sprechen von Gott in heutiger Gesellschaft. Weiterentwicklung der „Politischen Theologie", Freiburg i. Br. 1974.

I.

Der Ansatz einer neuen Politischen Theologie ist entstanden aus der Frage nach der Möglichkeit einer „*Theologie der Welt*"[1] in den Verhältnissen neuzeitlicher Welt mit ihren Prozessen der Aufklärung, Säkularisierung und Emanzipation. Diese Frage ist schließlich identisch mit der Frage nach der Möglichkeit von Theologie und nach der Konstitution theologischer Vernunft in den Verhältnissen neuzeitlicher Welt überhaupt. Das ist der primäre theologische bzw. theologietheoretische Topos einer neuen Politischen Theologie.

Es gibt in der gegenwärtigen theologischen Situation (eigentlich beider Konfessionen) vor allem drei Versionen einer „Theologie der Welt" in den Verhältnissen bzw. unter den Bedingungen der Neuzeit und der sog. neuzeitlichen Prozesse.

Da ist einmal jene Version, die sich in der sog. „*Theologie der Säkularisierung*" bzw. in einer theologischen Säkularisierungsthese ausdrückt. Für sie ist Theologie in den Verhältnissen der Neuzeit möglich, weil sich christlicher Glaube hier erstmals in seiner radikalen Andersartigkeit zur Welt, ja in seiner eigentümlichen Weltlosigkeit immer mehr selbst erfaßt. Und diese Selbsterfassung des christlichen Glaubens in seiner spezifischen Weltlosigkeit wird verstanden als die eigentliche Einleitung der neuzeitlichen Prozesse der Säkularisierung, der Aufklärung und der Emanzipation. Hier kommt zur Wirkung, was im Weltverhältnis christlichen Glaubens ursprünglich angelegt ist: Dieser Glaube gibt nämlich jetzt die Welt an sie selbst frei, entläßt sie aus den normativen Ansprüchen der religiösen Tradition und bewirkt

[1] Vgl. dazu J.B. Metz, Zur Theologie der Welt, Mainz [5]1985.

damit geradezu ihre fundamentale Säkularität. Christlicher Glaube seinerseits bleibt mit diesen Prozessen allein dadurch verbunden, daß er sie wirkungsgeschichtlich mitkonstituiert hat. Indes bleibt fraglich, ob eine solche Säkularisierungsthese in ihrer konsequenten Form tatsächlich zur Konstitution theologischer Vernunft in den Verhältnissen der Neuzeit führt oder ob sie nicht deren Auflösung bzw. privatistische Beliebigkeit initiiert. Die bestimmte kritische und befreiende Kraft des Christentums im Verhältnis zu Geschichte und Gesellschaft tritt jetzt zurück bzw. bleibt wesentlich verborgen. Ein rigoros weltlos konzipierter Glaube gerät in den Verdacht, durch seine privatistische Isolierung zur ideologischen Überhöhung oder zur symbolischen Paraphrase *jedes* geschichtlich-gesellschaftlichen Prozesses der Welt werden zu können. Ein im Kern geschichtsloses (und damit wohl auch wesentlich uneschatologisches) anthropologisches Modell beherrscht diesen Ansatz einer „Theologie der Welt" in den Verhältnissen der Neuzeit. Für das gesellschaftlich-politische Leben verrät diese Theologie eine betonte Vorliebe für die sog. „Zwei-Reiche-Lehre".

Demgegenüber steht eine *liberale Version* neuzeitlicher Theologie, die weit über die Anhänger einer traditionellen „liberalen Theologie" hinaus heute Verbreitung hat. Für diese „Theologie der Welt" ist und gilt als christlich, was im Zuge der Aufklärung und ihres „kritischen Zeitalters" als vernünftig angesprochen wird und gilt. Das Interesse des Christentums wird nun identisch mit den historisch greifbaren neuzeitlichen Interessen an Emanzipation und Mündigkeit. Die Identifizierung des Christentums in den Verhältnissen der Neuzeit gerät hier zu einer allzu problemlosen Affirmation der neuzeitlichen Prozesse selbst. Diese Position verrät m.E. am Ende nichts anderes als eine rein apologetische Anpassungsfigur des Christentums mit einer unkritischen „progressiven" Tendenz. Hier werden zwar die eben kurz angedeuteten Aporien der Säkularisierungstheologie vermieden – aber um den Preis neuer Aporien, ja zuweilen geradezu grotesk anmutender Widersprüchlichkeiten. Denn allzu unmittelbar scheint hier die Säkularisierung einfach positiv als Christianisierung gefaßt! In der Konsequenz führt dieser Ansatz m.E. zur Selbstauflösung theologischer Vernunft in die abstrakt-emanzipatorische Vernunft der Neuzeit, ohne zu deren Kritik selbst etwas beitragen zu können. Alles gleicht zu sehr einer bedenklichen religiösen Kanonisierung der tatsächlichen Entwicklung und der tatsächlichen Tendenzen der neuzeitlichen Freiheits- und Aufklärungsgeschichte und einer Unterschätzung der inneren Dialektik von Emanzipation, Aufklärung und Säkularisierung. Müßte es aber nicht gerade die theologische Vernunft sein, die darauf insistiert, daß auf dem Grund der tatsächlichen Entfaltung neuzeitlicher Emanzipation, Säkularisierung und Aufklärung ein bestimmtes anthropologisches Vorurteil einseitig vorherrscht? Ich meine das anthropologische Modell vom Menschen als „Herrschaftssubjekt der Natur". Und müßte es nicht gerade die theologische Vernunft sein, die darauf hinweist, daß durch diese „eindimensionale" Vorherrschaft andere anthropologische

Bestimmungen und Verhaltungen in dem konkreten Emanzipationsprozeß und Aufklärungsprozeß von vornherein nur funktional und abgeleitet zur Geltung kommen und deshalb auch in ihrem kognitiven und kritischen Rang weithin unterschätzt werden: anthropologische Bestimmungen und Verhaltungen wie etwa Trauer, Schmerz, Leid, Freude, Spiel ...? Müßte nicht schließlich gerade die theologische Vernunft in diesem Sinne an einer neuen „kritischen Ästhetik" arbeiten, die sich gegen eine von reinen „Herrschaftsweisen" bestimmte Säkularisierung und Emanzipation wendet?
Als dritte Version einer „Theologie der Welt" in den Verhältnissen der Neuzeit sei hier der Ansatz einer *eschatologisch-politischen Theologie* genannt. In ihm wird der Versuch unternommen, die überlieferten Inhalte des Christentums als kritisch-befreiende, „gefährliche" Freiheitserinnerung in den neuzeitlichen Prozessen der Emanzipation, der Säkularisierung und Aufklärung zu interpretieren und zu mobilisieren. Dieser Ansatz wendet sich gegen eine undialektisch-abstrakte Auffassung dieser neuzeitlichen Prozesse und bewährt sich darin als Medium des Praktischwerdens einer kritischen Vernunft.

II.

Die Politische Theologie ist der Versuch, die eschatologische Botschaft des Christentums in den Verhältnissen der Neuzeit als Gestalt kritisch-praktischer Vernunft auszudrücken.
Die Rede von Gott, die für christliche Theologie untrennbar verbunden ist mit der Rede vom Vollzug der eschatologischen Herrschaft Gottes über die Welt (die innertheologische Legitimation des Primats der Eschatologie für eine „Theologie der Welt" steht hier nicht zur Frage!), impliziert eine Rede vom Sinn und Subjekt der Gesamtgeschichte. Wie kann diese Rede sich als Ausdruck kritisch-praktischer Vernunft explizieren und damit einerseits ihren Universalitätsanspruch dem Ideologieverdacht entreißen und andererseits die Unverbindlichkeit der Säkularisierungsthese wie die Anpassungsfigur einer liberalen „Theologie der Welt" vermeiden?
Die eschatologische Universalität kann ja weder im kategorialen Rahmen einer dogmatischen Metaphysik noch auf der Basis einer klassischen Geschichtsphilosophie erläutert und entfaltet werden. Es ist davon auszugehen, daß jeder Versuch einer „rein theoretischen" Rede von Universalität (der Geschichte) als ideologisch dechiffriert wird und daß deshalb die Rede von solcher Universalität nicht abstrahieren kann von den gesellschaftlichen Handlungszusammenhängen, innerhalb derer sie geschieht.
Bekanntlich wird im *Positivismus* wie auch in den verschiedenen Spielarten des *Neopositivismus* die Frage nach universalem Geschichtssinn im Interesse des Praktischwerdens kritischer Vernunft fallen gelassen bzw. verworfen. Die Rede von Sinn und Subjekt der Gesamtgeschichte wird als unfalsifizierbar abgelehnt. Die Thematisierung dieser Frage gilt nicht als Bedingung der

praktischen Verwirklichung kritischer Vernunft, sondern als Ausdruck von deren nachhaltigster Gefährdung: als Version eines neuen Irrationalismus. Jede Rede vom universalen Sinn (der Geschichte) gilt dieser Position als sinn-los, gilt als unwissenschaftlich, als ideologieverdächtig, als vorkritischer und voraufklärerischer Restbestand und nicht zuletzt als extrem praxisgefährdent. Diese Position betont, daß jede Theorie eines universalen Geschichtssinns in der politischen Wendung, der sie tatsächlich nicht entgehen kann, zu einem faktischen oder tendenziellen Totalitarismus bzw. in einen unkritisch-schwärmerischen Utopismus führen und abgleiten müsse. Ihrerseits muß sich freilich diese positivistische (bzw. neopositivistische) Version unseres Problems die Frage gefallen lassen, ob sie durch ihre rigorose Enthaltsamkeit gegenüber der Thematisierung von universalem Geschichtssinn, ja gegenüber jeder Mediatisierung kritischer Vernunft über Geschichte die gesellschaftliche und die politische Praxis tatsächlich in zunehmendem Maße rationalisiert und aufklärt oder ob sie nicht in der Gefahr steht, auf ihre Art einen neuen Irrationalismus dieser Praxis zu unterstützen, da sie ja keine Kriterien für eine praktische Vernunft zu entfalten vermag, die nicht allein nach der Zweck-Mittel-Rationalität einer falsifizierenden Methode durchsichtig gemacht werden kann. Hier wäre viel Einschlägiges aus der Positivismus- und Szientismuskritik wie aus der Kritik an der technologisch-instrumentellen Vernunft in der gegenwärtigen Diskussion anzuführen. Wo, wie in der positivistischen Version, das Interesse der kritischen Vernunft erlischt, nach Sinn und Subjekt von Gesamtgeschichte zu fragen, verschwindet ja nicht schon diese Frage überhaupt. Wie die Geschichte der Aufklärung lehrt, kehrt diese Frage vielmehr mit höchst unkritischen Antworten aus jenen irrationalen Tiefen wieder, in die sie erfolgreich abgewiesen schien. Und der Positivismus scheint ohnmächtig zu sein gegenüber den immer neu einsetzenden Prozessen der Selbstinthronisation irrationaler Mächte („Volksgeist", „Wille zur Macht", Nation, Rasse usw. als wechselnde Surrogate für Subjekt und Sinnträger der Gesamtgeschichte).
Im *klassischen Marxismus* wird die Frage nach universalem Geschichtssinn durchaus aufrechterhalten, und zwar in praktischer Intention: als Inhalt und Ziel revolutionärer Praxis. Dieses Aufrechterhalten der Frage nach Subjekt und Sinn der Gesamtgeschichte rückt den klassischen Marxismus zunächst in die Nähe christlich-theologischer Positionen im Kontext unserer Fragestellung. Im Hinblick auf das Thema „Sinnuniversalität und gesellschaftliche Praxis in politischer Intention" zeigt sich freilich sofort auch die grundlegende Differenz der marxistischen Sinnfrage zum Christentum und damit zu einer christlich-theologisch fundierten Thematisierung des Sinns und Subjekts der Gesamtgeschichte. In der klassischen Version des Marxismus nämlich gibt es durchaus ein sozial signifikantes und politisch angebbares Subjekt und einen sozial und politisch identifizierbaren Träger des Sinns dieser Gesamtgeschichte, für den das Ganze der (künftigen) Geschichte zum Inhalt und zum Ziel seiner politischen Praxis wird bzw. werden muß. Es ist

indes schwer einzusehen, wie eine solche Verquickung von universalem Geschichtssinn und gesellschaftlicher Praxis in politischer Intention am Ende nicht zu einer – wie immer differenzierten – Form totalitärer Praxis geraten muß und damit auf ihre Art den Prozeß des Praktischwerdens kritischer Vernunft (als das erklärte Ziel von Emanzipation und Aufklärung) erneut gefährdet.

Auch der *klassische Idealismus* hält seinerseits die Thematisierung der Frage nach Sinn und Subjekt der Gesamtgeschichte bei der Konstitution praktischer Vernunft in den Verhältnissen der Neuzeit aufrecht. Diese Position unterscheidet sich gegenüber dem Marxismus dadurch, daß sie gerade kein sozial angebbares und politisch identifizierbares Subjekt der Gesamtgeschichte kennt und nennt bzw. daß sie jeden Versuch einer entsprechenden sozialen und politischen Identifizierung abweist. Bei Hegel etwa begegnet ein Entwurf von Gesamtgeschichte, demzufolge Weltgeschichte im ganzen und in ihrer Einheit als „Fortschritt im Bewußtsein der Freiheit" begriffen wird. Hegel nennt für den so gekennzeichneten universalen Geschichtsprozeß durchaus auch ein Subjekt; er bezeichnet es jedoch mit theologischen Kategorien oder nennt es möglichst unbestimmt und allgemein z.B. „Weltgeist". Demzufolge bleibt die Rede vom universalen Geschichtssinn wesentlich abstrakt und politisch nicht direkt interpretierbar. Gleichwohl zeigt sich, daß diese vermeintlich rein abstrakte (und im Sinn eines rigorosen Positivismus eigentlich nichtssagende) Rede vom Ganzen der Geschichte eine eminent praktisch-politische Bedeutung haben kann. Sie ermöglicht und bewirkt die Freisetzung der politischen Praxis von universalen Zwängen; Politik wird gewissermaßen in eine rein pragmatische Orientierung entlassen. Die im Idealismus aufrechterhaltene Rede vom universalen Geschichtssinn und Geschichtssubjekt sichert und schützt politisches Handeln vor falschen Totalitätsansprüchen, sie ermöglicht die Orientierung dieses Handelns an partikularer pragmatischer Vernunft; sie garantiert Politik unter dem Diktat der „Sache selbst", wie die Vertreter dieser Auffassung gern formulieren; sie ermöglicht sog. „rein pragmatische Politik", und eben das versteht sie als Ausdruck praktischer Vernunft in den neuzeitlichen Prozessen der Aufklärung, Säkularisierung und Emanzipation. Diese Position zeigt sich heute vor allem in einem *Liberalismus*, der sich geschichtstheoretisch und auch politikgeschichtlich häufig an die rechtshegelianische Tradition anschließt.

Eine Theologie, die sich neuerdings auf ihre gesellschaftliche und politische Unschuld, auf ihren apolitischen Charakter viel zugute hält, die behauptet, sie wäre Anwalt und nur Anwalt des „spezifisch Christlichen" und habe gerade deshalb mit gesellschaftlicher und politischer Praxis nichts zu tun, ist im Grunde genommen nichts anderes als eine verschleierte Anpassungsfigur an diese „idealistische" Lösung des Problems praktischer Vernunft in den Verhältnissen der Neuzeit.

Nun ist diese idealistische Position mit ihren „liberalen" Handlungskonsequenzen nicht nur in einem sog. „bürgerlichen Idealismus" rechtshegelianischer Prägung wirksam. Sie schlägt m.E. auch in bestimmten Formen des Neomarxismus durch, nicht zuletzt bei den viel diskutierten Vertretern der Frankfurter Schule und ihrer „Kritischen Theorie". Bei ihnen wird in zunehmendem Maße wieder ein Naturbegriff wirksam, der die Stelle des Subjekts und Sinnträgers von Gesamtgeschichte im Interesse der Verwirklichung praktischer Vernunft einnimmt. Da aber diese „Natur" letztlich weder politisch noch sozial (höchstens: ästhetisch) identifizierbar ist, funktioniert sie schließlich nach Art des Hegelschen „Weltgeistes" und bringt darum für das Verständnis praktischer Vernunft ähnliche „liberale" Konsequenzen hervor wie die Position des klassischen Liberalismus selbst.

In der Position der *„Politischen Theologie"* sucht sich die *christlich-theologische Version* der praktischen Vernunft in den Verhältnissen der Neuzeit auszudrücken. Politische Theologie betont, daß das Subjekt der Gesamtgeschichte – höchst verkürzt ausgedrückt – Gott ist in seiner eschatologischen Herrschaft. Und das besagt zunächst, daß es auch hier kein sozial angebbares und politisch identifizierbares Subjekt für die universale Sinnstiftung geschichtlicher Prozesse gibt. Dieser Sinn- und Zielgehalt der Gesamtgeschichte steht vielmehr – wiederum extrem kurz formuliert – unter dem „eschatologischen Vorbehalt Gottes". In diesem Sinne stellt sich das eschatologische Gedächtnis des Christentums den modernen Zynikern politischer und technokratischer Macht entgegen. Es führt dabei nicht etwa Gott als „Lückenbüßer" nachträglich in diese Problematik ein, sondern es erinnert den Gott Jesu selbst als Subjekt der Gesamtgeschichte und wendet sich in gleichem Zuge dagegen, ein solches Subjekt politisch auszumachen und zu inthronisieren. Wo immer eine Partei, eine Gruppe, eine Rasse, eine Nation, eine Klasse – und sei es die Klasse der Technokraten – sich als dieses Subjekt zu bestimmen und offen oder heimlich einzuführen sucht, muß sich das eschatologische Gedächtnis des Christentums dagegen wenden und diesen Versuch als politischen Götzendienst, als Herrschaftsideologie mit totalitärer oder – in der Sprache der Apokalyptik – mit „tierischer" Tendenz brandmarken. In diesem Sinn wird auch im Ansatz der Politischen Theologie die gesellschaftlich-politische Praxis freigesetzt und vor Totalitarismus geschützt. Aber nun – im Unterschied zu der vorhin erwähnten „liberalen" Position des Idealismus – in einer *bestimmten und gerichteten* Freisetzung dieser Praxis. Die Vermittlung des Praktischwerdens kritischer Vernunft leistet nun nicht einfach die viel zitierte und viel mißbrauchte Orientierung an der „Sache selbst", sondern eine bestimmte Freiheitserinnerung. Die endzeitliche memoria Jesu Christi, als welche sich die theologische Rede vom Sinn und Subjekt der Gesamtgeschichte in der Politischen Theologie entfaltet, ist nämlich eine zukunftsgerichtete, antizipatorische Erinnerung, und zwar die Antizipation einer *bestimmten* Zukunft der Menschheit als einer Zukunft vor allem der Hoffnungslosen, der Unterdrückten, der Beschädigten und Verdammten dieser Erde. Diese Erinnerung entläßt deshalb nicht einfach indifferent in das Spiel der gesellschaftlichen Kräfte, in dem am Ende nur so viel „Zweckhumanität" im Spiel bleibt, als zum Schutz der je eigenen Interessen eben zugegeben oder eingesetzt werden muß. Diese Erinnerung zwingt vielmehr in der Organisation der gesellschaftlich-geschichtlichen Prozesse zu einer bestimmten „selbstlosen" Parteilichkeit für die Nicht-Vertretenen, die Unterrepräsentierten und allemal Übergangenen. Deshalb wird hier durch das Aufrechterhalten eines politisch und sozial nicht identifizierbaren Subjektes der Gesamtgeschichte die gesellschaftliche und politische Praxis nicht einfach in eine „rein pragmatische" Orientierung entlassen und „praktische Vernunft" einfach als „Pragmatik" gedeutet, sondern in eine im recht verstandenen Sinn durchaus utopisch gerichtete und interessierte Handlungsorientierung und damit in weit mehr als in ein nochmals zweckrational kalkulierbares pragmatisches Humanitätsdenken. Die moralische Kraft für diese überschießende, nicht zweckrational kalkulierende, „selbstlose" Humanität bei der Bestimmung und Orientierung praktischer Vernunft gewinnt der christlich-theologische Standpunkt in der Formulierung der Politischen Theologie nie aus einem unmittelbaren und radikalen Zusammenfall von politischer und ethischer Praxis, wie er für totalitäre politische Konzeptionen typisch sein mag, sondern aus der Eigentümlichkeit der endzeitlichen Erinnerung Jesu Christi. Sie nämlich erinnert die eschatologische Herrschaft Gottes nicht etwa als ungebrochenes Resultat unserer eigenen sozialen Anstrengungen und unseres eigenen geschichtlichen Kampfes um Freiheit, nicht als Endphase im vermeintlich geradlinigen und undialektischen Stufengang menschlicher Selbstbefreiung. Sie erinnert vielmehr gerade die Freiheit der eschatologischen Herrschaft Gottes selbst, ihre Ankunft als vorbehaltlose Liebe. Dadurch, daß ihre Inhalte nicht einfach aus unseren geschichtlichen, gesellschaftlichen und psychologischen Zwängen gedeutet oder abgeleitet werden können, wirkt diese Erinnerung gerade kritisch-befreiend *gegenüber* unseren eigenen Interessen und *für* eine selbstlose Humanität als Orientierungsinstanz praktischer Vernunft in den Prozessen der Aufklärung und Emanzipation.

Damit ist – in der Kontrastierung mit außertheologischen Positionen, die den Prozeß der Humanität zu führen beanspruchen – der spezifisch kategoriale Ort für den Ansatz und das Problem der Politischen Theologie in aller Kürze skizziert und für den Versuch, in dieser Politischen Theologie die Möglichkeit von Theologie überhaupt und die Konstitution theologischer Vernunft in den Verhältnissen dieser Neuzeit zu beschreiben, der Weg geebnet.

III.

Hier wäre nun natürlich eine Fülle von Problemen und Fragen im Detail zu erörtern. Wichtig wäre z.B. eine nähere Darlegung der hier gebrauchten Kategorie der „Erinnerung". Schon verschiedentlich habe ich die theologische Bedeutung dieser Kategorie (im Sinn der „gefährlichen Erinnerung“) für das Verständnis christlichen Glaubens im Kontext unserer gesellschaftlich-geschichtlichen Situation herauszustellen versucht;[2] an anderer Stelle habe ich auch die Bedeutung der Erinnerung für die Konstitution praktischer und kritischer Vernunft entfaltet.[3] Ich erlaube mir, hier darauf hinzuweisen, weil ich das alles in diesem Zusammenhang nicht ausführlicher darlegen kann.

Ich will hier vielmehr bei einer Frage einsetzen, die schließlich zur memorativ-narrativen Tiefenstruktur jener kritischen Vernunft führt, die als Freiheit praktisch werden will. Man könnte ja an den bisherigen Vorschlag die Frage stellen, ob durch die Bedeutung der *memoria* nicht von vornherein eine vorkritische Figur der Vermittlung von Vernunft und praktischer Kritik eingeführt werde. Stehen nicht Aufklärung versus Überlieferung, Neugierde gegen Erinnerung, kritisches Vernunftwissen gegen Erzählungs- und Erinnerungswissen? Diesem Einwand will ich hier noch durch eine zweigliedrige Überlegung begegnen, die auf die Bedeutung einer memorativ-narrativen Theologie im Zeitalter der Aufklärung, der Emanzipation und der Kritik hinweisen soll.

1. Die an den Wurzeln des Aufklärungszeitalters einsetzende kritische Prüfung der Überlieferungen und ihrer bislang unbefragten Autorität hatte allen Grund. Sie befreite in der Tat von falschen Zwängen. Ihre Legitimität, ja Unerläßlichkeit soll hier auch keineswegs bestritten werden. Nicht ein romantisches oder ein doktrinäres, sondern ein kritisch-praktisches Verhältnis zur Vergangenheit kann auch deren unabgegoltenes und unverzichtbares Erbe wahren. Doch darf eben diese Kritik nicht übersehen, daß Erinnerung und Überlieferung jeder kritischen Erkenntnis selbst innewohnen. Kritisches Bewußtsein nährt sich immer auch aus dem, gegen das es ständig revoltiert: Überlieferung. Ein schlechthin traditionsloses Bewußtsein wäre auch nicht mehr „kritisch“ zu nennen in einem bestimmten und in seinen Interessen identifizierbaren Sinn. Es wäre nicht mehr bewegt von der Utopie erinnerter und erzählter Freiheitsgeschichte, die die Voraussetzung, nicht der Gegenstand der Rekonstruktion von Geschichte durch Vernunft ist. Es würde die Fähigkeit zur Alternative unter den Zwängen rein instrumenteller Vernunft verlieren, und es geriete schließlich zum völlig angepaßten Bewußtsein – angepaßt an die anonymen, subjektlosen und geschichtslosen Handlungsrahmen einer Computergesellschaft. Freilich, Medium des Praktischwerdens kritischer Vernunft als Freiheit ist nicht die Erinnerung als solche, die Überlieferung als solche, sondern immer bestimmte Erinnerung und bestimmte Überlieferung. Und der Gebrauch bestimmter Erinnerung und bestimmter Überlieferung führt nur dann nicht in eine Art Geschichts-

[2] [Neben dem Text in § 2 dieses Bandes] vgl. J.B. Metz, Befreiendes Gedächtnis Jesu Christi, Mainz 1970.

[3] Vgl. J.B. Metz, Erinnerung, in: Handbuch philosophischer Grundbegriffe I, München 1973.

dogmatismus und in einen neuen Irrationalismus gegenüber der Geschichte (und damit auch in den alten Gegensatz von Überlieferung und kritischer Freiheit zurück), wenn sich diese bestimmte Überlieferung und diese bestimmte Erinnerung selbst als Freiheitsüberlieferung und Freiheitserinnerung zeigt und damit als eine Form gefährlicher Überlieferung und gefährlicher Erinnerung in allen Systemen, die anschauliche Freiheit bedrohen. Dies kann nun für die eschatologische Freiheitserinnerung des Christentums, wie sie im vorigen Abschnitt kurz angedeutet wurde, nicht nochmals – in welcher Form auch immer – deduktiv begründet werden. Hier kommt alles darauf an, daß das Christentum durch sich selbst diese befreiende Freiheit erzählend weitergibt, sich selbst als eine Erzählgemeinschaft im Blick auf solche befreiende Freiheit versteht.

2. Ist aber durch die damit insinuierte Erzählstruktur des christlichen Logos gerade das vorkritische Wesen der Theologie überdeutlich? Ist demgegenüber das Zeitalter der Aufklärung und der Kritik nicht wesentlich ein postnarratives Zeitalter, in dem Erzählformen des Wissens nur auf vorkritisch-mythologische Wissensformen herabgedeutet werden? Hat nicht der Sieg des Historismus inzwischen alle erinnernd-erzählend vermittelte Überlieferung entweder in „Historie", d.h. in den Gegenstand der Rekonstruktion kritischer Vernunft, verwandelt oder sie in das bloß Private und Beliebige, in das Unverbindliche und „rein Subjektive" bzw. „rein Ästhetische" abgedrängt?

Nun habe ich schon zu Beginn unserer Überlegungen betont, daß sich im Prozeß der Aufklärung selbst eine Kritik der historischen Vernunft herausgebildet hat. Geleitet etwa von der Unterscheidung von „Erkenntnis und Interesse", fragt sie nach den Motiven und Interessen dieser historischen Vernunft und führt deren kritisches Bewußtsein selbst wiederum auf ein Problem praktischer Vernunft zurück, die ihrerseits unabweislich in bestimmten geschichtlichen Erinnerungs- und Erzähltraditionen steht. In diesem Sinn, so wurde bereits eingangs betont, ist und bleibt Geschichte – nicht als rekonstruierte Historie, sondern als erinnernd-erzählte Überlieferung – jeder Vernunft immanent, die als befreiende Kritik praktisch werden will. Das Thema des Erzählens und der Erinnerung taucht in diesem Zusammenhang erneut auf – und zwar nun als kritische Instanz gegenüber einer historischen Vernunft, die selbst immer mehr zu einer nach rückwärts gewandten Technologie wird und die schließlich auf eine in der Datenbank sortierte „Geschichte" hinausläuft und auf ein Computer-Gedächtnis, das ohne jede Narrativität ist und das weder ein Erinnern noch ein Vergessen kennt.[4]

Gerade so aber entgeht ihm das, was Geschichte – im Unterschied zur Natur – allemal erst zur Geschichte macht, nämlich das Leid. „Inhuman ... ist das Vergessen, weil das akkumulierte Leiden vergessen wird; denn die ge-

[4] [Genaueres dazu in diesem Band unter § 8,5].

schichtliche Spur an den Dingen, Worten, Farben, Tönen ist immer die (Spur) vergangenen Leidens. Darum stellt Tradition heute vor einen unauflöslichen Widerspruch. Keine ist gegenwärtig und zu beschwören; ist aber eine jegliche ausgelöscht, so beginnt der Einmarsch in die Inhumanität."[5] Wer sich dieser Aporie nicht beugt, wird auf einen neuen Respekt vor der Geschichte des Leidens in unserem kritischen Bewußtsein drängen.[6] Obsolet erscheint diese Absicht nur für eine kritische Vernunft, die sich aus lauter Angst vor Heteronomie diesen Respekt vor der Leidensgeschichte versagt und deshalb sogar die *Autorität der Leidenden* im Interesse einer abstrakten Autonomie der Vernunft zerstört. Wo sich Vernunft indes diesen Respekt bewahrt, da macht er sie in einer Weise „vernehmend", die in der üblichen Entgegensetzung von „Autorität und Erkenntnis", in der das Problem der kritischen Autonomie der Vernunft zumeist diskutiert wird, gar nicht ausgedrückt werden kann. In diesem „Vernehmen" gewinnt Geschichte – als erinnerte Leidensgeschichte – für Vernunft allemal die Gestalt einer „gefährlichen Überlieferung"; deren Weitergabe geschieht nie rein argumentativ, sondern anfänglicher narrativ, in „gefährlichen Geschichten". Sie durchstoßen den Bann einer totalen Rekonstruktion der Geschichte durch abstrakte Vernunft. Sie desavouieren den Versuch, das Bewußtsein aus der abstrakten Einheit des „Ich denke" zu rekonstruieren, und zeigen, daß unser Bewußtsein vielmehr ein „in Geschichten verstricktes" Bewußtsein ist, das auf eine narrative Identifizierung verwiesen bleibt und das nach der Auflösung des „Lehramts" der Geschichte gleichwohl auf das Lehramt der „Geschichten" nicht verzichten kann.

Hier, so meine ich, zeigt sich wenigstens andeutungsweise die erzählende Tiefenstruktur historisch-kritischer Vernunft.[7] Hier ist auch der kategoriale Ort für den Versuch der Theologie, die Erzählung von der Befreiungsgeschichte Gottes in Jesus Christus angesichts der menschlichen Leidensgeschichte (die immer eine Geschichte der Gewalt und der Unterdrückung und eine Geschichte der Endlichkeit und des Todes ist) argumentativ zu schützen und zu ihrer Fortführung anzuleiten. Hier ist schließlich auch der Ansatz für eine theologische Kritik an jenen Theorien einer abstrakt-totalen Aufklärung und Emanzipation, die sich angesichts der menschlichen Leidensgeschichte gerade als Form einer halbierten Geschichte der Freiheit erweisen. Hier kann deshalb das Thema „Offenbarung und Aufklärung", „Erlösung und Emanzipation", „Glaube und Kritik", neu aufgenommen werden, ohne daß die durch das kritische Zeitalter gestellten Fragen einfach ignoriert oder verdrängt werden müßten.[8]

[5] Th.W. Adorno, Thesen über Tradition, in: ders., Ohne Leitbild, Frankfurt a.M. 1967, 34f.
[6] Vgl. J.B. Metz, Zukunft aus dem Gedächtnis des Leidens, in: Concilium (1972) 6/7; [jetzt in überarbeiteter Form auch in: Glaube in Geschichte und Gesellschaft, § 6].
[7] Vgl. H. Weinrich, Narrative Theologie, in: Concilium 9 (1973), 5, 329–334, und J.B. Metz, Kleine Apologie des Erzählens im selben Heft, 334–341.
[8] [Vgl. jetzt dazu die einschlägigen §§ in: Glaube in Geschichte und Gesellschaft, Mainz, [5]1992.]

Exkurs
Zum Ökumene-Begriff der „Politischen Theologie“ (1969)

Auszug aus: J.B. Metz, *Reform und Gegenreformation heute,* Mainz 1969.

Das ökumenische Anliegen muß immer mehr die Gestalt der „indirekten Ökumene“ gewinnen. Der Zuwachs an theologischer Verständigung und christlicher Einheit wird nicht allein und nicht primär durch den unmittelbaren und direkten Dialog der Kirchen untereinander hervorgebracht, sondern durch die je eigene Auseinandersetzung der christlichen Kirchen und ihrer spezifischen Traditionen mit einem „dritten Partner“, nämlich mit den Problemen und Herausforderungen der Welt von heute. Diese Figur der „indirekten Ökumene“ enthält sowohl eine spezifische Bestimmung des theologischen Fundorts der gesuchten christlichen Einheit als auch ein spezifisches Interpretationsmodell für die christlichen Bekenntnisformeln, ein Interpretationsmodell, das hier mit Verweis auf die einschlägigen Überlegungen in § 2 nur genannt wird.
Um ein Mißverständnis vorweg auszuräumen: Es handelt sich hier nicht um die Frage, daß und wie die Christen auf bestimmten Gebieten, wie etwa auf denen der Sozialarbeit, einheitlich handeln und unbeschadet der bleibenden Differenz im Bekenntnis und im Kirchenverständnis zusammenarbeiten können. Es handelt sich vielmehr um *die theologische und dogmatische Frage der Überwindung dieser wesentlichen Differenzen im Bekenntnis selbst.* Hier, im Kern der Sache, soll durch das indirekte ökumenische Verfahren die Einheit gefördert werden. Dabei kann „indirekt“ gewiß nicht so verstanden werden, daß die Kirchen ihre gegenseitigen Differenzen dadurch aufheben, daß sie sich spannungslos in Welt hinein aufgeben, bzw. in „rein weltliche“ Aufgaben hinein zerfallen lassen, sondern so, daß sie das Weltproblem in das Identitätsproblem des Christentums und der Kirche neu einbeziehen. Wie aber ist das zu verstehen?
Die Kirche, sagen wir, ist die Kirche des Sohnes, die Kirche Jesu Christi. Nehmen wir aber zureichend ernst, was im Blick auf unser Thema damit gemeint ist? Wäre es aber nicht das Spezifikum dieser Kirche, daß sie ihre Identität nicht in sich selbst hat? Ist es nun nicht das Schicksal des konfessionellen Zeitalters, daß in ihm dieses Element der Selbsttranszendenz der Kirche verkümmerte? Und geriet nicht die Kirche gerade dadurch in eine radikale Identitätskrise? Hat man nicht gerade im Konfessionsstreit der Kirchen den Satz „ubi Christus ibi ecclesia“ umgekehrt in den Satz „ubi ecclesia ibi Christus“, und dies sehr oft in einem exklusiven Sinn? Wo aber ist Christus? Ist er nicht auch heute sehr oft an Orten, an denen ihn die Kirche kaum vermutet? Außerhalb? In der Fremde? Draußen vor den Toren der Stadt? Bei den Ausgeschlossenen und Erniedrigten? Muß die Kirche ihn und damit ihre eigene Identität nicht immer noch finden, indem sie entschiedener

diese Selbsttranszendenz verwirklicht? Sie hat ja ihre Identität nicht in sich selbst, sondern gerade am Schnittpunkt von Kirche und Welt.
Von hier aus können wir aber im Hinblick auf unser Thema nun den folgenden Satz formulieren: *Der theologische Fundort (locus theologicus) der verlorenen und gesuchten Einheit der Christen ist primär jene „fremde Welt", die der Sohn als sein „Eigentum" reklamierte und in die hinein Kirche sich immer neu übersteigen muß, wenn sie sich nicht selbst verlieren oder verraten will.* Diese Fremde ist der Ort, an dem sich Christen wiederfinden und wiedererkennen können in der Treue zu der einen Botschaft, in deren Angesicht der Konfessionalismus der Christen gerade so bedenklich und gefährlich erscheint wie der Nationalismus im Angesicht der einen Welt und der Rassismus im Angesicht der einen Menschheit. Annäherung und Einheit der Christen geschieht so gewissermaßen „indirekt" und wie „beiläufig": Sie kommen einander näher, indem sie aus ihren eigenen kirchlichen Traditionen heraus immer neu diesen Überstieg, diese Selbsttranszendenz im Zeugnis und im Dienste der Liebe wagen. Sie können und sollen dies tun ohne Rücksicht auf die konfessionellen Differenzen und so handeln, „etsi non darentur". So, in diesem indirekten ökumenischen Verfahren, wächst Einheit, und zwar nicht nur eine Einheit in karitativer, sozialer Kooperation, sondern die substantielle Einheit im Glauben selbst, wenn nach allem Gesagten diese Einheit eben nur in der Selbsttranszendenz der Kirche und ihrer Traditionen als Einheit in Christus gewährleistet ist. Gerade indem die christlichen Kirchen versuchen, Kirche für die Heiden, Kirche für die Ungläubigen zu sein, kommen sie sich auch untereinander näher, wachsen sie in der Einheit der Kirche Jesu Christi.

§ 5 Religion und Politik in einer Zeit des Umbruchs

(1981)

Auszug aus einer Rede von 1981 an der Loyola-Universität in Chicago. Vgl. zum Kontext das Buch *Jenseits bürgerlicher Religion*, Mainz [4]1984.

I.

Ich bin Theo-loge, also auf die Rede von Gott verpflichtet. Jede theologische Rede über Religion und jede theologische Rede über Politik – und über das Verhältnis beider zueinander – muß sich als Rede von Gott zu verstehen suchen, wenn sie nicht sich selbst und andere betrügen will. Dies markiert ihre Chancen und ihre Grenzen zugleich.

Eine Rede über Religion als eine Rede von Gott zu verstehen: Das scheint plausibel und ist gleichwohl weniger selbstverständlich als es den Anschein hat. Eine Rede über Politik als eine Rede von Gott zu verstehen: Das scheint keineswegs plausibel, ist höchst umstritten, gilt gemeinhin als gefährlich – als gemein-gefährlich und für die meisten als obsolet. Was schon hat Politik mit Gott zu tun? Was schon mit den irdischen Decknamen Gottes, mit Wahrheit, mit Liebe? Ist nicht die Trennung beider „Reiche", die Trennung von Gott und Politik, von Gottesherrschaft und politischer Herrschaft die spezifische Voraussetzung unserer politischen Kultur? Hat schließlich die Proklamation der Herrschaft Gottes in der Politik je zu etwas anderem geführt als zu einer religiös verkleideten Priester- und Theologenherrschaft? Da sei Gott vor! Gewiß.

Ist dann aber Politik als streng theologisches Thema nicht schon beendet? Bleibt der Theologie, der Rede von Gott, etwas anderes, als sich ebenso bescheiden wie endgültig aus der Politik zu verabschieden? Bleibt ihr etwas anderes, als ihr spezifisches Interesse, das Gottesinteresse, das Wahrheitsinteresse, endlich von der Politik abzuwenden, sich dort allenfalls durch die beweglicheren Maßstäbe einer politischen Ethik ersetzen zu lassen, um sich selbst endlich ganz und gar ihrem Proprium, der Religion, zuzuwenden? Nun gut, sehen wir zu:

Auch in der Religion besteht Theologie, die diesen Namen verdienen will, auf Gott. Wie aber steht es mit Gott in der Religion? Herrscht Gott denn in der Religion? Ist er in ihr an der Macht? Ist er, der Beweger aller Dinge, der – sit venia verbo! – apokalyptische Revolutionär aller Verhältnisse, in der Religion losgelassen? Wenn ja, dann ist Religion in ihrem Kern ein Politi-

kum, kein Überbau zu den geschichtlichen Identitätskämpfen der Menschen, sondern ein Eingriff in sie.
Die biblischen Gottesgeschichten sind keine Zugabegeschichten, keine Überbaugeschichten; sie sind kein feierliches Akzessorium zur geschichtlichen Konstitution der Menschheit. In diesen Gottesgeschichten werden Menschen herausgerufen aus den Zwängen und Ängsten archaischer Gesellschaften und zu Subjekten einer neuen Geschichte berufen. Angerufenwerden in der Gefahr, Herausgerufenwerden aus der Angst, Exodus, Umkehr, Erheben des Hauptes, Widerstand und Leiden, Nachfolge: In diesen (und anderen) religiösen Bestimmungen der Menschen bildet sich ihre geschichtliche Identität, und zwar immer und von vornherein als solidarisch-politische Identität. Gott ist in den biblischen Geschichten nie bloß gedacht. Der biblische Gottesgedanke ist ein eminent praktischer Gedanke, kein Überbaugedanke, der sich widerspruchslos über alle Verhältnisse breiten ließe; vielmehr ein eingreifender Gedanke, ein Widerstandsgedanke.
Wenn wir daher den höchsten Gedanken wagen, den wir über Religion denken können – daß es ihr nämlich um Gott geht, daß Gott ihre „Sache", daß Gott ihr „Herr" ist –, dann kann unsere Eingangsfrage zum Verhältnis von Religion und Politik nicht sein, ob Religion politisch sei oder nicht. Sie ist es, und sie ist es nicht beiläufig, sondern wesentlich. Und „Politische Theologie" ist eigentlich, genau besehen, ein Pleonasmus.
Es ist also gerade ihr höchster Gedanke, der Gottesgedanke, der die Religion auf eine besondere Weise praktisch-politisch macht. Im Maße christliche Religion ihr politisches Wesen verleugnet, wird sie nicht etwa fromm, „christusförmig", gar gottbesessen, sondern – gottvergessen; und umgekehrt: Ihr politisches Versagen hängt mit ihrer eigenen Gottvergessenheit zusammen. So liegt in meinen Augen das schwer bestreitbare politische Versagen der kirchlichen Religion in der ersten Hälfte des 19. Jahrhunderts, angesichts des Massenelends im frühkapitalistischen Zeitalter, nicht etwa darin begründet, daß sie zu religiös und zu wenig politisch gewesen wäre; im Gegenteil, sie war zu wenig bei ihrer „Sache", zu wenig religiös, zu wenig – gottbesessen und deshalb überidentifiziert mit einer obsoleten Politik, die sie blind machte für die massenhaften Leiden und taub für die politische Prophetie der Religion selbst.
Religion, zumindest biblische, jüdisch-christliche Religion, hat eine innere politische Dimension, die sie nur aus Opportunismus oder Selbstbetrug, christlich gesprochen: aus Nachfolgeangst oder Nachfolgeverdrängung leugnen kann. Als Unpolitischer oder politisch Neutraler wäre der Sohn Gottes nie gekreuzigt worden!
An dem so gekennzeichneten politischen Wesen der Religion festhalten heißt nicht, die Religion einer vorgefaßten politischen Ideologie ausliefern, so daß sie eigentlich nur noch als deren Erfüllungsgehilfe erscheint. Nicht die Religion selbst wäre dann politisch, alles Politische an ihr wäre vielmehr kopierte, durchgepauste politische Ideologie. Das politische Wesen der Religi-

on begreift man nicht, wenn man sie der Politik, sondern wenn man sie – Gott unterstellt.

Daß dies alles heute höchst befremdlich und verdächtig klingt, abstrakt und für manche vielleicht unseriös, hängt m.E. am gegenwärtigen Zustand der Religion selbst. Religion bei uns ist nicht messianische Religion, in der Gott los ist, sondern bürgerliche Religion, das Geschöpf des Bürgers und seiner konstitutionellen Berührungsangst gegenüber dem Absoluten, seiner (historisch durchaus begreiflich zu machenden) Unnahbarkeit gegenüber Religion. In der Gestalt dieser bürgerlichen Religion feierte Religion tatsächlich späte Triumphe, führte gar zur heimlichen Identifizierung von bürgerlichem und religiösem Subjekt. Aber Gott? Gott ist in der bürgerlichen Religion nicht Gott, nicht der Gott der messianischen Religion der Bibel. Dieser Gott ist wie tot in der bürgerlichen Religion. Er ist in ihr zwar zitierfähig, aber kaum anbetungswürdig, weil er nicht fordert, aber auch nicht tröstet, weil er nicht eingreift, nicht stürzt und aufrichtet, sondern – als „Wert" – unsere vorgefaßte bürgerliche Identität überwölbt. Der zum „Wert" umgemünzte Gott: Das ist das Gottesschicksal in der bürgerlichen Religion. Davon sind wir alle betroffen, daran leiden wir alle. Die Kritik ist deshalb nicht besserwisserisch oder denunziatorisch gemeint.

Bürgerliche Religion gilt als Privatsache und kann deshalb nie und nimmer Subjektsache sein, die die Religion als messianische ist. Subjektsache zu sein, macht gerade das politische Wesen der Religion aus. Bürgerliche Religion aber greift nicht ein in die Identitätskämpfe der Subjekte, wirkt deshalb wie Überbau und Projektion. Und dies in einer Zeit, in der die Krise und der Zerfall des Subjekts politisch auf dem Spiele stehen. Die Schwächlichkeit, mit der die bürgerliche Religion üblicherweise auf diese Zerfallskrise reagiert, signalisiert die Abwesenheit des messianischen Impulses in ihr. Sie sucht die Antwort auf diese Krise wieder einmal in der Mitte, hier in der Vermittlung zwischen Individualismus und Kollektivismus. Abgesehen davon, daß sie so nur allzu gängige politische Klischees verdoppelt: Wie läßt sich überhaupt Wahrheit durch die Vermittlung von zwei Irrtümern ermitteln? Das hat offensichtlich mit Wahrheitsanspruch in der politischen Zerfallskrise des Subjekts nichts mehr zu tun, allenfalls mit Gedankenlosigkeit und Opportunismus.

Aber Wahrheitsansprüche gegenüber der Politik sind dem Christentum als bürgerlicher Religion ohnehin verdächtig. Bürgerliche Religion gibt sich bewußt unpolitisch, damit sie um so unangefochtener wie die heimliche Staatsreligion unserer bürgerlichen Gesellschaft wirken kann. So aber ist sie nicht von Gott durchdrungen, sondern vom Mythos der Unveränderlichkeit unserer Gesellschaft. Und so gerät sie auch zur politischen Religion der Bürger, in der unsere Gesellschaft nochmals sich selbst befestigt. Von der bürgerlichen Religion gilt, daß sie „Opium" ist, „Opium" freilich in einem anderen Sinne als in der marxistischen Religionskritik: Nicht Opium als Vertröstung, als Betäubung und Beschwichtigung für die Habenichtse, für die armen Teufel, sondern für die Besitzenden, für jene, die bereits Aussicht und Zukunft haben. Bürgerliche Religion wird zur Sicherheitsideologie, zur Komplizin einer Gesellschaft, die sich nicht wandeln will. Eine Hilfe, gar ein Trost und eine Perspektive in den gefühlten und erkannten Widersprüchen ist sie nicht. Das, so scheint mir, ist der Preis ihrer Gottvergessenheit. Denn Gott ist ein Politikum, und die Gottvergessenheit ist es auch. In der Gestalt bürgerlicher Religion haben wir Christen unsere eigene Gottvergessenheit zu ertragen, ja religiös zu feiern gelernt.

II.

Ich wiederhole: Religion ist durch sich selbst politisch, nicht dadurch, daß sie sich einer politischen Ideologie unterstellt, sondern dadurch, daß sie sich ihrer eigensten „Sache", daß sie sich – Gott unterstellt, daß Gott in ihr los ist. Was besagt das für das Verhältnis von Religion und Politik? Für Religion besagt es den Abschied von bürgerlicher Religion. Und für die Politik? Gibt es denn heute überhaupt eine religionsfähige Politik, gibt es eine – gottfähige Politik? Darf es sie, kann es sie, muß es sie geben? Insinuiert die Rede von der Religionsfähigkeit der Politik nicht eine gefährliche Konfusion, einen leichtfertigen Verrat an den Errungenschaften der politischen Aufklärung, die längst zum Fundament unserer politischen Kultur geworden sind?

Religionsfähige Politik? Wenn nicht alles täuscht, zeichnet sich heute tatsächlich eine neue historische Konstellation zwischen Religion und Politik ab. Das Verhältnis beider kann jedenfalls nicht mehr mit einer vermeintlich unpolitischen Verwaltung von Heilsgütern hier und einer religiös neutralen Verwaltung von Staats- und Sozialgütern dort beschrieben werden, auch wenn die neue Konstellation noch nicht in konsensfähigen Begriffen analysierbar, sondern erst in Symptomen wahrnehmbar ist. Diese neue Konstellation von Religion und Politik ist schließlich ein Reflex unserer geschichtlichen Gesamtsituation. Wie ist diese Gesamtsituation zu kennzeichnen?

Alle reden davon, daß wir in einer „Übergangszeit" leben. Doch dies scheint mir ohne viel Auskunftswert zu sein; in Übergangszeiten leben wir, genau besehen, eigentlich immer, die Zeit ist immer „im Übergang", Übergangszeit ist deshalb eine auskunftsarme Tautologie. Wir stehen vielmehr in einer Umbruchzeit, die alles, das gesamte kulturelle System und alle seine sogenannten Subsysteme, betrifft (wenn ich mich schon einmal dieser Sprache bedienen will): also Wirtschaft sowohl wie Politik, Gesellschaft und Kultur, Wissenschaft, Kunst und Religion. Wir stehen in einem Umbruch, der an die Grundlagen unserer seelischen und sozialen Identität rührt. Nicht dies oder das an unseren Verhältnissen, sondern unsere Identität steht auf dem Spiel.

Dies äußert sich zunächst in kollektiven Identitätsängsten. Sie fressen an der Seele des „modernen Menschen", des einst so stolzen und fortschrittsbeflissenen Bürgers unserer spätbürgerlichen Welt. Ausgespannt zwischen Verzweiflung und zaghaftem Engagement, zwischen Apathie und spärlicher Liebe, zwischen rücksichtslosem Besitzindividualismus und schwach entwickelter Solidarität, ist er ratlos und seiner selbst ungewisser als noch vor wenigen Generationen, so sehr seiner selbst ungewiß, daß er kaum mehr sein eigener Nachfahre sein möchte.

Dient eine solche Schilderung nur der Stimmungsmache? Ist sie nur Ausdruck eines typisch theologischen Kulturpessimismus, womöglich gewürzt mit einer Prise apokalyptischer Schadenfreude? Oder enthält sie auch eine politische bzw. politisch relevante Aussage? Ich unterstelle das letztere und frage: Was bedeutet diese Aussage für die heutige Politik und für die Frage nach ihrer Religionsfähigkeit?

Politik, die diese Umbruchsituation im Blick und im Gewissen hat, kann nicht einfach engagierte Sorge dafür sein, daß alles möglichst ungestört so weitergeht. Denn offensichtlich besteht die Katastrophe ja gerade darin, daß und wenn alles nur so weitergeht wie bisher. Nicht das gesuchte Neue, sondern das vertraute Bestehende gerät heute unter Legitimationsdruck.

Es gibt schließlich tausend Gründe, warum wir zugrunde gehen, wenn alles so weitergeht wie bisher: zugrunde gehen in der Explosion der Armut und der Unterdrückung in der Welt; zugrunde gehen in der Explosion der Waffen und der Überrüstung; zugrunde gehen in der Explosion unserer Umwelt. Es gibt tausend einleuchtende Gründe für diesen Untergang, und keiner leuchtet unmittelbar über die Katastrophe hinaus. Politik, die dies im Blick und im Gewissen behält, kann nicht einfach auf Entwicklung, sie muß auf Unterbrechung bedacht sein. Ihre leitende Intention gilt nicht einfach der Wahrung der Verhältnisse, sondern der Wandlung der menschlichen Einstellungen. Gerade wenn die politische Sorge der Verhinderung von Katastrophen gilt, der Abwendung von Unheil im Interesse eines menschenwürdigen Lebens, muß die Politik sich an einer neuen gesellschaftlichen Identitätsbildung der Menschen beteiligen. Hier darf sie, gerade auch als demokratische Politik, nicht zu bescheiden sein wollen!

Nun sind Identitätsfragen gewiß keine Fragen der politischen Alltagspraxis. Immerhin sind sie Fragen einer politischen Kultur, an der sich die alltägliche politische Praxis orientieren kann und muß. Wenn nun aber in der Politik Identitätsfragen durchschlagen, tauchen in ihr auch wieder alte Fragen auf, Fragen, die für die politische Pragmatik einer nachaufklärerischen Zeit längst als überholt und obsolet gelten: Fragen nach der Wahrheitsfähigkeit von Politik, der Wahrheitsorientierung von Gesellschaft, Fragen nach der Religionsfähigkeit, der Gottfähigkeit von politischem Bewußtsein.

Wer solche und ähnliche Fragen aus der Politik strikt ausklammern wollte, wer also solche Sinnansprüche an die Politik ablehnen wollte, der würde die politische Vernunft nicht etwa rationalisieren, sondern sie einer undialektisch verabsolutierten und gerade so pervertierten Aufklärung ausliefern. Er würde die politische Vernunft damit auf einen von jeder Erinnerung und jeder symbolischen Sinnlichkeit abgetrennten Rationalismus festlegen – einen Rationalismus, der die geforderte neue Identitätsbildung nicht befördert, sondern sabotiert und deshalb die Katastrophe befördert. Eine in diesem Sinn rationalistische Politik könnte überhaupt keine identitätsbildende Kraft entwickeln; denn diese Bildung von Identität geschieht nie ohne Vermittlung von Erinnerung und Symbol. Es sei denn, Politik habe ihrerseits schon gegenüber einem Identitätsbild des Menschen resigniert, in dem der einzelne nur noch – technokratisch-rationalistisch – als sanft funktionierende Maschine oder als Spielmaterial für künftige Gentechnologien gilt; oder in der der einzelne nur noch – staatstotalitär – als Saboteur einer kollektivistischen Ordnung angesehen wird.

In einer solchen Umbruchsituation, in der es um Leben und Tod geht, in der die Menschheit offensichtlich durch Politik nicht nur überleben, sondern an ihr auch zugrunde gehen kann, taucht die Möglichkeit einer neuen Konstellation von Religion und Politik auf.

In einer solchen Umbruchsituation, in einer solchen Situation bedrohter Identität geht es nicht nur um eine systemimmanente politische Ethik, es geht nicht nur um „Werte", die eine vorgefaßte politische Identität idealistisch überwölben. Es geht vielmehr um etwas Letztes, Unbedingtes, systemimmanent nicht zu Fassendes: Es geht um Gott, Wahrheit, Liebe. Oder anders ausgedrückt, es geht nicht mehr nur um politische Ethik, sondern um Politische Theologie. Vielleicht darf ich hierzu eine theologiegeschichtliche Parallele anführen. In der Umbruchsituation nach dem Ersten Weltkrieg, in der großen Wirtschafts- und Sozialkrise, sprach Karl Barth davon, daß es an der Zeit sei, „die Glocke zu läuten" und die Religion an ihre Sache, an Gott zu erinnern; daß es also an der Zeit sei, von ihm zu reden und nur von ihm, und dies gerade um der Menschen und ihrer Verhältnisse willen. Barth sagte dies auch kritisch gegenüber dem Zustand der damaligen Theologie, die für ihn in der Gestalt liberaler Theologie zur gesellschaftsimmanenten Ethik geworden war. Wie immer dies im einzelnen zu beurteilen ist, meine ich doch, wir wären heute in einer Situation, in der die Gotteserinnerung zum politischen Schicksal der Menschen geworden ist.

Solange Politik nur verwaltet und nicht bewegt, solange sie nur Ordnungspolitik ist und nicht Veränderungspolititk, solange sie sich im Bannkreis der Zweck-Mittel-Rationalität als „Anwendungswissen" bewährt, nach Zielvorgaben, die bereits außerpolitisch formuliert und gesichert sind: solange stellt sich die Frage nach der Wahrheitsfähigkeit, nach der Gottfähigkeit der Politik kaum. Solange kann Politik im Sinne der uns vertrauten gesellschaftlichen Arbeitsteilungen funktionieren. Wo jedoch Politik, in Situationen des Umbruchs und der bedrohten Identität, mit gesamtgesellschaftlichen Fragen konfrontiert wird, schlägt die Gottesfrage – in welcher Gestalt auch immer – durch, oder vorsichtiger: In solchen Situationen hat sie eine Chance, öffentlich erinnert zu werden. Hier wird die politische Frage zur Kulturfrage, zu einer Frage nach der Menschheitsbestimmung. Die politische Fra-

ge tritt hier aus ihrer Zweck-Mittel-Rationalität heraus und rührt direkt an Zielfragen. Dabei stößt sie auf – Religion, auf die Gottesfrage, auf die Frage nach Wahrheit. Hier wird dann freilich auch die Krise der Religion in unserer Zeit sichtbar. Ist Religion tatsächlich der Ort der Präsenz Gottes, der Präsenz der Wahrheit, der Präsenz der Liebe? Oder ist sie als bürgerliche Religion nicht viel zu sehr zur immanenten Ethik unserer bürgerlichen Gesellschaft geworden und gerade so ein Teil jener Krise, die es zu überwinden gilt? Die geschilderte Umbruchsituation enthält deshalb nicht nur eine Provokation der Politik, sondern gerade auch des herrschenden Zustands der Religion. Nur wenn die Religion sich selbst wieder an Gott erinnert, sich ihm unterstellt, wird es zu dem neuen produktiven Verhältnis von Religion und Politik kommen, nach dem in dieser Umbruchsituation gefragt ist. Nur so wird Religion jene Reserven entbinden können, die der Apotheose der Banalität und des Hasses widerstehen.
Natürlich zielt dieses neue Verhältnis von Religion und Politik nicht etwa auf eine politische Theokratie, es zielt nicht auf Khomeini in Bonn oder Chicago! Es handelt sich bei dieser neuen Konstellation von Religion und Politik nicht um eine verspätete Variante eines unsensiblen, rohen und rechthaberischen Klerikalismus in der Politik. Man kann Gott überhaupt nicht „von oben" in die Politik hineinorganisieren. Die privilegierten Träger der gefährlichen Gotteserinnerung sind deshalb die Bewegungen von unten, von der gesellschaftlichen Basis der Religion.

III.

Anders als die gottvergessene bürgerliche Religion hat die messianische, die Religion, in der Gott selbst an der Macht ist, immer eine politische Prophetie bei sich. Diese politische Prophetie der Religion ist freilich, genau besehen, nicht einfach eine Glücksutopie, sondern, wenn schon, eine Unglücksprophetie. Politische Unglücksprophetie ist sie jedoch nicht, weil die Religion in ihrem Kern zynisch wäre oder pessimistisch, sondern weil das in der Religion gesuchte und verheißene Glück, weil Gott eben nicht durch Politik hergestellt, sondern in der Politik nur vermißt werden kann. In diesem „Vermissen" wurzelt übrigens die Gottfähigkeit der Politik bzw. ihre Empfänglichkeit für die politische Prophetie der Religion.
Der Prophet als politischer Prophet spricht mit dem Rücken zum Paradies, er schaut nicht ins Glück, sondern ins Unglück, woran Walter Benjamin ausdrücklich erinnert hat. Am deutlichsten kann man die Struktur dieser politischen Prophetie der Religion an den prophetischen Traditionen der Bibel ablesen. Diese Prophetien zielen nicht primär (!) auf Verwirklichung des Glücks, sondern auf Eindämmung des Unglücks. Sie sind also keine Entwicklungs-, sondern Unterbrechungsprophetien, keine Fortschritts-, sondern Umkehrprophetien. Unterbrechung, Widerstand und Umkehr sind für sie jedoch nicht Kategorien der Destruktion und der Flucht, sondern

Kategorien der Rettung. Diese Prophetien verfahren nicht nach dem Muster: „Wenn ihr das und das tut, werdet ihr den Himmel auf Erden haben“, sondern: „Wenn ihr das und das nicht tut, werdet ihr in die Hölle fahren.“ Die politische Prophetie der Religion hat nicht eigentlich Verheißungscharakter, sondern Ultimatumscharakter. Nun kennt unsere säkulare Politik eine solche Unterbrechungsprophetie nicht. Säkulare Politik ist fraglos und ausnahmslos entwicklungsorientiert. Der sie durchprägende Mythos heißt Kontinuität. In ihn ist säkulare Politik auch dort eingeschlossen, wo sie sich ausdrücklich als revolutionäre Politik versteht. Karl Marx sagte: „Die Revolutionen sind die Lokomotive der Weltgeschichte.“ Ist deshalb die politische Unglücksprophetie, die Unterbrechungs- und Umkehrprophetie der Religion eine strikt antirevolutionäre Prophetie? Das ist keineswegs gesagt. Wie etwa, wenn Walter Benjamin mit seiner Vermutung gegen die Marxsche Definition von Revolutionen als Lokomotive der Weltgeschichte recht hätte? „Vielleicht ist dem ganz anders“, mutmaßt Walter Benjamin, „vielleicht sind die Revolutionen der Griff des in diesem Zuge reisenden Menschengeschlechts nach der Notbremse.“ Ein solches Revolutionsverständnis läßt sich durchaus auf die politische Prophetie der Religion beziehen, läßt sie in Korrespondenz bringen mit der politischen Prophetie der Religion: Revolution nicht als dramatisch beschleunigter Fortschritt, nicht als gewalttätig angeschärfte Evolution, Revolution vielmehr als Widerstand dagegen, „daß es so weitergeht“, Revolution also als – Unterbrechung.

Ich habe diese Art von Revolution schon des öfteren mit dem Namen „anthropologische Revolution“[2] gekennzeichnet und zu beschreiben versucht. Diese „anthropologische Revolution“ hat einen biblisch-messianischen Namen; er lautet: Umkehr, genauer Umkehr der Herzen. Diese „Umkehr der Herzen“ ist eigentlich die radikalste und anspruchsvollste Form der Umwendung und des Umsturzes, und dies schon deswegen, weil die reine Umkehr der Verhältnisse nie all das ändert, was geändert werden müßte. Gerade darum aber ist diese Umkehr der Herzen kein unsichtbarer, oder wie man gern sagt, rein innerlicher Vorgang. Die Umkehr der Herzen betrifft nicht nur den Wandel der Gesinnung, weil der reine Wandel der Gesinnung auch die Gesinnung nicht wandelt. Diese Umkehr geht vielmehr, wenn wir den Zeugnissen der Evangelien trauen, wie ein Ruck durch die Menschen, greift tief ein in ihre Beziehungswelt, in ihre Lebensorientierung, in ihre etablierte Bedürfniswelt und so allemal in die bestehenden Verhältnisse; sie verletzt und unterbricht die vorgefaßten Interessen und zielt auf eine Revision der vertrauten Praxis. Um dies alles hervorzuheben und nicht aus den Augen zu verlieren, habe ich die biblisch-messianische „Umkehr“ mit dem Wort „anthropologische Revolution“ gekennzeichnet, mit einem Wort übrigens, das ohne seinen Kontext gewiß nicht unmißverständlich ist.[1]

[1] Vgl. Dazu J.B. Metz, Brot des Überlebens. Das Abendmahl der Christen als Vorzeichen einer anthropologischen Revolution, in: ders., Jenseits bürgerlicher Religion, aaO. 94–110.

§ 6 Von einer transzendentalen zu einer politischen Mystik des Christentums

(1982)

Gekürzte deutsche Version meines ersten Vortrags zur National Sisters Vocation Conference in Cleveland (Ohio), März 1982; in den USA unter dem Titel *Personal Journey from Transcendental Theology to Political Mysticism* verbreitet. Die Hauptadressatinnen dieses Vortrags – US-Ordensschwestern – bedingten den spezifischen Einstieg.

Zwischen meinen beiden kleinen Büchern *Armut im Geiste*[1] und *Zeit der Orden? Zur Mystik und Politik der Nachfolge*[2] klafft ein Bruch. In diesem Bruch drückt sich mein Weg von einer transzendentalen zu einer Politischen Theologie aus. Dieser Weg ist durch innertheologische Auseinandersetzungen gekennzeichnet, die sehr früh (etwa seit 1965) begannen und die sich vor allem in meinem Buch *Glaube in Geschichte und Gesellschaft*[3] spiegeln. Er ist gekennzeichnet durch einen Wechsel in der philosophischen Hintergrundszene: vom transzendentalen Kant und von Heidegger zum Kant des Primats der praktischen Vernunft, zu Marx, zu Bloch und Benjamin, zur Frankfurter Schule und darin und darüber hinaus zum jüdischen Denken und zur messianischen Weisheit des Judentums. Theologisch wurden mir Namen wie Kierkegaard und Bonhoeffer wichtig, ohne daß ich mich je vom Geist und der Inspiration dessen entfernen wollte, gegen den ich mich nun kritisch wandte und dem ich doch das Beste verdanke: Karl Rahner. Ich bin fest davon überzeugt, daß ich seiner theologischen Inspiration angesichts einer neuen Situation, angesichts einer neuen Erfahrung nur unter neuen Voraussetzungen und neuen Perspektiven treu bleiben konnte.

Welches war nun diese neue Situation, diese neue Erfahrung, die den Wandel und den Bruch, den Weg von einer transzendentalen zu einer Politischen Theologie und Mystik des Christentums veranlaßte und rechtfertigte? Heute glaube ich, eine Antwort darauf geben zu können, obwohl es lange dauerte, bis sie mir selbst deutlich wurde. Ich wurde mir dessen bewußt, daß Christ sein für mich hieß: Christ sein im Angesicht von Auschwitz, im Angesicht des Holocaust; und daß Theologietreiben für mich bedeutete: Theologietreiben im Angesicht von Auschwitz, im Angesicht des Holocaust (und das gilt zwar in ganz besonderer Weise für die Christen und Theologen in Deutschland, aber doch nicht exklusiv für sie; denn der Holocaust ist nicht

[1] Erstmals München 1962.
[2] Erstmals Freiburg i.Br. 1977.
[3] Erstmals Mainz 1977.

nur eine deutsche, er ist – genau gesehen – eine christliche Katastrophe.). Ich begann mich zu fragen: Was ist das für eine Theologie, die man mit dem Rücken zu Auschwitz treiben kann – vor der sich abzeichnenden Katastrophe, während der Katastrophe, nach der Katastrophe von Auschwitz? Ich hatte das Glück, den in meinen Augen besten Theologen der Nachkriegszeit als meinen Lehrer zu haben, nämlich Karl Rahner. Aber auch bei ihm kam Auschwitz, kam der Holocaust nicht vor! Hier wurzeln meine kritischen Fragen, hier liegt wohl eigentlich mein Abschied von der transzendentalen Theologie begründet. Es gibt für mich keine Wahrheit, die man mit dem Rücken zu Auschwitz verteidigen könnte. Es gibt für mich keinen „Sinn", den man mit dem Rücken zu Auschwitz retten könnte. Es gibt für mich keinen Gott, den man mit dem Rücken zu Auschwitz anbeten könnte. Und es gibt für mich keinen Jesus, dem man mit dem Rücken zu Auschwitz nachfolgen könnte. Und es gibt für mich keine Spiritualität, die mit dem Rücken zu Auschwitz „christusförmig" bleiben könnte; sie wäre allenfalls spiritueller Narzißmus, der sich nicht auf den Geist Jesu berufen kann, auf jenen Geist, der uns nicht vor der Gefahr, sondern in der Gefahr retten will.

So versuchte ich, von nun an keine Theologie mehr zu treiben mit dem Rükken zu den unsichtbaren oder gewaltsam unsichtbar gemachten Leiden in der Welt: weder mit dem Rücken zum Holocaust noch mit dem Rücken zu den sprachlosen Leiden der Armen und Unterdrückten in der Welt (und quer durch unsere Kirche). Das war einer der persönlichen Antriebe zur Ausbildung einer Politischen Theologie, der Übergang von einer transzendentalen zu einer politischen Mystik des Christentums. In ihrem Lichte müßte auch die „Armut im Geiste" neu verstanden und neu formuliert werden.

Entgegen vielen Vorurteilen haben mich gerade diese Politische Theologie und diese politische Mystik gelehrt, endlich auch „Ich" zu sagen in der Theologie, mich nicht mehr an Systembegriffen, sondern an Subjektbegriffen zu orientieren und den hohen Apathiegehalt der christlichen Theologie, ihre mangelnde Sensibilität für geschichtliche Katastrophen zu durchschauen. Das „System" ist für mich nicht mehr der Ort der theologischen Wahrheit, zumindest nicht mehr seit der Katastrophe von Auschwitz, die niemand ohne Zynismus ignorieren oder in einem objektiven Sinnsystem verschwinden lassen darf. So versuche ich als Christ, als Theologe „Ich" zu sagen – vor den zerstörten Antlitzen von Auschwitz und angesichts jener armen und unterdrückten Menschen heute, die – gerade auch als Christen – leben müssen, als wären sie „keines Menschen Sohn". Gerade als politisch sensible Theologie bekommt die Theologie biographische Züge. Indem sie sich an Subjekten, an Antlitzen orientiert, Theologie treibt im Angesichte von ..., hat sie konstitutionell auch erzählende und erinnernde Züge. Das macht sie nicht etwa subjektivistisch, das dient nicht der Stilisierung der theologischen Individualität, sondern der Sensibilisierung für die konkrete Verantwortung, unter der die umstrittene Rede von Gott steht. Dieses Ich-Sagen ist theologisch unbedingt zu lernen, gegenüber den Opfern von Auschwitz, gegenüber den von Leid und Unterdrückung entstellten Antlitzen der armen Völker dieser Erde. Und die sogenannte Theodizeefrage, die Frage des Glaubens im Angesicht der Leiden, stellt sich hier nicht in einer existentialistischen Version, sondern in einer politischen Version. Sie setzt nicht an mit der Frage: Was ist mit *mir* im Leid, was ist mit *mir* im Tod?, sondern mit der Frage: Was ist mit *dir* im Leid, was ist mit *dir* im Tod? Sie setzt also an mit der Frage nach der Rettung der ungerecht Leidenden, der Opfer und der Besiegten unserer Geschichte. Wie könnte man auch nach Auschwitz ohne diese Perspektive nach der eigenen Rettung fragen?

Als ich mir meiner Post-Holocaust-Situation theologisch bewußt wurde, habe ich mich auch gefragt, welcher Glaube uns denn während der Nazizeit mit dem Rücken zu Auschwitz ungerührt weiterglauben und weiterbeten ließ. War das nicht ein rein geglaubter Glaube, ein Überglaube zu unserer bürgerlichen Identität, also ein Glaube als bürgerliche Religion? War das nicht ein Glaube, der nicht nachfolgt, sondern an die Nachfolge glaubt und unter dem Deckmantel der geglaubten Nachfolge die eigenen Wege geht? War es nicht ein Glaube, der nicht mitleidet, sondern an das Mitleiden glaubt und unter dem Deckmantel des geglaubten Mitleidens jene Apathie kultiviert, die uns Christen mit dem Rücken zu Auschwitz weiterglauben, weiterbeten ließ? – Hier liegt ein entscheidender Grund für meine Kritik am Christentum als bürgerlicher Religion. Meine kritische Verwandlung des Begriffes „bürgerliche Religion" hat also nicht primär eine soziologische, sondern durchaus eine theologische Basis! Inzwischen versuchte ich diese Kritik auszuweiten auf unser christliches Verhalten angesichts der Leidenskatastrophe in den armen Ländern dieser Erde. Auch diese Frage hat nicht etwa nur mit „rein sozialen" Problemen zu tun, nicht nur mit „christlicher Diakonie"; sie trifft vielmehr ins Zentrum christlicher Identität!

Mir war immer deutlicher geworden: Die Krise des Christentums heute ist nicht primär eine Krise seiner Lehre, sondern eine Krise seiner Subjekte und ihrer Praxis. Dadurch wird die Krise nicht einfach verharmlost zu einer „nur" praktischen Krise. Denn die christliche Praxis berührt den Wahrheitskern des Christentums selbst; sie selbst hat intelligiblen Rang. Ohne sie bleibt der Zugang zur Wahrheit des Christentums verstellt. Die Wahrheiten des Christentums können ja nie so gedacht werden, daß sie nur gedacht sind. Die Lehrinhalte des Christentums sind praktische Inhalte. Der christliche Gottesgedanke ist ein in sich selbst praktischer Gedanke; er verletzt immer die Interessen dessen, der ihn „nur" zu denken sucht. Die biblischen Geschichten des Aufbruchs, der Umkehr und der Befreiung: Sie gehören zur „Definition" Gottes, sie gehören zum „Begriff" Gottes. Dieser Begriff Gottes ist nichts anderes als das Stenogramm eines unerschöpflichen Vorrats von Erinnerungen an eine Geschichte, in der sich Gott selbst zugänglich gemacht hat. Auch die Christologie ist kein Systemwissen, sondern ein praktisches Wissen. In ihrem Kern steht keine Idee, sondern eine Geschichte,

keine unterhaltsame Geschichte zwar, sondern eine gefährliche Geschichte, die nicht nur zum Nachdenken, sondern vor allem zum Nachgehen anleitet und die nur im Wagnis dieses Nachgehens ihre rettende Kraft offenbart.
Nicht nur zwischen dem Alten Testament und dem Neuen Testament gibt es unterschiedliche „Glaubensweisen", wie Martin Buber konstatiert. Es gibt sie auch innerhalb des Neuen Testaments selbst. Hier lassen sich z.B. die synoptische und die paulinische Glaubensweise unterscheiden, ohne daß ich das hier im einzelnen ausführen könnte. In unserem Zusammenhang scheint mir vor allem dies wichtig: Während der paulinische Typ mehr die lehrhaften Züge betont, wird beim synoptischen Typ die Praxis der Nachfolge ein Synonym für Glauben überhaupt. Glaube ist hier – Nachfolge, Nachfolge des armen, des leidenden und gehorsamen Jesus. In dieser Nachfolge leben heißt: mit den Menschen immer umgehen „etsi Deus daretur"; das heißt: für sie und mit ihnen so handeln, daß in dieser Praxis die Anerkennung Gottes mitgesetzt ist. Wer aber in seiner Praxis die Anerkennung Gottes mitsetzt, der handelt mit einem unbedingten Willen zur Gerechtigkeit für die ungerecht Leidenden, und er findet sich nicht mit dem bequemen Dualismus zwischen irdischer Gerechtigkeit und göttlicher Rechtfertigung ab; der handelt mit einer Entschlossenheit der Liebe, die sich nicht im Namen politischer Vernunft und zweckrationaler Humanität schont und die deshalb ins Leiden führt, in ein Leiden um der Anerkennung Gottes willen, in ein Leiden an Gott. Dieses Leiden ist in seinem Kern durchaus politisch. Die Mystik der Nachfolge ist eine politische Mystik des Widerstands gegen eine Welt, in der Menschen behandelt und mißhandelt werden „etsi Deus non daretur". Im Lichte solcher Auffassungen habe ich mein kleines Buch *Zeit der Orden?* geschrieben.
Hätte ich hier das Erbarmen Gottes und die Gnade vergessen? Ich glaube nicht, denn auch die göttliche Gnade hat ihren Preis, sie ist teure Gnade, wenn sie am Ende nicht zur Ausrede werden soll, zur billigen Gnade (wie Bonhoeffer sie genannt hat), zu jener Gnade also, die wir mit uns selbst haben. Aber etwas anderes war mir hier noch nicht deutlich genug im Blick: nämlich das kirchliche Subjekt dieser politischen Mystik des Christentums. Davon möchte ich deshalb jetzt sprechen.

II.

Wer also sind die kirchlichen Träger dieser politischen Mystik der Nachfolge? Lange Zeit hatte ich diese Frage zu wenig beachtet. Ich habe einfach von „der Kirche" gesprochen. Und ich habe dabei die Kirche angesprochen als Institution der „gesellschaftskritischen Freiheit des Glaubens" (z.B. in *Theologie der Welt*[4], als „öffentliche Tradentin einer gefährlichen Erinnerung" usw. Das alles waren „schöne" Definitionen, schön – und folgenlos; sie konnten wohlwollend vereinnahmt werden. So sah ich mich immer mehr umgeben von der Gefahr eines rein ästhetischen Radikalismus. Der scheint mir übrigens eine konstitutionelle Gefahr zu sein für die Situation des Berufstheologen, speziell des deutschen Theologieprofessors, der einerseits in der vorgegebenen gesellschaftlichen Arbeitsteilung lebt und arbeitet (unter privilegierten Produktionsbedingungen), und der andererseits doch von der Nachfolge eines Gekreuzigten zu reden hat. Professores Crucifixi, so hat Kierkegaard ironisch bemerkt und die Theologieprofessoren seiner Tage in ein geradezu gegensätzliches Verhältnis zur Nachfolge gebracht; sie seien, so meinte er, Exponenten einer Christenheit, die ohnehin erst auftrat, nachdem das Christentum der Nachfolge bereits abgeschafft bzw. in einer rein bürgerlichen Religion verschwunden war. Der Stachel dieser Objektion sitzt tief. Wie kann ich, in meiner Situation, überhaupt solidarisches Subjekt der Nachfolge, Träger ihrer politischen Mystik sein?

Jedenfalls versuchte ich in den letzten Jahren, die Frage nach den kirchlichen Subjekten der politischen Mystik der Nachfolge differenzierter zu sehen und auch meine theologische Praxis danach zu orientieren. So habe ich zunächst mitgearbeitet im Rahmen der „Gemeinsamen Synode der Bistümer in der Bundesrepublik Deutschland". Ich habe als Hauptautor das Grundlagendokument *Unsere Hoffnung. Ein Bekenntnis zum Glauben in dieser Zeit*[5] entworfen und formuliert (mit dem Versuch, das Credo der Christen immer auch unter dem Anspruch der Nachfolge zu sehen; mit einem Abschnitt über das Verhältnis zu den Juden angesichts der Katastrophe von Auschwitz und einem Abschnitt über die „Tischgemeinschaft mit den armen Kirchen"). Rückblickend bin ich mir nicht mehr so sicher, ob eine solche Synode der privilegierte Ort für die Erneuerung des kirchlichen Lebens bei uns sein kann.

Ich suchte mir dann mehr Klarheit über die politische Mystik der Nachfolge und ihrer Träger dadurch zu verschaffen, daß ich mich an unsere Orden wandte, vor allem an die großen klassischen Orden, in vielen Gesprächen und Diskussionen, im Anschluß an das Buch *Zeit der Orden? Zur Mystik und Politik der Nachfolge.* Hier, meinte ich, wäre das, was im Synodentext über die Nachfolge gesagt ist, „auf die Füße gestellt", denn bei meiner Anfrage an die Orden ging es mir nicht einfach um die Ordenskirche in sich selbst, sondern um die Orden als Innovation und produktives Vorbild, als Korrektiv und charismatischen Schock für die Erneuerung christlicher und kirchlicher Identität überhaupt.

Schon im Vorwort zu diesem Ordensbuch hatte ich auf jene hingewiesen, „die neue Wege der Nachfolge suchen und das Experiment radikalen Lebens wagen, ohne unbedingt in (traditionellen) kirchlichen Institutionen beheimatet zu sein". Gemeint waren vor allem die Aufbrüche zu einer my-

[4] Erstmals Mainz 1968.

[5] Unsere Hoffnung. Ein Bekenntnis zum Glauben in dieser Zeit. Ein Beschluß der gemeinsamen Synode der Bistümer in der Bundesrepublik Deutschland.

stisch-politischen Basiskirche, wie sie sich in erster Linie in den armen Kirchen dieser Erde abzeichnen und inzwischen auch stabilisieren. Sie sind in meinen Augen zu den providentiellen kirchlichen Trägern einer politischen Mystik des Christentums geworden. Gewiß, dieser Typ christlicher und kirchlicher Identität läßt sich nicht einfach auf unsere kirchliche Situation (in der sog. Ersten Welt) übertragen. Aber wir wären doch schlecht beraten, wenn wir ihn bloß als Ausdruck eines Nachholprozesses der Kirche in sog. unterentwickelten Ländern verstehen würden und nicht als Anzeichen eines messianischen Aufbruchs, der sich in der gesamten Kirche durchsetzen will – und durchsetzen muß. Davon habe ich vor allem in dem Buch *Jenseits bürgerlicher Religion*[6] gesprochen. Hier ist von drei Kirchenbildern die Rede: von der traditionellen Volkskirche, von der Bürgerkirche und von der Basiskirche. Die mystisch-politisch verfaßte Basiskirche ist angesprochen und beschrieben als der bevorzugte Träger einer nachbürgerlichen Religion, einer messianischen Religion, als privilegiertes Subjekt einer sog. anthropologischen Revolution in unserer Ersten Welt und einer zweiten Reformation im Christentum, kurzum als der geschichtlich hervortretende Träger der politischen Mystik im Christentum. Und es sind gewiß nicht nur theologische Postulate, sondern Erfahrungen und Kontakte mit diesen armen Kirchen, die mich so sprechen lassen. Neben dem Bewußtwerden der Katastrophe von Auschwitz prägen diese Erfahrungen und diese Kontakte das Pathos meiner Theologie und die Perspektiven, unter denen ich über Gegenwart und Zukunft der Kirche zu sprechen suche.

Ich möchte das nun etwas näher zu entfalten suchen – und zwar im Blick auf den Zusammenhang zwischen Ordenskirche und Basiskirche als Träger einer politischen Mystik der Nachfolge. In weiten Passagen meines Ordensbuches hatte ich die innere Nähe zwischen dem Ordensleben und dem Nachfolgechristentum in den Basisgemeinden bereits angesprochen. Bekanntlich war im Mittelalter die *vita apostolica*, die radikale Form der Nachfolge, das zentrale Motiv einer kirchlichen und gesellschaftlichen Erneuerung, wie sie von den Orden getragen wurde. Die Reformation hat die Radikalität der Nachfolge für jeden einzelnen Christenmenschen eingeklagt und die „Arbeitsteilung" zwischen Ordenschristen und Alltagschristen abgeschafft. Freilich wurde der Anspruch der Nachfolge im Laufe der Zeit temperiert und relativiert, das Christentum der Nachfolge geriet immer mehr zum bürgerlichen Christentum (Kierkegaard würde sagen, es wurde immer mehr vom „Christentum" zur „Christenheit"), jetzt freilich ohne die anklagende Instanz der Orden.

Mir scheint, daß es heute darum geht, ein zweites Mal vom Baum der reformatorischen Erkenntnis zu essen, also eine zweite Reformation zu wagen, in der die Nachfolge erneut zur Sache aller Christen werden soll. Und dies

[6] Erstmals München/Mainz 1980.

nicht etwa „von oben“ verordnet, sondern „von unten“ her, von der gesellschaftlichen Basis der Kirche her, und nicht gegen die Orden, sondern mit ihnen. Die politische Mystik muß von einer elitären Ordensmystik zu einer vulgären Basismystik werden und sich so in der Kirche neu einwurzeln. Dies ist übrigens kein abstraktes Postulat, nicht einmal eine bloße Tendenzangabe, sondern im Blick auf die Ansätze einer mystisch-politischen Basiskirche in den armen Ländern bereits eine erste Zustandsbeschreibung.
Freilich, alles steht am Anfang, die Gefahren sind nicht gering; der Prozeß wird zäh und langwierig sein. Zumindest in einigen Kirchen der Dritten Welt halte ich ihn für eingewurzelt und unumkehrbar – gerade auch deswegen, weil sich hier die Basiskirche im produktiven Einverständnis mit Bischöfen bildet, die ihrerseits in dieser Entwicklung nicht ein Attentat auf ihre kirchliche Autorität sehen, sondern eine Chance für die kirchliche Mystik der Nachfolge.
Nahezu überall, wo diese Basiskirche sich bisher gebildet hat, erwiesen sich die Mitglieder der Ordenskirche als Geburtshelfer. In Zentralamerika wäre diese Form kirchlichen Lebens, diese Bildung christlicher Identität aus dem Geist der Nachfolge, undenkbar ohne die Innovation oder doch ohne die Unterstützung und Förderung durch Mitglieder der Orden. Das gilt bekanntlich auch für andere Länder der Dritten Welt. So möchte ich eigentlich durch meine Überlegungen nur etwas verstärken und theologisch unterstreichen, was es schon gibt: die Sendung der Ordenskirche für die Einwurzelung einer Basiskirche, die das populare Subjekt einer politischen Mystik der Nachfolge darstellt.
Dies ist natürlich nicht nur Aufgabe für die Kirche in den armen Ländern. Sie gilt auch für die Kirche bei uns, für die Kirche in der sog. Ersten Welt. Eine Basiskirche der Befreiung in den armen Kirchen wird es da auf Dauer nur geben, wenn es bei uns zu einer Basiskirche der messianischen Umkehr kommt. Sie ist besonders schwer zu verwirklichen. Denn diese Umkehr darf ja nicht nur als reiner Gesinnungswandel verstanden werden, weil die bloße Wandlung der Gesinnung auch die Gesinnung nicht wandeln würde. Diese Umkehr greift vielmehr in unsere gesellschaftliche Identität ein. Damit aber verletzt sie die heimlichen Mythen unserer hochkomplexen modernen Welt, der wir auch längst unsere christliche Identität unterworfen haben: den Mythos der Machbarkeit, den Mythos des sog. Äquivalententausches, also des „do ut des“, der schließlich alle jene Tugenden ruiniert, für die man nichts bekommt, wie das Opfer und den Dank, den Trost und die Trauer; den Mythos von der Schicksalslosigkeit unserer Zeit, d.h. den Mythos von der Zeit als unendlichen, leeren und überraschungsfreien Kontinuums, in dem wir ungebrochen unsere „Fortschritte“ projizieren; den Mythos schließlich, der unsere westliche Entwicklungslogik prägt, derzufolge wir uns als die Spitze der menschlichen Gattungsgeschichte, als die Spitze der gesellschaftlichen Evolution betrachten, dergegenüber andere Typen der Kultur und andere Muster der Identität als mehr oder minder unterentwickelt gel-

ten usw. Eine Basiskirche, in der Menschen ihre Identität aus der politischen Mystik der Nachfolge bilden und deshalb diese Mythen zwangsläufig antasten müssen, wird es extrem schwer haben. Um so mehr bedarf es des Beistands, vor allem der Ordenskirche.
Es kommt noch eine Schwierigkeit ganz anderer Art hinzu, auf die ich hier besonders aufmerksam machen möchte. Es scheint, als ob Rom diese Tätigkeit der Ordenskirche als Geburtshelferin und Katalysator einer künftigen Basiskirche gar nicht gern sieht. Ich gestehe, daß ich unfähig bin, den Unterscheidungen des Papstes zwischen der mystischen und politischen Aufgabe der Ordensleute in den ärmsten und gepeinigsten Kirchen dieser Erde zu folgen. Läuft eine solche Unterscheidung am Ende nicht auf die Empfehlung eines Dualismus hinaus, der sich zwangsläufig zum heimlichen Komplizen der schlimmsten Zustände macht und deshalb alles andere als politisch unschuldig ist? Soll hier ein kirchlicher Aufbruch unterbunden werden, der doch für die gesamte Kirche ein produktives Vorbild für das sein könnte, was ich vorhin die politische Mystik des Widerstands genannt habe? Soll hier ein Kirchenbild verdunkelt oder gar ausgelöscht werden, das inzwischen vielen Christen zur Quelle der Ermutigung geworden ist und aus dem sich viele Kraft und Hoffnung borgen? Karl Rahner hat mir vor einiger Zeit gesagt: „Wenn ich sehe, was meine Mitbrüder in Zentralamerika und auf den Philippinen leiden und tun, dann bin ich stolz, ein Jesuit zu sein."

§ 7 Unterwegs zu einer nachidealistischen Theologie

(1985)

Erschienen in J.B. Bauer (Hg.), Entwürfe der Theologie, Graz 1985, 209–233 (hier ohne den Schlußabschnitt III). Zusätzliche Gesichtspunkte aus: *Political Theology: A New Paradigm of Theology?*, in: L.S. Rouner (Hg.), Civil Religion and Political Theology (= Boston University Studies in Philosophy and Religion 8), Notre Dame 1986, 141–153.
Zu den im Text angesprochenen drei Herausforderungen vgl. u.a. (a) zur marxistischen Herausforderung: *Politische Theologie und die Herausforderung des Marxismus. Ein Gespräch von Peter Rottländer mit Johann Baptist Metz,* in P. Rottländer (Hg.): Theologie der Befreiung und Marxismus, Münster 1986, 175–186 und *Nochmals: Die marxistische Herausforderung. Zu einem Problemansatz politischer Theologie,* in: Gottes Zukunft – Zukunft der Welt (= FS Jürgen Moltmann), München 1986, 414–422; (b) zur Herausforderung durch Auschwitz vgl. jetzt (zusamenfassend): *Auschwitz,* in: LThK^3 I, 1259–1261(mit zusätzlichen Literaturangaben) und in diesem Band den einschlägigen Beitrag in § 8,5; (c) zur Herausforderung durch die sog. „Dritte Welt" und zur Befreiungstheologie als „nachidealistischer Theologie" vgl. *Thesen zum theologischen Ort der Befreiungstheologie,* in: J.B. Metz (Hg.), *Die Theologie der Befreiung: Hoffnung oder Gefahr für die Kirche?,* Düsseldorf 1986, 147–157 und J.B. Metz/P. Rottländer (Hg.), *Lateinamerika und Europa,* München/Mainz 1988, und in diesem Band die einschlägigen Beiträge unter § 8,1 und 8,2.

Wie immer man ansetzt, es klingt allemal etwas prätentiös, wenn man über den „eigenen" Entwurf der Theologie Auskunft geben soll. Theo-logie, die nicht sich selbst und nicht andere betrügen will, ist immer noch und immer wieder der Versuch der Gottrede – wie umstritten, wie gefährdet und wie mißlungen auch immer. Nun kann man mit dem Versuch der Gottrede einsetzen und dann dabei den theologischen Entwurf präsentieren; man kann aber auch zunächst den theologischen Entwurf skizzieren, um dann in ihm die Gottrede zu entfalten. Ich habe, nach langem Zögern, die zweite Möglichkeit gewählt, weil sie ganz einfach „leichter" und der vergleichenden Orientierung wohl auch dienlicher ist. Dabei benütze ich für das Wort „Entwurf" abwechselnd auch den inzwischen – über die wissenschaftstheoretische Diskussion hinaus – geläufig gewordenen Begriff des „Paradigmas", weil er mir zur Kennzeichnung des Ursprungs und der Einheit eines solchen Entwurfs geeignet erscheint und weil er in Verbindung mit „Paradigmenwechsel" auch den Wandel in den theologischen Ansätzen gut kennzeichnet.[1]

[1] Bekanntlich wurde dieses Begriffspaar – Paradigma, Paradigmenwechsel – durch Thomas Kuhn (Die Struktur wissenschaftlicher Revolutionen, Frankfurt a.M. 1967) in die wissenschaftstheoretische Diskussion eingeführt. Ich verwende es indessen nur in jener allgemeineren Bedeutung, in der es sich inzwischen auch im sogenannten geisteswissenschaftlichen Sprachgebrauch eingebürgert hat. In der spezifischen Bedeutung, die das Begriffspaar bei Kuhn hat, ist es auf Theologie und theologische Prozesse nicht anwendbar.

I.

Ich sehe im Rahmen der katholischen Kirche vor allem drei miteinander konkurrierende Entwürfe der Theologie am Werk. Diese Aussage geschieht ohne Ehrgeiz auf Vollständigkeit, aber doch mit dem Anspruch auf eine gewisse idealtypische Repräsentanz. Ich spreche von einem neuscholastischen Paradigma, einem transzendental-idealistischen Paradigma und einem nachidealistischen Paradigma. Ich kennzeichne das dritte Paradigma vorsichtig mit „nachidealistisch", weil es sich erst zu entfalten beginnt – einmal in den Versuchen der neuen Politischen Theologie und dann, wenn ich recht sehe, in der Befreiungstheologie. Mein eigener theologischer Entwurf versteht sich als ein Beitrag zur Entfaltung dieses nachidealistischen Paradigmas der Theologie.

Die Unterscheidung zwischen den drei (idealtypischen) Entwürfen ist für mich inklusiv gemeint, d.h., alle drei sind theologiefähig in einem katholischen Sinn. Sie spiegeln die Komplexität und die Spannungen gegenwärtiger kirchlicher Wirklichkeit. Natürlicherweise schließt die Option für das eine Paradigma eine theologische Kritik an den beiden anderen Paradigmen ein.

Das *neuscholastische Paradigma* ist, im Blick auf die Gesamtkirche, durchaus noch vorherrschend. Ja, angesichts neuerer Entwicklungen in der Kirche, in denen sich in meinen Augen die neokonservativen gesellschaftlichen Tendenzen spiegeln und auf ihre Art befestigen, wird man sogar von einem „Spätsommer" dieses Paradigmas reden müssen. Ohne die tatsächlichen Verdienste der Neuscholastik im 19. und im beginnenden 20. Jahrhundert schmälern zu wollen, darf man dieses Paradigma doch kennzeichnen als eine vor allem defensiv-traditionalistische, als eine nicht-produktive Auseinandersetzung mit den Herausforderungen der sogenannten Moderne.[2] Verräterisch genug lautet das Hauptwerk der Neuscholastik aus dem letzten Jahrhundert „Theologie der Vorzeit". Die hier sich abzeichnende Fixierung der Theologie auf die (scholastische) Vorzeit entspricht übrigens auch einem Prozeß der geistigen und gesellschaftlichen Absonderung des Katholizismus. Katholiken schlossen sich zu einem festen, nicht zuletzt politischen corpus catholicum zusammen – einer eher schwächlichen Imitation des großen corpus christianum des Mittelalters. Kulturkämpfe im gesellschaftlich-politischen Bereich und Kontroverstheologie im konfessionellen Bereich signalisierten die strikt defensive Verarbeitung der Herausforderung durch die Moderne. Kirchliche Orthodoxie wirkte eher rigoros als radikal; ein rein defensiver Tutiorismus begann die kirchliche Pastoral zu beherrschen.

[2] Die hier mit „Moderne" gekennzeichnete Epoche beginnt nicht mit den religiös-profanen Zäsuren im 16. Jahrhundert – im Sinn der klassischen Unterscheidung von Altertum, Mittelalter, Neuzeit –, sondern mit den Prozessen der Aufklärung, die den Bereich des politisch-sozialen und des wissenschaftlichen Lebens folgenreich verändert haben.

Das *transzendental-idealistische Paradigma* verdankt sich dem wohl einschneidendsten und einflußreichsten Paradigmenwechsel in der katholischen Theologie der Gegenwart. Es ist gekennzeichnet durch den Versuch, die klassischen Traditionen der Väter und der Scholastik gerade in einer offensiv-produktiven Auseinandersetzung mit den Herausforderungen der europäischen Moderne zu beerben: Entdeckung der Subjektivität als Krise der klassischen Metaphysik; kritisch-produktive Konfrontation mit Kant, deutschem Idealismus und Existentialismus einerseits, den sozialen Prozessen der Säkularisierung und der wissenschaftlichen Zivilisation andererseits. Soweit sich die Entfaltung dieses Paradigmas vor allem Karl Rahner verdankt, erfüllt es in meinen Augen alle jene Kriterien, die man an ein neues Paradigma der Theologie stellen muß.[3] Sein kirchliches und soziales Äquivalent hat dieses transzendental-idealistische Paradigma in neuen Formen des christlichen und kirchlichen Lebens gefunden, die sich – gesamtkirchlich gesehen – nicht zu Unrecht auf die Impulse des Zweiten Vatikanischen Konzils beziehen.
Inzwischen freilich ist die Theologie mit neuen Krisen konfrontiert, deren Wahrnehmung und kritisch-produktive Bearbeitung über das transzendental-idealistische Paradigma hinausweisen. Ich spreche hier noch etwas ratlos von einem *nachidealistischen Paradigma*.[4] Zunächst will ich die neuen Krisen benennen und dann zu zeigen versuchen, warum und in welchem Sinn die hier geforderte Theologie, die diese Krisen in rettender Absicht bearbeitet,[5] eine *Politische Theologie* ist bzw. eine solche genannt werden kann – auch wenn dieses Wort nicht unmißverständlich ist und deshalb durch andere Konnotationen erläutert werden muß. Vielleicht gewinnt dieses Paradigma

[3] In extremer Kürze seien hier die Kriterien genannt, die in meinen Augen für ein neues Paradigma der Theologie ausschlaggebend sind:
– die Fähigkeit zur Wahrnehmung von Krisen und zur nichttraditionalistischen Rettung von Traditionen im Angesicht dieser Krisen;
– die Fähigkeit zur Konzentration, und zwar sowohl als nicht-regressive Reduktion von Überkomplexität und Überspezialisierung, in denen die Krisen der Theologie „arbeitsteilig" verdrängt bzw. verdeckt werden, wie auch als nicht-triviale Reduktion von Lehre auf Leben, von Doxographie auf Biographie, weil der Logos der Theologie immer auf eine Wissensform als Lebensform zielt;
– die Fähigkeit und Bereitschaft zum Austausch zwischen theologischem und kirchlichem Lebenszusammenhang, weil es keine hermetische Krisengeschichte der Theologie gibt: Die Krisengeschichte der Theologie ist immer eine Krisengeschichte der christlichen Subjekte und ihrer Praxis. Und ein Paradigmenwechsel in der Theologie fällt ins Leere, wenn er nicht von Wandlungen im kirchlichen Leben begleitet ist bzw. wenn die Theologie sich nicht an ihnen beteiligt und nicht aus ihnen sich nährt;
– die Fähigkeit und Bereitschaft, die Krisen als eine ökumenische Herausforderung wahrzunehmen und zu bearbeiten.

[4] In „Glaube in Geschichte und Gesellschaft" (Mainz [5]1992) habe ich bereits betont, daß es „von entscheidender Bedeutung sein sollte, das Konstitutionsproblem theologischer Vernunft nicht einfach ‚diesseits des Idealismus' zu lösen, sondern den Versuch zu machen, ‚jenseits des Idealismus' Theologie zu treiben und zu bleiben" (S. 65).

[5] Zu diesem „rettenden" Grundzug der Theologie bzw. der theologischen Hermeneutik vgl. meine Interpretation des „apologetischen" Wesens der Theologie: AaO., 21ff.

seine volle Schärfe, sein eindeutiges Profil erst in dem gegenwärtigen Ringen um die Befreiungstheologie.
Gewiß kann dieser neue Ansatz sich theologisch nicht legitimieren, ohne Rechenschaft abzulegen gegenüber dem transzendental-idealistischen Paradigma und seiner Art der Beerbung der klassischen theologischen Traditionen. In diesem Sinn habe ich versucht, meine Fragen an die Theologie Karl Rahners zu stellen. Sie setzen sich indirekt fort in dem folgenden Versuch, den neuen Krisen – in rettender Absicht – theologisch standzuhalten. Diese kritischen Fragen gegenüber Karl Rahner wollen nicht leugnen, daß ich das Beste meiner eigenen theologischen Arbeit ihm verdanke, daß ich ohne ihn gar nicht „meine" Fragen an ihn stellen könnte. Rahner gehört eben selbst schon zu jenen Klassikern der Theologie, von denen man auch noch lernend empfängt, wenn man ihnen widersprechen zu müssen meint.

II.

Ich nenne drei Krisen, an denen sich der neue Entwurf entzündet, weil sie m.E. weder neuscholastisch noch transzendental-idealistisch bearbeitet werden können:
1. Die marxistische Herausforderung oder die Theologie angesichts des Endes ihrer kognitiven Unschuld und angesichts des Endes eines dualistischen Geschichtsverständnisses (A).
2. Die Herausforderung der Katastrophe von Auschwitz oder die Theologie angesichts des Endes aller subjektlosen idealistischen Sinn- und Identitätssysteme (B).
3. Die Herausforderung der Dritten Welt, d.h. die Herausforderung einer sozial antagonistischen und kulturell polyzentrischen Welt oder die Theologie am Ende ihres sogenannten Eurozentrismus (C).
Ich will hier nicht weiter die Frage verfolgen, ob und inwieweit man bei diesen drei Krisen auch von Krisen der Moderne sprechen kann, wie das heute nicht selten geschieht. Für mich bedeutete die Erfahrung dieser Krisen und die Konfrontation mit ihnen einen gewissen Wechsel in der philosophisch-theologischen Hintergrundszene: Ich wandte mich vom transzendentalen Kant und von Heidegger an den Kant des Primats der praktischen Vernunft (in einer erneuten Hinkehr zum Thema der Aufklärung, weil ich von dem Verdacht geleitet war, daß die deutschen Philosophien, auf die sich das transzendentale Paradigma stützte – Idealismus und Existentialismus –, die Aufklärung nur spekulativ überwanden, ohne durch sie hindurchgegangen zu sein). Meine kritische Aufmerksamkeit richtete sich vom Idealismus auf die nachidealistische Religionskritik wie auf den Versuch von Karl Marx, die Welt als historisches Projekt zu begreifen; sie richtete sich auf Bloch und Benjamin und auf Fragestellungen der Frankfurter Schule. Schließlich suchte ich einen ersten Zugang zu finden zum jüdischen Denken und zur lange

gesperrten religiösen Weisheit des Judentums. Die Betonung der jüdischen Tradition im Christentum im Unterschied zu den griechisch-hellenistischen Traditionen (mit ihrer vorgeschichtlichen Tendenz zum Dualismus) wurde mir zum besonderen Anliegen. Neben meinen Mitstreitern in Sachen einer neuen Politischen Theologie wurden mir theologisch Namen wie Kierkegaard und Bonhoeffer wichtig, ohne daß ich mich vom Geist und der Inspiration meines Lehrers entfernen wollte. Und noch einmal: Vielleicht bringt erst der Prozeß der Befreiungstheologie voll heraus, was mit diesem neuen Paradigma – vor allem auch im Raum des kirchlichen Lebens – intendiert ist.

A.

Die sogenannte marxistische Herausforderung ist zwar schon über hundert Jahre alt, aber ich möchte doch behaupten, daß sie in der (katholischen) systematischen Theologie bisher nicht ernsthaft angenommen wurde. Entweder hat man sich mit der vertrauten theologischen Arbeitsteilung beholfen: Der Marxismus wurde in der kirchlichen Soziallehre behandelt, als Grundlagenproblem der Theologie, als Herausforderung an den Logos der Theologie selbst kam er nicht in Sicht. Oder aber man praktizierte kirchlich-theologisch das, was ich die Strategie eines geistigen Gefrierschlafs nennen möchte: den Versuch, die Herausforderung durch Vereisung der eigenen Position zu „überstehen", um sie nach dem Auftauen als veraltet hinzustellen. Doch die Probleme bleiben, und wie Gespenster suchen sie die Träume der Theologie und der Kirche heim. Ich möchte hier, in aller Kürze, von einer zweifachen Herausforderung durch den Marxismus sprechen, die an den Logos der Theologie heranreicht.

1. Die erste Herausforderung ist erkenntnistheoretischer Art und berührt die *Wahrheitsfrage*. Es geht um das Verhältnis von Erkenntnis und Interesse. Nach Marx ist jede Erkenntnis interessebedingt, und dieses Axiom bildet auch die Grundlage der Ideologie- und Religionskritik in seinen frühen Schriften. Wenn nicht schon durch die Religionskritik der Aufklärung und den in ihr manifest gewordenen Zerfall der religiös-metaphysischen Weltbilder, so hat die Theologie zumindest seit Marx – unter den subversiven Augen seiner Ideologiekritik – ihre kognitive Unschuld verloren. Sie geriet gewissermaßen in die Situation des nackten Kaisers in dem Märchen von des Kaisers neuen Kleidern.
Der Versuch, dieser Situation Rechnung zu tragen und in ihr gleichwohl Theologie zu bleiben, kennzeichnet die erste Phase bei der Entfaltung eines nachidealistischen theologischen Paradigmas. Es sucht sich ein Bewußtsein davon zu bilden, daß Theologie und auch Kirche nie einfach politisch unschuldig sind und daß es deshalb zu den grundlegenden Aufgaben der systematischen Theologie gehört, die politischen Implikationen in Rechnung zu stellen. Und dies nicht, weil das Politische – etwa im Sinne Carl Schmitts

– das Totale ist, sondern weil der Verdacht gegenüber der Theologie und der Religion total geworden ist. Dieses nachidealistisch-politische Paradigma der Theologie geht davon aus, daß durch die Prozesse der Aufklärung weder Religion völlig privatisiert noch die Politik vollständig säkularisiert wurde. Auch politisch aufgeklärte Gesellschaften haben ihre „politische Religion", aus der sie sich zu legitimieren und zu stabilisieren suchen. Wir kennen sie z.B. in der Gestalt der „Zivilreligion" in den USA und in der Gestalt dessen, was wir hierzulande „bürgerliche Religion" nennen. Beide politischen Religionen (die keineswegs gleichgesetzt werden können, weil sie sich höchst unterschiedlichen politischen Kulturen verdanken) dienen freilich einer Politisierung der Religion, die zu ihrer strikten gesellschaftlichen Funktionalisierung führt. Eben diese Politisierung der Religion kritisiert aber das neue Paradigma in zweifacher Intention: einmal religionskritisch, indem es einer Religion widerspricht, die als Legitimationsmythos wirkt und die sich ihre Entlastungen von gesellschaftlicher Religionskritik durch die Suspension ihres Wahrheitsanspruchs erkauft; zum anderen theologiekritisch, als Kritik all jener Theologien, die mit Berufung auf ihren unpolitischen Charakter gerade zu Theologien dieser politischen Religion werden. Wenn man das Wesen der Religion nicht in der Politik festmachen will, auch nicht in einer aufgeklärten, darf man die politische Dimension der Theologie nicht unterschlagen!

Das nachidealistische Paradigma sucht auch noch in einer anderen Weise der Herausforderung der marxistischen Ideologiekritik Rechnung zu tragen. Wenn jede Erkenntnis interessebedingt ist, dann sind für den Erkenntnisprozeß nicht nur der Inhalt, sondern auch das Subjekt und der Adressat der Erkenntnis bedeutsam. In diesem Sinn erörtert eine nachidealistische Theologie auch die Frage nach den Subjekten und den Adressaten des Theologietreibens, die in der üblichen kirchlichen Arbeitsteilung wie selbstverständlich beantwortet scheint und die deshalb zumeist als trivial gilt, in neuer Weise.[6]

Damit ist freilich immer noch nicht die zentrale Frage angesichts dieser ersten marxistischen Herausforderung formuliert. Sie lautet: Wie kann sich

[6] Die hier angesprochene „übliche kirchliche Arbeitsteilung" läßt sich – vielleicht allzu knapp – so ausdrücken: Die Bischöfe lehren – die Priester betreuen – die (Berufs-)Theologen erläutern und verteidigen die Lehre und bilden die Betreuer aus. Und die Leute, „das Volk"? Es ist vornehmlich „Objekt" dieser Belehrungs- und Betreuungskirche. Das Kirchenbild, das diese Arbeitsteilung leitet, ist das Bild von der Volkskirche als Betreuungskirche. Und die dieser Arbeitsteilung fraglos unterworfene Theologie reproduziert nolens volens dieses Betreuungssystem. Doch das Bild der Betreuungskirche ist nicht einfach kanonisch; es ist heute nicht mehr universal und nicht unumstritten. Gerade um der pastoralen und der missionarischen Aufgaben willen, gerade auch um der Ökumene willen geht es heute um den Übergang von einer Betreuungskirche für das Volk zu einer Kirche des Volkes, also zu einer Kirche mit einer wachsenden subjekthaften Basis. Vgl. dazu auch das Synodendokument „Unsere Hoffnung", II 4. In diesem Übergang stellt sich die Frage nach den Orten, den Subjekten und den Kompetenzen des Theologietreibens in neuer Weise.

die Theologie überhaupt auf diese Herausforderung der marxistischen Erkenntnistheorie und Ideologiekritik einlassen, ohne damit die Frage nach der Wahrheit entweder aufzugeben oder zu pervertieren? Wird hier die Wahrheitsfrage nicht zwangsläufig zur Relevanzfrage herabgedeutet? Nein, sie stellt sich nur in einer neuen Gestalt. Sie lautet nun: Gibt es wahrheitsfähige Interessen? Wahrheitsfähig können Interessen nur dann sein, wenn sie universal bzw. universalisierbar sind, d.h. wenn sie auf alle Menschen bezogen bzw. beziehbar sind. Denn Wahrheit ist entweder Wahrheit für alle, oder sie ist überhaupt nicht. In diesem Sinne spricht die neue Politische Theologie von einem universalen bzw. universalisierbaren Interesse, das in den biblischen Traditionen selbst begründet ist: Es ist „der Hunger und Durst nach Gerechtigkeit", nach Gerechtigkeit für alle, für Lebende und Tote, für gegenwärtige und vergangene Leiden. Die Wahrheitsfrage und die Gerechtigkeitsfrage sind aufeinander bezogen. Das Interesse an strikt universaler Gerechtigkeit gehört in die Prämissen der Wahrheitssuche. Insofern hat die Erkenntnis der Wahrheit ein praktisches Fundament. In ihm wurzelt die kritische und befreiende Macht der Rede von der Wahrheit.[7]

2. In meinen Augen ist die epochale Entdeckung des Marxismus – zunächst ganz formal gesprochen – die Entdeckung der Welt als Geschichte, als historisches Projekt, in dem die Menschen Subjekte ihrer Geschichte werden. Damit berührt und entfaltet der Marxismus ein anderes Grundthema des Christentums: *die Geschichte*. Wenn es uns bisher nicht klar genug war, so kann es uns heute durch den Vergleich mit anderen großen Weltreligionen und -kulturen deutlich werden: das „spezifische" Thema, geradezu das Schicksalsthema der jüdisch-christlichen Religion ist die Geschichte. Im Unterschied zu allen anderen großen Religionen ist das Christentum von der Vision „Gott und Geschichte" bzw. „Gott in Geschichte" geleitet. Das wird sofort deutlich, wenn wir das jüdische Erbe im Christentum nicht absorbieren lassen vom hellenistisch-griechischen Erbe, das stärker zu einem geschichtslosen Dualismus neigt. Und es bleibt uns heute deutlich, wenn wir uns nicht selbst schon einer wachsenden, evolutionistisch vergifteten Geschichtsmüdigkeit, wenn wir uns nicht dem anonymen Druck zum sogenannten Posthistoire in der Moderne unterworfen haben.[8]

[7] Vgl. hierzu: Glaube in Geschichte und Gesellschaft, aaO. § 4. – Dort ist auch betont, daß für eine nachidealistische Theologie der Gottesgedanke, auf den die christliche Theologie verpflichtet ist, in sich selbst ein praktischer Gedanke ist. Er verletzt immer die Interessen derer, die ihn „nur zu denken" suchen. Die biblischen Geschichten des Aufbruchs, der Umkehr, des Widerstands und des Leidens gehören zu seiner „Definition". Der „reine" Begriff Gottes ist das Kürzel, gewissermaßen das Stenogramm von Geschichten, auf die hin die Theologie ihre Begriffe immer wieder dechiffrieren muß. Der narrativ-praktische Zug ist einer nachidealistischen Theologie also nicht willkürlich angesonnen, er gehört zu ihren Grundlagen. Vgl. Transzendental-idealistisches oder narrativ-praktisches Christentum?, in: J.B. Metz, Glaube in Geschichte und Gesellschaft, aaO. § 9.

[8] [Zur herrschenden kulturellen Amnesie vgl. in diesem Band § 8, 5.]

Im Angesicht der marxistischen Herausforderung versteht sich das neue Paradigma als eine Theologie der Geschichte in praktisch-kritischer Absicht. Es betont zunächst, daß es auch für das Christentum nur *eine* Geschichte gibt, weil die Rede von „zwei Geschichten" den Ernst und das Wagnis geschichtlichen Lebens wiederum dualistisch unterläuft. Es gibt nicht eigentlich eine Weltgeschichte und „daneben" oder „darüber" eine Heilsgeschichte, sondern die Heilsgeschichte, von der die christliche Theologie spricht, ist jene Weltgeschichte, die von einer ständig bedrohten und umstrittenen, aber unzerstörbaren Hoffnung auf universale Gerechtigkeit, also auf Gerechtigkeit für die Toten und ihre vergangenen Leiden, geprägt ist: jene Weltgeschichte, in der es auch eine Hoffnung für die vergangenen Leiden gibt.
Der christliche Glaube an einen Gott, vor dem die vergangenen Leiden nicht subjektlos verschwinden im Abgrund einer anonymen Evolution, verbürgt in meinen Augen die unverrückbaren Maßstäbe im unablässigen Kampf um das Subjektseinkönnen aller Menschen, um eine universale Befreiung. Wo sich unser gesellschaftlich anerkanntes Wissen ausschließlich von der fiktiven Totalität einer subjektlosen Evolution leiten läßt, wird nicht nur Gott schlechthin undenkbar, sondern es schwindet auch konsequenterweise das Interesse an universaler Gerechtigkeit, d.h. an einer Gerechtigkeit, die auch die Opfer und die Besiegten der Geschichte einschließt, zu Lasten derer wir heute leben und unsere Paradiese bauen und an deren Schicksal doch kein noch so leidenschaftlicher Kampf der Lebenden verändernd rühren kann. Dieser Gott ist für mich das verläßliche Fundament jener universalen Solidarität und Gerechtigkeit, nach der Menschen hungern und dürsten – nicht erst jetzt, sozusagen per Dekret des Zeitgeistes, sondern entlang der Geschichte der Menschheit.
Dieser theologische Entwurf sucht die marxistische Herausforderung anzunehmen, insofern sie das Interesse an universaler Befreiung artikuliert. Gegenüber dem marxistischen Ansatz betont er jedoch, daß *Schuld* nicht etwa ein abgeleitetes, sondern ein authentisches Phänomen im geschichtlichen Prozeß ist. Sie kann nicht als Ausdruck purer Entfremdung durchschaut werden, auch wenn die Theologie der Schuld und der Sünde entfremdend gewirkt haben. Die Leugnung von Schuld ist ein Attentat auf die Würde der Freiheit. Und die Annahme der Schuld vor Gott verhindert nicht, daß die Menschen volle und verantwortliche Subjekte ihrer Geschichte werden. Im Gegenteil: Dort, wo Schuld als ursprüngliches Phänomen geleugnet bzw. als falsches Bewußtsein denunziert wird, tauchen angesichts der Leiden und Widersprüche des geschichtlichen Lebens Entschuldigungsmechanismen auf. Die geschichtliche Verantwortung bzw. das Subjektsein in der Geschichte wird irrational halbiert, und das Scheitern und Versagen wird einseitig auf die geschichtlichen Gegner projiziert. Die Frage nach unschuldig und schuldig, nach gerecht und ungerecht kann aber nicht am planen politischen Gegensatz zwischen Freund und Feind festgemacht werden. Wenn und insofern die marxistische Praxis des Klassenkampfes die Motive der Verborgenheit

verkennt und moralische Schuld zumindest implizit leugnet, kann sie theologisch nicht als Grundprinzip im geschichtlichen Prozeß der Befreiung gelten.[9] Wenn und insofern die marxistische Geschichts- und Gesellschaftsanalyse von dieser Prämisse geleitet ist, kann sie von der Theologie nicht unverändert übernommen werden. Das letztere gilt freilich auch für alle anderen Analysen, soweit sie von rein evolutionistischen Theorien geprägt sind. Denn auch diese Theorien sind gegenüber der Theologie nicht mehr unschuldig. In ihrer evolutionslogischen Grundorientierung begreifen sie sich alle mehr oder weniger explizit als Metatheorien zur Theologie. Denn für sie ist Religion eine zwar wichtige, inzwischen jedoch im Prinzip durchschaubare und überholte Phase in der Entwicklungsgeschichte der Menschheit.[10] Allen diesen Theorien gegenüber kann sich die Theologie nicht dadurch begründen und rechtfertigen, daß sie eine noch umfassendere „reine Theorie" produziert, die schließlich im regressus in infinitum kollabieren muß, sondern dadurch, daß sie auf die Subjekte des Glaubens und ihre Praxis zurückgeht.

Sie sind der eigentliche Ort der Krise wie der Hoffnung, und die Theologie hat in ihnen ihr praktisches und subjekthaftes Fundament. Wenn, um auf das Thema der Schuld zurückzukommen, die Gemeinde der Ort der angenommenen und anerkannten Schuld ist, muß sie sich auch als der Ort der ungeteilten geschichtlichen Verantwortung, als der Ort des Interesses an universaler Gerechtigkeit und Befreiung erweisen. Zwangsläufig ist ein solcher theologischer Ansatz stärker auf seine kirchliche Basis verwiesen, und er greift seinerseits energischer in sie ein, als es das kirchliche Amt wünscht.

B.

Christliche Theologie ist nicht schicksalslose Metaphysik, sondern Anrufung und Bezeugung von Wahrheit in der Geschichte: „Das Wort ist Fleisch geworden." [Zum Metaphysikverständnis der neuen Politischen Theologie vgl. den Exkurs zu § 8 in diesem Band.] Geschichtliche Situationen sind dem Logos der Theologie immanent. Irgendwann und irgendwie wurde mir – endlich – die Situation bewußt, in der ich Theologie zu treiben suche und

[9] An diesem Punkt verwandelt sich gerade ein dem Befreiungsgedanken verpflichtetes Christentum in eine kritische Herausforderung an den Marxismus. – Christentum und Marxismus unterscheiden sich entsprechend auch im Blick auf die Gewaltfrage: Vgl. dazu J.B. Metz, Unterbrechungen, Gütersloh 1981, 76–78; zur Frage von revolutionärem Bewußtsein und Schuldbewußtsein vgl. aaO. 83f. Zu dem in der neuen Politischen Theologie bisher noch nicht hinreichend entfalteten Verhältnis von Theologie und Ethik vgl. jetzt: J. Moltmann, Politische Theologie – Politische Ethik, München/Mainz 1984.

[10] Das gilt nicht zuletzt auch für die gegenwärtig in Theologie und Pastoral gern hofierten psychologischen Entwicklungstheorien; auch sie sind nicht unschuldig gegenüber Glaube und Theologie; sie deuten den gefährlichen Gott der Bibel um in den sanften Gott der menschlichen Selbstverwirklichung, der sich geräuschlos verabschiedet, wenn der Mensch „sich selbst", seine „Identität", gefunden hat.

ohne die ich nicht deutlich genug wissen kann, wo mir der theologische Kopf steht. Diese Situation heißt für mich: „nach Auschwitz". Auschwitz kennzeichnet hier die Krise der sogenannten Moderne, vor allem aber eine theologische Krise. Dabei ist vorweg zu beachten, daß die Katastrophe von Auschwitz gerade in ihrer Unvergleichlichkeit provozierenden Charakter gewinnt. Sie läßt sich nicht in „die Geschichte" einordnen. Sie verweist die Theologie vom Singular der Geschichte an den Plural der Leidensgeschichten, die nicht idealistisch erklärt und gedeutet, sondern nur in praktischer Absicht erinnert werden können. In der Art, wie in der Theologie Auschwitz vorkam bzw. nicht vorkam, wurde mir – langsam – der hohe Apathiegehalt des theologischen Idealismus deutlich und seine Unfähigkeit, geschichtliche Erfahrungen anzunehmen – trotz oder gerade wegen aller Rede von Geschichte und Geschichtlichkeit. Offenbar gibt es keinen Sinn der Geschichte, den man mit dem Rücken zu Auschwitz retten kann, keine Wahrheit der Geschichte, die man mit dem Rücken zu Auschwitz verteidigen und keinen Gott der Geschichte, den man mit dem Rücken zu Auschwitz anbeten kann. Christliche Theologie muß die Geschichte in ihrer Negativität, sozusagen in ihrem katastrophischen Wesen (in dem sie sich gerade von „Entwicklung" unterscheidet) wahrnehmen können. Damit diese Wahrnehmung nicht zur Tragik gerät – d.h. zum Abschied von Geschichte: welch eine Versuchung! –, müssen die Katastrophen in praktisch-politischer Absicht erinnert werden. Nicht also törichter Aktionismus und auch nicht der durchsichtige Versuch, bereits anderweitig in Geltung gesetzte oder geforderte Politik durch eine theologische Paraphrase zu verdoppeln, führen zu einem nachidealistischen, politischen Paradigma der Theologie, sondern der Kampf um die Geschichte als dem konstitutionell gefährdeten Ort theologischer Wahrheitsfindung und Wahrheitsbezeugung.
Gerade weil Christen an einen endzeitlichen Sinn von Geschichte glauben, können sie geschichtliches Bewußtsein wagen: den Blick in den Abgrund; gerade deshalb können sie eine Erinnerung wagen, die nicht nur das Gelungene, sondern das Zerstörte, nicht nur das Verwirklichte, sondern das Verlorene erinnert und die sich so – als gefährliche Erinnerung – gegen die Identifizierung von Sinn und Wahrheit mit der Sieghaftigkeit des Gewordenen und Bestehenden wendet. Die Theologie, in der diese Erinnerung zur Sprache kommt, ist keine Theologie in reinen Systembegriffen, sondern eine Theologie in Subjektbegriffen mit einem praktischen Fundament.[11] Diese Theologie führt den „Kampf um die Erinnerungen", um das subjektbezogene Erinnerungswissen immer wieder in das öffentliche Bewußtsein ein. Das subjektlose System kann für sie nicht der Ort der Wahrheit sein, zumindest

[11] Gerade diese Wissensform hat die Theologie m.E. auch im interdisziplinären Diskurs der Wissenschaften zu vertreten und in ihrer kommunikativen Bedeutung zu erläutern. Vgl. die Beschreibung der Kategorien „Erinnerung" und „Erzählung" – in ihrem subjekthaft-praktischen Charakter – in: J.B. Metz, Glaube in Geschichte und Gesellschaft, aaO. §§ 11 und 12.

nicht, wenn und insofern sie das katastrophische Wesen der Geschichte vor sich kommen läßt, das niemand in einem rein „objektiven" Sinn- oder Identitätssystem verschwinden lassen kann.
Diese Theologie formuliert die Gottesfrage in ihrer ältesten und umstrittensten Gestalt, nämlich als Theodizeefrage, freilich nicht in existentialistischer, sondern gewissermaßen in politischer Version. Sie setzt an bei der Frage nach der Rettung der ungerecht Leidenden, der Opfer und der Besiegten unserer Geschichte. Wie könnte man auch nach Auschwitz ohne diese Frage nach der eigenen Rettung fragen? Sie klagt diese Frage immer neu im öffentlichen Bewußtsein ein und sucht sie als eine Frage zu erläutern, an der das Schicksal der Menschen in ihrem anschaulichen Subjektsein hängt. „Diese Frage ... zu vergessen und zu verdrängen ist zutiefst inhuman. Denn es bedeutet, die vergangenen Leiden zu vergessen und zu verdrängen und uns der Sinnlosigkeit dieser Leiden widerspruchslos zu ergeben. Schließlich macht auch kein Glück der Enkel das Leid der Väter wieder gut, und kein sozialer Fortschritt versöhnt die Ungerechtigkeit, die den Toten widerfahren ist. Wenn wir uns zu lange der Sinnlosigkeit des Todes und der Gleichgültigkeit gegenüber den Toten unterwerfen, werden wir am Ende auch für die Lebenden nur noch banale Versprechen parat haben. Nicht nur das Wachstum unseres wirtschaftlichen Potentials ist begrenzt, wie man uns heute einschärft; auch das Potential an Sinn scheint begrenzt, und es ist, als gingen die Reserven zur Neige und als bestünde die Gefahr, daß den großen Worten, unter denen wir unsere eigene Geschichte betreiben – Freiheit, Emanzipation, Gerechtigkeit, Glück –, am Ende nur noch ein ausgelaugter, ausgetrockneter Sinn entspricht."[12]
Die *memoria passionis*, eine zutiefst biblische Kategorie, wird zu einer universalen Kategorie, zu einer Kategorie der Rettung.[13] Ohne diese *memoria passionis* wird nämlich das subjekthafte Leben der Menschen immer mehr zum Anthropomorphismus. Die öffentliche Ausschreibung für einen Nachfolger des Menschen, den keine Erinnerungen an vergangene Leiden und keine Katastrophen mehr quälen, hat schon begonnen. „Time" hat ihn bereits in einem Titelblatt der letzten Jahre porträtiert: den Roboter, eine sanft funktionierende Maschine, eine Intelligenz ohne Erinnerungen, ohne Pathos und ohne Moral. Ist das die Zukunft des Menschen? Ist das der Übermensch, der starke und mitleidlose? Gegen ein solches Verschwinden der Menschen, gegen den Untergang des Subjekts und gegen die grassierende Geschichtsmüdigkeit kämpft die christliche Theologie mit ihrer *memoria passionis* und dem in ihr wirksamen Geschichts- und Zeitverständnis.[14] Die uralte Theodizeefrage, die Frage nach der „Rechtfertigung" Gottes im An-

[12] Synodendokument „Unsere Hoffnung", I 3.
[13] Und zwar als „Erinnerung fremden Leids" [vgl. hier §§ 9–12].
[14] Vgl. dazu die Hinweise zum „Kampf um die verlorene Zeit" in: Glaube in Geschichte und Gesellschaft, aaO. § 10 [in diesem Band vor allem den Exkurs in § 8].

gesicht der Leidensgeschichte der Welt, diese Frage, die heute vielfach als obsolet gilt oder allenfalls in der säkularisierten Gestalt der Anthropodizee gefragt und dann mit allerlei Rechtfertigungsstrategien zum Verstummen gebracht wird,[15] diese Frage thematisiert den theologischen Kampf. Theologie, wie ich sie zu verstehen vermag, kann diese Theodizeefrage freilich nicht „lösen". Ihre Aufgabe besteht vielmehr darin, diese Frage immer neu zuzulassen, ihre Unübertragbarkeit auf zwischenmenschliche Instanzen sichtbar zu machen und den Begriff einer zeitlich gespannten Erwartung auszuarbeiten, daß Gott selbst sich an seinem Tag angesichts dieser Leidensgeschichte „rechtfertige". Diese Theologie begreift das Ja zu Gott in der Geschichte als ein „Leiden an Gott", das am Ende heranreicht an jenes Leid der Gottverlassenheit, das uns im Kreuzesschrei Jesu unvergeßlich geworden ist.[16]

Im Unterschied zu maßgeblichen und einflußreichen zeitgenössischen Theologien kennt dieser Entwurf zwar, wie gesagt, ein „Leiden *an* Gott", aber er kennt nicht eigentlich ein „Leiden *in* Gott" oder ein „Leiden zwischen Gott und Gott". Denn ich kann beim besten Willen nicht verstehen, wie eine solche Rede nicht entweder eine – wenn auch noch so sublime – Verdoppelung des menschlichen Leidens und der menschlichen Ohnmacht verrät bzw. zu einer gnostischen Verewigung des Leidens in Gott führt, oder aber wie eine solche theologische Erklärung nicht die schreckliche Würde des menschlichen Leidens verletzt, wie sie also nicht jenes Mysterium von Widerstand und Ergebung antastet, das jenseits aller theologischen Sprache liegt, ohne doch selbst, im Schrei aus der Tiefe, sprachlos sein zu müssen.

Auschwitz als Herausforderung, das heißt auch: Diese Katastrophe sollte uns darauf aufmerksam machen, daß es einen Schrecken jenseits der Theologie gibt, einen Schrecken, der alle vertrauten theologischen Versöhnungsversuche bricht.[17]

[15] Vgl. dazu J.B. Metz, Vergebung der Sünden. Theologische Überlegungen zu einem Abschnitt aus dem Synodendokument „Unsere Hoffnung", in: Stimmen der Zeit, Februar 1977, 119–128.

[16] [Dazu ausführlich meine Überlegungen in: J.B. Metz, Theodizee-empfindliche Gottesrede, in: ders. (Hg.), „Landschaft aus Schreien". Zur Dramatik der Theodizeefrage, Mainz 1995, 81–112.]

[17] Wie und mit welchen Konsequenzen dieser Schrecken theologisch zu respektieren sei, das suchte ich zu entfalten in meinem Aufsatz „Im Angesicht der Juden. Christliche Theologie nach Auschwitz", jetzt in: Concilium 20 (1984) 5, 182–189. – Ich gehe davon aus, daß es gegenüber einer Theologie, welche die Schrecken der menschlichen Leidensgeschichte unter dem Zwang eines Identitätsdenkens bespricht, eine Würde der Nichtidentität menschlichen Leidens zu verteidigen gilt; hier gibt es für die Theologie keine Sprache ohne Rekurs auf die Leidens- und Krisensprache der glaubenden Subjekte selbst. [Vgl. in diesem Band vor allem § 9 und § 12].

C.

Die Herausforderung einer sozial geteilten und kulturell polyzentrischen Welt, die m.E. zu einem neuen Entwurf der Theologie treibt, bricht heute immer deutlicher im Raum der Kirche selbst auf. Was z.B. bedeutet für die katholische Theologie die Tatsache, daß sie immer mehr eine Dritte-Welt-Kirche mit einer konstitutiven abendländisch-europäischen Ursprungsgeschichte „ist"?

Einmal rückt dadurch die soziale Zerrissenheit in der Welt ins Zentrum der kirchlichen und theologischen Aufmerksamkeit. Verhältnisse, die dem Evangelium direkt widersprechen – wie Ausbeutung und Unterdrückung, Rassismus –, werden zu Herausforderungen an die Theologie. Sie verlangen die Formulierung des Glaubens in Kategorien des leidensbereiten Widerstands und der Veränderung. So wird Theologie aus ihrem eigenen Logos politisch.

Zum anderen zeichnet sich in dieser neuen kirchlichen Situation ein Vorgang von theologischer Tragweite ab, der bei der Diskussion um die gegenwärtigen theologischen Entwürfe nicht unbeachtet bleiben darf. Die Kirche befindet sich auf dem Weg von einer kulturell mehr oder weniger monozentrischen Kirche Europas und Nordamerikas zu einer kulturell polyzentrischen Weltkirche. Symptome und Impulse in diese Richtung zeichneten sich bereits im letzten Konzil ab. Um den theologischen Rang dieses Übergangs wenigstens anzudeuten, möchte ich – in Nähe zu einem Vorschlag Karl Rahners – die bisherige Kirchen- und Theologiegeschichte hypothetisch in drei Epochen gliedern: in eine erste, relativ kurze Gründungsepoche des Juden-Christentums; in eine zweite, sehr lange Epoche innerhalb eines mehr oder weniger homogenen Kulturraumes, nämlich in die Epoche des auf dem Boden des Hellenismus sich entfaltenden Heiden-Christentums und der im Zusammenhang damit stehenden abendländisch-europäischen Kultur und Zivilisation bis in unsere Tage; und schließlich in die Epoche eines weltweiten kulturellen Polyzentrismus in Kirche und Theologie, die sich gegenwärtig abzeichnet und in der z.B. die neuzeitliche Kirchenspaltung primär als ein innereuropäisches Schicksal des Christentums erscheint.[18]

In diesem Sinn stehen Theologie und Kirche vor dem Ende eines mehr oder minder strikten kulturellen Monozentrismus. Gewiß bedeutet dieses Ende nicht den Zerfall in einen beliebigen kontextualen Pluralismus noch die Inthronisation eines neuen, nichteuropäischen Monozentrismus in der Kirche und in der Theologie. Die abendländisch-europäische Ursprungsgeschichte bleibt diesem kulturellen Polyzentrismus unverzichtbar immanent. Doch geht es nun um *Gegenseitigkeit* in der Entfaltung des kirchlichen und theologischen Lebens. Das neue Paradigma der Theologie kann die kirchli-

[18] [Vgl. dazu ausführlich: F.-X. Kaufmann/J.B. Metz, Zukunftsfähigkeit, Freiburg i.Br. 1987.]

che und theologische Situation nicht weiterhin halbieren. Das bedeutet in meinen Augen vor allem zweierlei:
Einmal muß sich die europäische Theologie im Horizont einer *Schuldgeschichte* reflektieren. Ohne in neurotische Selbstbezichtigung zu verfallen, darf diese Schuldgeschichte doch keineswegs verdrängt werden. Häufig halten wir sie uns mit allerlei subtilen Abwehrreflexen vom Leibe. Etwa mit Hilfe eines taktischen Provinzialismus, mit dem wir unser eigenes kirchliches und politisches Leben aus den globalen Abhängigkeiten herauszuhalten suchen. Oder auch mit einem allzu routinierten Gebrauch der Kategorie „Entwicklung“: Wenn wir z.B. umstandslos von unterentwickelten Völkern und Kulturen dieser Dritten Welt sprechen; oder wenn wir von den Ländern dieser Dritten Welt zwar gern als unseren schwach entwickelten Partnern, kaum aber als von unseren Opfern reden. Die Wahrnehmung der neuen, kulturell polyzentrischen Weltkirche wird uns lehren, uns selbst, auch unsere eigene Geschichte, mit den Augen unserer Opfer zu beurteilen. Unsere Theologie muß, im Horizont dieser Erfahrung, zu einer auch politisch sensiblen Theologie der Umkehr und der Buße werden. Ein europäisches Christentum, das sich dieser Erfahrung verschließt, habe ich kritisch als „bürgerliche Religion“ beschrieben.
Zum anderen steht die Theologie vor der Herausforderung eines neuen *Aufbruchs* in und aus diesen armen Kirchen der Welt. Das neue Paradigma der Theologie will diesen charismatischen Schock in der Gesamtkirche öffentlich zur Geltung bringen.
Da ist *einmal* eine neue Konzentration auf die eine und ungeteilte Nachfolge und eine aus dieser Nachfolge des armen, heimatlosen und gotthörigen Jesus sich nährende politische Spiritualität mit ihrer vorzugsweisen Option für die Armen. Im spezifischen Unterschied zu anderen großen Weltreligionen kann man für das Christentum auch zu fromm, zu mystisch sein! Die eine und ungeteilte Nachfolge Jesu enthält immer ein mystisches und ein (zumindest im weiteren Sinn) politisches Element.[19] Gewiß: „Jesus war weder ein Narr noch ein Rebell; aber offensichtlich beiden zum Verwechseln ähnlich. Schließlich wurde er von Herodes als Narr verspottetet, von seinen Landsleuten als Rebell ans Kreuz ausgeliefert. Wer ihm nachfolgt …, muß damit rechnen, dieser Verwechslung zum Opfer zu fallen … – immer neu, immer mehr.“[20] Eine Theologie, die mit einer solchen Rede nicht einem folgenlosen ästhetischen Radikalismus huldigen will, kann Traditionen für

[19] Vgl. dazu und zu den Grundzügen einer Nachfolgechristologie die einschlägigen Passagen in: Zeit der Orden? Zur Mystik und Politik der Nachfolge – Diese Christologie geht davon aus, daß es im Neuen Testament selbst unterschiedliche (wenn auch nicht sich gegenseitig ausschließende) Glaubensweisen gibt, vor allem eine synoptische und eine paulinische Glaubensweise, und daß es berechtigt und heute besonders wichtig ist, die synoptische Glaubensweise, in der Glaube und Nachfolge mehr oder minder synonym gebraucht werden, in den Vordergrund zu rücken. [Vgl. in diesem Band vor allem auch § 6].
[20] Synodendokument „Unsere Hoffnung“, III 1.

diesen gefährlichen Jesus in der Geschichte der Orden anrufen, und sie kann sich auf die neuen, allemal mystisch-politischen Leidenserfahrungen in dem aufbrechenden basisgemeindlichen Leben gerade in den armen Kirchen berufen und kann davon lernen.

Denn dies ist der *andere* wichtige Impuls aus diesen armen Kirchen: die Ausfaltung eines neuen Lebensmodells der Kirche in den sogenannten basiskirchlichen Gemeinschaften, in Verbindung mit den Bischöfen und so eingegliedert in die apostolische Sukzession. Eingegliedert aber auch in die Geschichte der Glaubenszeugnisse; denn dieser kirchliche Aufbruch ist inzwischen beglaubigt durch das Blutzeugnis vieler Männer und Frauen, und das Martyrologium, das man über diese Kirche schon schreiben kann,[21] ist buchstäblich wie der rote Faden, der sich aus der Gegenwart der Kirche zurückverfolgen läßt in die Passionsgeschichte Jesu. Ein alter Satz unserer christlichen Tradition lautet: Das Blut der Märtyrer ist der Same der Kirche. Dieser Satz mag als Kriterium dafür gelten, wo heute die Kirche und das Christentum in besonders verheißungsvoller Weise lebendig sind. Die „Zeit der Kirche", die von diesem neuen Leben durchpulst ist, wird m. E. nicht eine Zeit der großen charismatischen Führer sein, nicht eine Zeit der theologischen Meisterdenker und auch nicht eine Zeit der großen Propheten. Sie wird viel eher eine Zeit der beharrlichen Subjektwerdung der Kleinen sein, sozusagen eine Zeit der kleinen Propheten, und in diesem Sinn wohl auch eine Zeit der „Basis". Sie wird nicht die Zeit des Gegensatzes sein zwischen Amts- und Basiskirche, sondern die des Gegensatzes zwischen einer nur in Betreuung verharrenden bürgerlichen Religion und einer messianischen Religion der Nachfolge.

Schließlich geht es um den Impuls einer Theologie, die diese Prozesse artikuliert und reflektiert und die deshalb um eine lebendige Einheit von Erlösung und Befreiung ringt. Die Befreiungstheologie gehört in meinen Augen in einen nachidealistischen Entwurf der Theologie. Um die gesamtkirchliche Herausforderung dieser Theologie der Befreiung anzudeuten, möchte ich hier nun noch auf das hinweisen, was ich des öfteren das europäische Dilemma des Katholizismus genannt habe. Die katholische Kirche hat die europäische Geschichte der Neuzeit mehr oder minder defensiv begleitet. Sie hat sich an der sogenannten neuzeitlichen Freiheitsgeschichte, speziell an den Prozessen der politischen Aufklärung, nicht eigentlich produktiv beteiligt, sondern sich zumeist gegen sie gesperrt. Waren die sogenannten katholischen Zeiten innerhalb der neueren europäischen Geschichte nicht immer Zeiten des „Gegen": die Zeiten der Gegenreformation, die Zeiten der Gegenaufklärung und der Gegenrevolution, die Zeiten der politischen Restauration und der Romantik? Gewiß, man mag und kann darin auch viel Sensibili-

[21] Vgl. mein Vorwort zu: Sie leben im Herzen des Volkes. Lateinamerikanisches Martyrologium, Düsseldorf 1984.

tät für die inneren Widersprüche und Verhängnisse dieser modernen Freiheitsgeschichte sehen, ein latentes Gespür für deren innere Dialektik, also für die sogenannte Dialektik der Aufklärung, um die wir hierzulande zumindest seit Auschwitz wissen müßten. Wer aber möchte darin nicht auch historische Versäumnisse erkennen, die gerade dem Katholiken die Verbindung von Gnade und Freiheit so schwer machten? Die Überwindung dieses katholischen Dilemmas in der späteuropäischen Situation weist für mich über den monokulturellen Raum des abendländisch-europäischen Kirchentums hinaus, hinein in eine Weltkirche, die die Gnade Gottes als ganzheitliche Befreiung der Menschen anzurufen und darzustellen lernt und die bereit ist, den Preis für diese geschichtliche Konjugation von Gnade und Freiheit zu bezahlen, die Erfahrung der Gnade und des Geistes als Erfahrung des Widerstands und des Leidens anzunehmen.

Hier nun freilich begegnet das gesamte nachidealistische Paradigma der Theologie den schärfsten innerkirchlichen Spannungen. Unterschiedliche, teilweise geradezu gegensätzlich anmutende Visionen über die Zukunft der Kirche in dieser späten Moderne und über die Art der Treue zum letzten Konzil ringen miteinander. Wird sich eine rückwärts gewandte, ins vorreformatorische christliche Abendland verweisende Vision durchsetzen oder eine Vision, die das unverzichtbare Erbe der abendländischen Kirche gerade in Verbindung mit diesen neuen kirchlichen Aufbrüchen zu retten sucht? Wird sich eine defensive oder offensive Strategie der Rettung von Traditionen durchsetzen? Wird die Kirche auf Dauer eine Theologie annehmen, die sich angesichts der hier geschilderten Krisen und Herausforderungen in einem nachidealistischen Paradigma entfaltet? Werden wir die sozial zerrissene und kulturell polyzentrische Weltkirche als einen Lernraum begreifen, in dem es genug Anzeichen dafür gibt, daß sich unser Christentum angesichts großer Gefahr „an der Wurzel faßt"?

Exkurs
Erste Differenzierungen zu einer sozial geteilten und kulturell polyzentrischen Welt-Kirche (1986)

Auszug aus: *Theologie im Kontext von Kulturen und gesellschaftlichen Verhältnissen,* in: Dein Reich komme. 89. Deutscher Katholikentag 1986 in Aachen, Dokumentation I, Paderborn 1987, 175–188 – in Verbindung mit F.-X. Kaufmann / J.B. Metz, *Zukunftsfähigkeit. Suchbewegungen im Christentum.* Freiburg i. Br. 1987, 116 ff. Zur weiteren Differenzierung dieser Fragestellung vgl. in diesem Band die Beiträge unter § 8 und § 11.

I.

Die vorausgehenden Überlegungen mögen den Eindruck erwecken, daß sie über der Konzentration auf das soziokulturelle Spektrum „Erste Welt – Dritte Welt" den Reichtum und vor allem auch die Problematik der Rede vom kulturellen Polyzentrismus noch nicht hinlänglich in den Blick genommen haben. Gewiß, und davon war ja schon die Rede, kann dieser Polyzentrismus nicht als beziehungsloser oder gönnerischer Pluralismus von Kulturwelten in dieser einen Weltkirche verstanden werden. Aber in welchem Sinn gibt es denn überhaupt noch einen realen kulturellen Polyzentrismus in der heutigen Welt? Wird er nicht immer mehr aufgelöst bzw. absorbiert von jener westlichen Rationalität, ihrer Technik und ihrer Kultur- und Informationsindustrie, die heute unsere gesamte Welt umspannt und die nicht nur die Praxis, sondern offensichtlich auch die Mentalitäten der Völker verändert?[1]
Doch selbst unterstellt, daß es in den außereuropäischen Kulturen genügend Gestaltungs- und Widerstandsreserven gegen diese profane Europäisierung der Welt gibt: Wie verbindet sich dann genauerhin die Kirche im Aufgang zur realen Weltkirche mit diesen Kulturen, wenn sie offenbar das Projekt der technologischen Weltzivilisation nicht als unschuldigen Katalysator für die universale Verbreitung ihrer Botschaft betrachten kann?
In der gegenwärtigen theologischen Diskussion wird diese Frage vor allem unter dem Stichwort der „Inkulturation" verhandelt. Der wohlgemeinte Versuch, das reale Welt-Kirche-Werden vor ethnozentrischen Trugschlüssen zu bewahren, sozusagen eine zweite späte Machtergreifung des Westens im Weltchristentum zu verhindern, ist nicht selten von Vorschlägen begleitet, wie etwa: Das Christentum müsse endlich sein europäisches Gewand ablegen, es müsse seine europäisch-abendländische Hülle abstreifen usw. Dahinter steckt die Vorstellung von einem geschichtslosen, von einem kulturenthobenen und ethnisch unschuldigen Christentum, die Vorstellung von einem „nackten Christentum", das zunächst nichts als sich selbst am Leibe

[1] Vgl. dazu die Beobachtungen bei H.M. Enzensberger, Eurozentrismus wider Willen, in: ders., Politische Brosamen, Frankfurt a.M. 1984.

hat und das sich erst im Nachhinein die verschiedenen Kulturgewänder umlegt. Doch diese Vorstellung ist eine Fiktion, genährt von der ungeprüften metaphorischen Rede über „nackte Tatsachen" oder auch über die „nackte Wahrheit".[2] Man kann das Christentum nicht kulturell entblättern, ohne seine Identität preiszugeben, so wie man von der Rose nicht alle Blüten pflücken kann, ohne sie selbst zu zerstören. Kulturen sind nicht der Rost, den man vom Eisen des Christentums klopfen kann, um es als blankes dann zurückzubehalten. *Ein kulturell entblößtes, ein kulturell nacktes Christentum ist nicht möglich.* „Jesus war kein Christ, sondern Jude."[3] Wer nur das Christentum kennt, kennt das Christentum eben nicht.

Die Kultur, deren sich das Christentum nicht einfach entledigen kann, so wie man sich eines Gewandes entledigt, ist die aus jüdischen und griechisch-hellenistischen Traditionen assimilierte europäisch-abendländische Kultur. Wenn nun aber die Kirche diese historisch-kontingente Gewandung nicht einfach abstreifen kann, um dann in dieses oder jenes neue Kulturgewand zu schlüpfen, wie kann es dann überhaupt eine kulturell polyzentrische Weltkirche geben? Wie eine vielfältige „Inkulturation" des Evangeliums, die sich nicht als kulturelle Expansion Europas entlarven ließe? Ist das, was wir kulturellen Polyzentrismus nennen, am Ende etwas anderes als die Fortsetzung einer monokulturellen Kolonialisierung der Seelen fremder Völker und Kulturen mit weniger drastischen Mitteln als in der bisherigen Kirchengeschichte?

Die Antwort, die ich versuchsweise geben möchte, lautet: Ethnisch-kultureller Polyzentrismus ist möglich, wenn die Kirche, die nun reale Weltkirche werden will und die gleichwohl ihre europäisch-abendländische Geschichte nicht abstreifen kann, zwei Grundzüge ihres biblischen Erbes innerhalb dieser europäischen Kulturwelt erinnert und immer mehr zur Geltung bringt: Wenn sie sich – zum einen – aus ihrem biblischen Erbe als eine Religion versteht und bewährt, die im Namen ihrer Sendung *Freiheit und Gerechtigkeit für alle* sucht; und wenn sie sich – zum anderen – als eine Religion versteht und bewährt, die in sich eine besondere Kultur entfaltet, nämlich *die Kultur der Anerkennung der Anderen in ihrem Anderssein,* also die schöpferische Anerkennung ethnisch-kultureller Pluralität, wie sie uns aus der Urgeschichte des Christentums vertraut sein müßte. Diese Anerkennungskultur, die per definitionem universale Verbreitung nicht dadurch sucht, daß sie den fremden oder schwachen Anderen unterdrückt und ihm die Kosten für den europäischen Fortschritt aufbürdet, macht es möglich, daß die im biblischen Auftrag angelegte Sendung „bis an die Grenzen der Erde" der Weisheit und den Leidenserfahrungen anderer Kulturen verheißungsvoll begegnet. *Nicht eine gedankenlose Geringschätzung unseres europäischen Christentums also, son-*

[2] Zur Erläuterung dieser Metaphorik vgl. H. Blumenberg, in: Archiv für Begriffsgeschichte 6, 1960, 55.

[3] Formulierung Julius Wellhausen.

dern gerade der Versuch, es unter seinen höchsten Idealen anzunehmen und auf sie festzulegen, macht das konkrete Christentum polyzentrismusfähig! In diesem Sinn bedeutet die Polyzentrismusthese alles andere als eine Entwichtigung oder Verabschiedung des europäischen Christentums.

II.

Um meinen Antwortversuch noch etwas zu verdeutlichen, könnte ich in einer uns heute vertrauten Sprache auch sagen: Die Kirche muß in sich zwei Optionen entfalten und öffentlich zur Geltung bringen, um der Herausforderung eines kulturellen Polyzentrismus gerecht zu werden, ohne ihre eigene kulturell-geschichtliche Prägung zu leugnen. Sie muß *eine Option für die Armen und eine Option für die Anderen in ihrem Anderssein* konkret gestalten und beide miteinander in Verbindung bringen. Hier sind nicht nur viel soziale, sondern auch viel ethnische Blindheit in unserem traditionellen Christentum und das ethnische Defizit einer traditionellen christlichen Anthropologie zu überwinden. Dabei soll diese Option für die Anderen nicht etwa die Kirche von der Option für die Armen entlasten. Hier ist – für die theologische Arbeit im Angesicht einer kulturell polyzentrischen Weltkirche – noch vieles genauer zu analysieren und jedenfalls darauf hinzuweisen, daß beide Optionen nicht selten wie zwei Seiten einer Münze zu betrachten sind. Gleichwohl können m.E. die ethnisch-kulturelle Vielfalt und die sozialen Klassendifferenzen nicht einfach unterschiedslos ineinander aufgehoben werden; die ethnisch-kulturellen Eigentümlichkeiten sind nicht nur ein ideologischer Überbau zu ökonomischen Basisproblemen, wie uns das die marxistische Theorie, aber auch die westliche Praxis suggerieren möchten.[4]

Übrigens steht die Frage nach der Macht und Ohnmacht einer Kultur der Anerkennung der Anderen in ihrem Anderssein und entsprechend die kirchliche Option für die Anderen auch hierzulande dringlich an. Im Binnenraum Mitteleuropas begegnen wir ja selbst ständig Menschen aus anderen Kulturen und fremden Völkern. Die Frage der Gastarbeiterfamilien aus nichteuropäischen Kulturen, jetzt vor allem auch die Asylantenfrage, also die Frage nach der Handhabung des Asylrechts für verfolgte Menschen aus fremden Ländern und Kulturen, sind eine aktuelle Stellprobe für unsere politische Kultur und für die kirchliche Option für die Anderen. Dabei müßte uns gerade angesichts unserer eigenen deutschen Geschichte ein Wort wie Ausch-

[4] Vgl. zu dieser Fragestellung die jüngsten Arbeiten von P. Süß, dessen Erfahrungen in der lateinamerikanischen Indianerpastoral ich wichtige Einsichten verdanke: Glaubensverkündigung, Inkulturation und Befreiung, in: Orientierung (1986) Nr. 21 f. – [Zur neueren Kontroverse Süß-Metz vgl. sämtliche Beiträge zur Debatte über „Politik der Anerkennung der Anderen“ in: Jahrbuch Politische Theologie, Band 1/1996, 205–249.]

witz daran erinnern, daß mitten im Herzen des christlichen Europa diese Kultur der Anerkennung der Anderen völlig erloschen schien.
Schließlich stellt der Prozeß eines kulturellen Polyzentrismus in der Kirche auch *die Theologie* vor neue Aufgaben. Sie muß in dieser Situation des Übergangs aus der zweiten in die dritte Epoche der Kirchengeschichte die kommunikative Kraft ihrer Aussage- und Argumentationsweise prüfen und sogenannte Brückenkategorien entfalten, Kategorien einer verheißungsvollen zwischenkulturellen Vermittlung. Die Kirche ist ja, von ihrem Ursprung her, eine Erinnerungs- und Erzählgemeinschaft in der Nachfolge Jesu. Gerade als solche scheint sie in hohem Maße interkulturell kommunikativ bzw. inkulturationsfähig zu sein. Deshalb muß die Theologie versuchen, die kommunikative Würde der Erinnerung und der Erzählung vor dem Verdacht des Reduktionismus und der Entdifferenzierung zu schützen; ja, sie muß die kommunikative Überlegenheit der Erinnerungs- und Erzählsprache des Glaubens gegenüber der subjektlosen Argumentationssprache der griechischen Metaphysik und auch der Wissenschaftssprache der okzidentalen Rationalität im Blick auf den interkulturellen Austausch und den Prozeß der produktiven Assimilation von unterschiedlichen Kulturwelten deutlich herausarbeiten.[5]
Wie schon aus den Überlegungen zur *memoria* [in § 2 u.ö] deutlich geworden ist, handelt es sich bei dieser memoria um eine *bestimmte memoria passionis:* Als Erinnerung des Leidens der Anderen, als „Eingedenken fremden Leids" kann sie als Basiskategorie der christlichen Botschaft und ihrer Gottesrede verstanden werden.[6]

[5] Neben den hier erwähnten Brückenkategorien hätte die Theolgie m.E. auch an sog. *Brückenthemen* zu arbeiten, an Themen, die den interkulturellen Austausch und den Weg in die produktive Assimilation von Kulturwelten leiten könnten. Ein wichtiges Brückenthema dieser Art scheint mir der Umgang mit der Leidensfrage zu sein [vgl. dazu nochmals den im Vorspann genannten Text „Theologie im Kontekt von Kulturen und gesellschaftlichen Verhältnissen"]. An der kulturperspektivischen Behandlung solcher Brückenthemen wird sich nicht zuletzt der Sinn der Rede von einer genuin asiatischen, afrikanischen usw. christlichen Theologie entscheiden. Immer bleibt bei der Rede von solchen kulturspezifischen Theologien darauf zu achten, daß der uns vertraute Theologiebegriff und die in ihm vorausgesetzte Unterscheidung von Theologie und religiöser Lebenspraxis selbst kulturspezifisch und ethnozentrisch bedingt ist, d.h. daß dieses Theologieverständnis sich selbst der europäisch-abendländischen Tradition verdankt.

[6] [Vgl. dazu meinen Beitrag in J.B. Metz/J. Reikerstorfer/J. Werbick, Gottesrede, Münster 1996. Dazu in diesem Band vor allem die §§ 10–12.]

§ 8 Politische Theologie: Theologie im Abschied von ihrer gesellschaftlichen, ethnisch-kulturellen und geschichtlichen Unschuld

(1990–1997)

Die in diesem Paragraphen zusammengefaßten Beiträge suchen unter dem Stichwort der Politischen Theologie die gesellschaftlichen, kulturellen und geschichtlichen Differenzen in die christliche Gottesrede selbst einzutragen. Sie stellen sich dabei auch der Frage, wie unter den Bedingungen der Differenz und der Nichtidentität jener Universalismus formuliert werden kann, der den biblischen Traditionen der Gottesrede immanent ist und der bisher in Kategorien der klassischen Ontologie und Metaphysik formuliert wurde.

§ 8,1 Für eine neue hermeneutische Kultur (1991)

Veröffentlicht als *Vorwort* zur deutschen Ausgabe von Gustavo Gutiérrez, Theologie der Befreiung, Mainz [10]1992, 11–16. – Zur Fortführung der einschlägigen Diskussion vgl. das Jahrbuch Politische Theologie I (Münster 1996, hg. v. J. Manemann) mit den Beiträgen zur Debatte über „Politik der Anerkennung der Anderen“, 205–249.

In meinem Vorwort zu den bisherigen deutschen Auflagen der „Theologie der Befreiung“ von Gustavo Gutiérrez hatte ich etwas betont, was es weiterhin nachhaltig zu erinnern gilt: Das Buch, so hieß es dort, sei ein Anzeichen dafür, wie lateinamerikanische Theologie der geschichtlich-gesellschaftlichen Situation des eigenen Kontinents, der sozialen und politischen Leidensgeschichte der eigenen Völker, auf die Spur zu kommen und sie in ihr theologisches Gewissen aufzunehmen sucht. Seit der deutschen Erstveröffentlichung des Buches (1972) hat sich auch hierzulande eine breite Diskussion um die Theologie der Befreiung entwickelt, die in diesem Vorwort nicht zu resümieren ist. In seiner ausführlichen Einleitung zu dieser 10. Auflage der deutschen Ausgabe seines Buches weitet Gustavo Gutiérrez den Blick über den lateinamerikanischen Ansatz seiner Befreiungstheologie hinaus vor allem auf andere nichteuropäische, nichtwestliche Theologien in jenen Ländern und Kontinenten, die wir bisher unter dem Begriff der Dritten Welt zusammengefaßt haben. Weniger deutlich ist in dieser Einleitung des Verfassers die europäische Theologie im Blick, obwohl Gutiérrez – zu Recht – betont, daß die Theologie der Befreiung, wie er sie entwickelt hat und vertritt, die „Welt der Theologie“ überhaupt und im ganzen angeht. In den letzten Jahren, vor allem seit den großen Wandlungen in Europa selbst, begegnet der befreiungstheologische Ansatz vielfältigen kritischen Bedenken. Nicht nur kirchlicherseits, auch philosophisch und gesellschaftstheoretisch vermutet man in ihm zu wenig kritischen Vorbehalt gegenüber einer inzwischen fraglich gewordenen marxistischen Kategorienwelt und gegenüber einer ausgesprochen sozialistischen Vision von der Rettung der Menschheit. Demgegenüber unterstreicht Gutiérrez in aller Entschiedenheit den theologischen und pastoralen Kern der Theologie der Befreiung, die sich angesichts der Not und des Elends den „Hunger und Durst nach Gerechtigkeit" nicht ausreden läßt. Es scheint mir sinnvoll und berechtigt, in diesem Vorwort eben auf diesen theologischen Kern der Theologie Gustavo Gutiérrez' einzugehen – und zwar dadurch, daß ich die Grundintention seiner Theologie in Beziehung zu setzen suche zur Grundsituation der Theologie bei uns.

Als ich 1988 (auf Einladung des Goethe-Instituts) eine fünfwöchige Vortragsreise durch Lateinamerika machte, wurde ich immer wieder gefragt, was denn das bei allen Unterschieden Gemeinsame sei zwischen der neuen Politischen Theologie in Europa und der Befreiungstheologie Lateinamerikas. Beide theologischen Ansätze, so habe ich dort zu antworten versucht und möchte ich hier zunächst wiederholen, verdanken sich eigentlich einem besonderen Erschrecken: dem Erschrecken darüber, daß man der christlichen Gottesrede üblicherweise die himmelschreiende Leidensgeschichte der Menschen so wenig ansieht und anhört. Beide Theologien sind deshalb von einer besonderen Theodizee-Empfindlichkeit geprägt. Ich könnte sie auch als „nachidealistische Theologien" kennzeichnen. Schließlich suchen sie auf ihre Weise jenen Abschieden Rechnung zu tragen, vor denen heute – in meinen Augen – jede christliche Theologie steht. Ich möchte hier vor allem jene Abschiede hervorheben, von denen sich die Politische Theologie und die Befreiungstheologie ein Bewußtsein zu bilden suchten. Es sind m.E. die folgenden drei:

1. Die Theologie muß Abschied nehmen von ihrer gesellschaftlichen Unschuld. Dieser Abschied ist eigentlich schon durch die europäische Aufklärung und dann durch die Ideologiekritik und Religionskritik des vergangenen Jahrhunderts angesagt und aufgedrängt. Subjektbezogenheit und Kontextualisierung der theologischen Prozesse sind unerläßlich geworden. Wer treibt wann und wo für wen Theologie? Das sind heute keine Zusatzfragen, sondern Konstitutionsfragen der Theologie. Dadurch gerät die Theologie nicht in eine heillose Relativierung. Sie trägt damit nur der Tatsache Rechnung, daß seit den Prozessen der Aufklärung das klassische Thema des Verhältnisses von *fides* und *ratio*, das Axiom von der *fides quaerens intellectum,* auf einem neuen Niveau verhandelt werden muß. Der Glaube muß sich nun angesichts einer Vernunft bewähren und sich über eine Vernunft mitteilen, die ihrerseits als Freiheit, auch als Freiheit der Anderen und damit als Gerechtigkeit praktisch werden und zu sich selbst kommen will. Wie kann christlicher Glaube in diesem Sinne als vernünftig und kommunikabel erwiesen werden? Das ist die nachidealistische Figur der sog. „Glaubensbegründung".

Das ist der fundamentaltheologische Ansatz der neuen Politischen Theologie und auch der Theologie der Befreiung, insoweit sie – wie Gutiérrez immer wieder betont hat – mehr ist als Soziallehre und Pastoral.
Die biblische Tradition kennt den „Hunger und Durst nach Gerechtigkeit", und zwar nach ungeteilter Gerechtigkeit für alle, für Lebende und Tote, für gegenwärtige und vergangene Leiden. Der christliche Glaube enthält deshalb immer eine Komponente, die sich von diesem Interesse an ungeteilter Gerechtigkeit leiten läßt; er ist in diesem Sinne mystisch und politisch zugleich: mystisch, weil er das Interesse an der Rettung vergangener ungesühnter Leiden nicht preisgibt, politisch, weil ihn dieses Interesse an ungeteilter Gerechtigkeit immer wieder auch auf die Gerechtigkeit unter den Lebenden verpflichtet. Der Logos der Theologie ist von diesem Interesse, besser: von dieser Vision geleitet. Und hier liegt m.E. auch eine der theologischen Wurzeln für die Rede von der „Befreiung", deren vielfältige Dimension Gutiérrez in seiner Einleitung anspricht. Gewiß schließt das christliche Verständnis von Befreiung den Begriff einer schuldfähigen und einer umkehrbedürftigen Freiheit ein. Das führt nicht zu einer politikfernen Romantisierung von Befreiung; es entzieht der Politik der Befreiung nur die Basis des Hasses und der Gewalt.
Das Wort von der „Befreiung" ist, wenn es in seinen christlichen Wurzeln ernst genommen wird, tatsächlich eine Provokation für Theologie und Kirche. Für bedenklich halte ich eher die Art, wie man vielfach bei uns von „Befreiung" und „Befreiungstheologie für Europa" spricht. Ich glaube nicht, daß das Wort sich gleichsinnig auf unsere Verhältnisse übertragen läßt. So grassiert bei uns auch zumeist eine folgenlose Befreiungsrhetorik, die viel zu hoch und zu abstrakt ansetzt und dem Ernst des Anliegens und der Aufgabe eher schadet. Die ekklesiologische Entsprechung zur Befreiungstheologie ist übrigens das basisgemeindlich verfaßte kirchliche Leben. Sie ist Ausdruck einer offensiven Pastoral in Lateinamerika, die den Schritt wagt von einer Betreuungskirche für die Armen zu einer Befreiungskirche der Armen. Dabei setzt die basisgemeindliche Befreiungsarbeit ziemlich klein und ganz weit unten an, sehr oft in nichts anderem als im bloßen Dasein, im Dasein mit den Ärmsten, um sie nicht allein zu lassen in ihrem sprachlosen, in ihrem oft schon traum- und wunschlosen Unglück. Ekklesia, das Herausgerufensein, hat hier einen religiösen und sozialen Sinn, kirchliche und gesellschaftliche Identitätsbildung greifen hier gewissermaßen ineinander. Keiner weiß das besser als Gutiérrez, der Pfarrer einer armen Gemeinde von Lima.
2. Die Theologie muß in sich den Abschied von ihrer vermeintlich geschichtlichen Unschuld verarbeiten. „Geschichte" ist nicht nur arbeitsteilig ein Thema der Kirchengeschichte, der Theologie- und Dogmengeschichte, es ist ein Thema der spezifisch christlichen Rede von Gott. In diesem Sinn muß die Theologie Abschied nehmen von einem subjektlosen, von einem situationslosen, gewissermaßen von einem menschenleeren Geschichts-

universalismus, von einer Art Geschichtsidealismus, der mit einem hohen Apathiegehalt ausgestattet ist gegenüber dem Unglück der jeweils Anderen, gegenüber den Katastrophen und Untergängen in der Geschichte. Der Logos der Theologie ist von einem geschichtlichen Eingedenken geprägt – nicht von ungefähr wurde die „gefährliche Erinnerung" zu einer Zentralkategorie der Politischen Theologie –, das die Leidensgeschichte der Menschen nicht verdrängen und erfolgreich vergessen bzw. idealistisch aufheben kann. Vielleicht darf ich sagen, daß die Politische Theologie hierzulande z.B. den Schrei der Opfer von Auschwitz in der christlichen Theologie unvergessen machen will und daß die Befreiungstheologie den Schrei der Armen im Logos der Theologie selber hörbar machen will. Das sind Stationen des Abschieds der Theologie von einem menschenleeren, antlitzlosen Geschichtsidealismus und seinem Vergessen des Vergessens, das er als Wahrheit ausgibt. Schließlich muß vom biblischen Gott, nach Kräften, immer im Antlitz der Opfer gesprochen werden. Sie prüfen die Strenge und die Authentizität unserer theologischen Sprache, die unter dieser Prüfung oft sehr arm und klein werden kann. Doch gewinnt sie die Nähe zu ihrem ursprünglichen Auftrag. Schließlich ist die Mystik, die Jesus lebte und lehrte und die auch den Logos der christlichen Theologie zu leiten hätte, nicht eine steile Mystik der geschlossenen Augen, sondern eine empathische Mystik der geöffneten Augen. An ihren Wahrnehmungen vorbei ist der Gott Jesu nicht zu finden, nicht bei uns, nicht in Lateinamerika. Das suchte, wie gesagt, die neue Politische Theologie im Blick auf Auschwitz zu erkennen und einigermaßen zu lernen. Und die Befreiungstheologie läßt sich in ihrem Willen zum System vom Antlitz der Armen unterbrechen. Das charakterisiert sie, wie die Politische Theologie, als nachidealistisch.

3. Gerade im Blick auf das Kolumbusjahr, auf das sog. Quinto Centenario (1492–1992), ist auf einen dritten Abschied der Theologie aufmerksam zu machen, auf den Abschied von ihrer vermeintlichen ethnisch-kulturellen Unschuld. Sie muß sich vor kulturell monozentrischen und vor ethnozentrischen Kurzschlüssen hüten, denn sie muß die Theologie einer kulturell und ethnisch vielfältig verwurzelten Weltkirche werden. Das verpflichtet die Theologie zur Ausarbeitung einer neuen nachidealistischen hermeneutischen Kultur, der Kultur der Anerkennung der Anderen in ihrem Anderssein, für die es durchaus biblische Wurzeln gibt. Die Nächsten im biblischen Zentralgebot der Nächstenliebe sind ja nicht primär die Nahen, sondern die Anderen, die fremden Anderen. In diesem Sinn muß der Logos der Theologie sich vom Antlitz dieser fremden Anderen „unterbrechen" lassen, eine Einsicht, die sowohl in der neuen Politischen Theologie wie wohl auch in der Befreiungstheologie erst langsam reift.

Diese hermeneutische Kultur, der eigentlich jeder „Wille zur Macht" beim Erkennen der Anderen in ihrem Anderssein fremd ist und die, wie gesagt, durchaus biblische Antriebe hat, wurde in der Geschichte Europas immer wieder verdunkelt; sie trat auch in der kirchlichen Missionsgeschichte in

den Hintergrund. Nicht Anerkennungsanthropologien, sondern Herrschaftsanthropologien standen im Vordergrund. Mit welchen Augen wurde etwa der lateinamerikanische Kontinent „entdeckt"? Spielte dabei die Anerkennungshermeneutik eine maßgebende Rolle? Oder war der Christianisierungsprozeß nicht doch mehr von einer fragwürdigen Angleichungshermeneutik geleitet, von einer Beherrschungshermeneutik, die keine Augen hatte für die Spur Gottes in der Andersheit der Anderen und die deshalb diese unbegriffenen Anderen immer wieder auch kulturell entwürdigte und zu Opfern machte? Hier besteht Nachholbedarf auf allen Seiten.
Gewiß, diese nachidealistische Anerkennungshermeneutik zielt nicht auf eine schiere Verklärung der Anderen in ihrem Anderssein. Auch das Anderssein ist nicht schon durch sich selbst „in der Wahrheit". Sonst endete alles in einem vagen Relativismus der Kulturwelten, der schon den Keim zu neuer Gewalt in sich trägt. Dieses in der Theologie geforderte Anerkennungsdenken darf deshalb die Spannung zwischen der Authentizität der Kulturwelten und dem zunächst in den europäischen Traditionen entwickelten Universalismus der Menschenrechte nicht preisgeben. Das suspendiert die Theologie einer kulturell polyzentrischen Weltkirche keineswegs davon, auf die Eigenart der sozialen und kulturellen Identitätsbildungen, mit ihren Hoffnungsbildern und Erinnerungen, einzugehen und die vermeintlich neutralen, die vermeintlich politik- und moralfreien Systemzwänge westlicher Zivilisation daran immer wieder zu überprüfen.
Gibt es bei uns – hierzulande und überhaupt in Europa – nicht eine neue Stimmung, die die Not und das Elend der nichteuropäischen armen Völker wieder in eine größere antlitzlose Ferne zu uns rückt? Grassiert unter uns nicht ein Krisen- und Elendsgewöhnungsdenken? Wir gewöhnen uns schließlich an die Armutskrisen in der Welt, die sich immer mehr zu verstetigen scheinen und die wir deshalb achselzuckend an eine anonyme, an eine subjektlose gesellschaftliche Evolution zu delegieren geneigt sind. Doch für die Kirche ist diese leidvolle Realität der armen Länder längst zu einer Schicksalsfrage geworden und zu einem Prüfstein ihrer Weltkirchlichkeit. Schließlich „hat" die Kirche nicht nur eine Dritte-Welt-Kirche, sie „ist" inzwischen weithin eine solche, mit einer unverzichtbaren europäischen Herkunftsgeschichte. Angesichts des massenhaften Elends, das zum Himmel schreit oder auch nicht mehr schreit, weil es ihm schon längst die Sprache und die Träume verschlagen hat, kann sich die Kirche nicht damit beruhigen, daß es sich hier um Tragödien der Ungleichzeitigkeit in einer immer rapider zusammenwachsenden Welt handelt. Oder damit, daß diese Armen eben die Opfer oder auch die Geiseln ihrer eigenen mitleidlosen Oligarchien sind. Deshalb darf sich die europäische Kirche nicht ihre Maßstäbe unter dem Druck der Verhältnisse und Mentalitäten ausreden oder verkleinern lassen. Sie darf sich nicht aus der Spannung zwischen Mystik und Politik zurückziehen in ein geschichtsfernes Mythendenken. Gewiß, die Kirche ist nicht primär eine moralische Anstalt, sondern die Tradentin einer Hoffnung. Und

ihre Theologie ist nicht primär eine Ethik, sondern eine Eschatologie. Gerade darin aber wurzelt ihre Kraft, auch in der Ohnmacht die Maßstäbe der Verantwortung und der Solidarität nicht preiszugeben und die vorrangige Option für die Armen nicht einfach den armen Kirchen allein zu überlassen. Das alles hat etwas mit der Größe zu tun und mit der Last, die auf uns durch das biblische Wort „Gott“ gelegt ist. Wer „Gott“ sagt, nimmt die Verletzung der eigenen Sicherheit durch das Unglück der Anderen in Kauf.

§ 8,2 Den Antlitzen standhalten (1990)

Unter dem Titel *Lateinamerika – mit den Augen eines europäischen Theologen gesehen,* in: Concilium 26 (1990) 6, 519–523; vgl. dazu auch J.B. Metz / H.E. Bahr, *Augen für die Anderen. Lateinamerika – eine theologische Erfahrung,* München 1991, sowie meinen Beitrag *Die Dritte Welt und Europa,* in: Stimmen der Zeit 1/1993, 3–9.

Ich möchte einen Beitrag zum Quinto Centenario dem Kriterium einer persönlichen Erinnerung unterstellen: der Erinnerung an meine Erfahrungen in Lateinamerika im Jahr 1988. Natürlich muß ich auswählen, und diese Auswahl ist zwangsläufig wieder subjektiv. Heftiger als von Gedanken, als von Gehörtem und Gelesenem wird mein Gedächtnis immer wieder von Gesichtern belagert. Meine stärksten, meine beunruhigendsten Erinnerungen gelten den Antlitzen in Lateinamerika.

I.

„Kommen Sie mal ganz nahe an die Brüstung heran", sagte der Bischof Morelli zu mir bei einer Liturgie in Duque de Caxias. „Kommen Sie her, damit Sie die Gesichter sehen." Es waren vor allem und immer wieder kleine Gesichter, schwarze Gesichter, Gesichter, die leuchteten – für Augenblicke, ein Lied lang, für die Dauer eines Rufs, eines Schreis. Und da waren Träume, da waren Wünsche in diesen Augen – oder auch Tränen.
Dann sah ich die anderen Gesichter, die anderen Augen: bei den kümmerlichst vegetierenden Campesinos in der Bannmeile von Lima, zumal und immer wieder bei den Frauen unter den Armen, und vor allem – ganz besonders nachts – bei den Straßenkindern von São Paulo. Ich sah die traumlosen Augen, die tränenlosen Gesichter, sozusagen das wunschlose Unglück. Ich sah Kindergesichter, betäubt vom Schnüffeln eines ekligen Klebstoffs – als Opiumersatz, Traumersatz in einem Leben, das wirklich unter die Traumgrenze, unter die Tränengrenze gedrückt ist: Armut, die in das Elend der Traum- und Tränenlosigkeit mündet! Die, von denen ich da spreche, sind nicht 60 Jahre, nicht 70, mit ausgeglühten, mit verbrauchten Träumen; sie sind 3 Jahre, 5 Jahre, eltern- und versorgungslose Straßenkinder – und wie viele von diesen Hunderttausenden werden noch leben, wenn ich zurückkommen sollte?
Und ich sah schließlich immer wieder die Antlitze der Indios, Antlitze, geprägt von den dunklen Schatten dessen, was man die andinische Mystik nennt. Ich, der Europäer, kann sie allenfalls als eine Gestalt von Trauermystik kennzeichnen. Es herrscht konstitutionelle Trauer in den Anden. Freilich, auch bei diesen Indios ist die Modernisierung der Köpfe längst im Gang. Wenn man zu lange ins Fernsehen sieht, ändert sich das Antlitz. Wird sich diese Trauer konjugieren lassen mit unserer westlichen Zivilisation? Oder werden wir die Indios von ihrer Trauer einfach weg-entwickeln? M.E. wäre

dann die Menschheit um eine Hoffnung ärmer. Ich möchte nicht romantisieren. Diese Trauer-Antlitze der Indios haben nichts Romantisches an sich; „Romantik“ ist ohnehin eine viel zu europäische Kategorie und wird ja auch am liebsten von denen abschätzig gebraucht, die sich unsere eigene Unfähigkeit zu trauern nicht eingestehen wollen. Diese Trauer-Antlitze prägt m.E. eine eigentümliche Stärke, eine geheime Resistenz. Wogegen? Gegen die rasende Akzeleration der Zeit, die wir inszeniert haben und der wir selbst längst unterworfen sind? Gegen das Vergessen, das in unserem modernen Bewußtsein nistet? Diese Antlitze scheinen etwas zu vermissen, was wir im Namen von „Fortschritt“ und „Entwicklung“ längst vergessen haben. Christliche Hoffnung ist ja keine Spielart von flächendeckendem Optimismus. Die Substanz christlicher Hoffnung ist nicht einfach trauerfern, nicht jeglicher Art von Trauer entkleidet. Mit der Unfähigkeit zu trauern wächst schließlich die Unfähigkeit, sich trösten zu lassen und jeglichen Trost anders zu verstehen oder zu erfahren denn als reine Vertröstung.

II.

Können wir Christen hier in Europa, kann die Kirche hierzulande diesen Antlitzen standhalten? Können wir, wollen wir den Perspektivenwechsel riskieren und unser christliches und kirchliches Leben – wenigstens für Augenblicke – aus dem Blickwinkel dieser Antlitze sehen und schätzen? Oder erfahren und definieren wir uns ausschließlich mit dem Rücken zu solchen Antlitzen? Die Versuchung dazu ist groß, und sie ist, wenn ich mich nicht täusche, im Wachsen.

Solche Fragen verschärfen sich noch, wenn man auf jenen Mentalitätswandel achtet, der sich m.E. gegenwärtig in Europa (und in Nordamerika) vollzieht und ausbreitet. Ich nenne ihn hier versuchsweise jenen alltäglichen Postmodernismus unserer Herzen, der die sog. Dritte Welt wieder in eine antlitzlose Ferne rückt. Gibt es gegenwärtig nicht so etwas wie eine geistige Strategie der Immunisierung Europas, den Hang zu einem mentalen Isolationismus, einen Kult der neuen Unschuld, einen Versuch, sich den globalen Herausforderungen denkerisch zu entziehen, eine neue Variante dessen, was ich einmal „taktischen Provinzialismus“ genannt habe? Was sich philosophisch als postmodernes Denken kennzeichnen läßt – die Absage an universalistische Kategorien, das Denken „in Differenzen“, in verkleinerten Maßstäben, im bunten Fragment –, hat durchaus seine alltägliche Entsprechung. Gibt es bei uns nicht eine neue Stimmung, die die Not und das Elend der armen Völker wieder in eine größere existentielle Ferne zu uns rückt? Breitet sich unter uns nicht ein neuer Provinzialismus aus, eine neue Art der Privatisierung unseres Lebens, eine Zuschauermentalität ohne kritische Wahr-nehmungspflicht, ein voyeurhafter Umgang mit den großen Krisen- und Leidenssituationen in der Welt? Gibt es in unserer aufgeklärten europäischen Welt nicht immer mehr Anzeichen für eine neue, sozusagen für eine sekundäre Unmündigkeit, die gespeist ist von dem Eindruck, daß wir heute zwar mehr als je über alles informiert sind, vor allem auch über das, was uns bedroht, und über alle Krisen und alle Schrecken in der Welt, daß aber der Schritt vom Wissen zum Tun, von der Information zum Beistand noch nie so groß und noch nie so aussichtslos erschien wie heute? Disponiert aber ein solcher Eindruck nicht zur Resignation? Oder zur Flucht in den Mythos und seine handlungsfernen Unschuldsträume? Grassiert unter uns nicht ein Krisen- und Elendsgewöhnungsdenken? Wir gewöhnen uns schließlich an die Armutskrisen in der Welt, die sich immer mehr zu verstetigen scheinen und die wir deshalb achselzuckend an eine anonyme, an eine subjektlose gesellschaftliche Evolution delegieren.

Doch für die Kirche ist diese leidvolle, himmelschreiende Realität dieser armen Länder längst zu einer Schicksalsfrage geworden und zu einem Prüfstein ihrer Weltkirchlichkeit. Schließlich „hat" die Kirche nicht nur eine Dritte-Welt-Kirche, sie „ist" inzwischen weithin eine solche, mit einer unverzichtbaren europäischen Herkunftsgeschichte. Angesichts des massenhaften Elends, das zum Himmel schreit oder auch nicht mehr schreit, weil es ihm längst die Sprache und die Träume verschlagen hat, kann sich die Kirche nicht damit beruhigen, daß es sich hier um Tragödien der Ungleichzeitigkeit in einer immer rapider zusammenwachsenden Welt handelt. Oder damit, daß diese Armen eben die Opfer oder auch die Geiseln ihrer eigenen mitleidlosen Oligarchien sind.

Was biblisch in der Sprache eines archaischen Wander- und Dorfchristentums gesagt ist, gilt es weltkirchlich zu buchstabieren und ernst zu nehmen: „Was ihr dem Geringsten getan habt ..." Die europäische Kirche darf sich deshalb nicht, quasi in postmoderner Manier, ihre Maßstäbe unter dem Druck der Verhältnisse und Mentalitäten ausreden oder verkleinern lassen. Sie darf sich nicht aus der Spannung zwischen Mystik und Politik zurückziehen in ein geschichtsfernes Mythendenken. Schließlich ist und bleibt sie mit ihrem Credo – „gelitten unter Pontius Pilatus" – auf die konkrete Geschichte festgelegt, auf jene Geschichte, in der gekreuzigt, gefoltert, gelitten, gehaßt, geweint – und geliebt wird. Kein Mythos kann ihr jene Unschuld zurückschenken, die sie in einer solchen Geschichte verliert ...

III.

Nochmals die Antlitze, nochmals die Augen: Mit welchen Augen wurde Lateinamerika, wurde dieser „katholische Kontinent" denn entdeckt? Zu Beginn der Zeit, die wir in Europa die „neue" nennen, zu Beginn der Neuzeit entfaltete sich – keimhaft und von vielen religiösen und kulturellen Symbolen überlagert – eine Herrschaftsanthropologie: Der Mensch verstand sich immer mehr als herrschaftliches, unterwerfendes Subjekt gegenüber der Natur. An dieser herrschaftlichen Unterwerfung, an dieser Machtergreifung über die Natur bildete sich seine Identität. Seine Augen blickten nach unten.

Seine Logik wurde eine Logik der Beherrschung, nicht der Anerkennung, eine Logik allenfalls der Angleichung, nicht aber der Alterität. Alle nichtherrscherlichen Tugenden, die Freundlichkeit und die Dankbarkeit, die Leidensfähigkeit und die Sympathie, die Trauer und die Zärtlichkeit, traten in den Hintergrund, wurden kognitiv entmächtigt oder allenfalls in verräterischer „Arbeitsteilung" der Welt der Frauen anvertraut. Lange mögen uns die Züge dieser herrscherlichen Anthropologie und Logik entgangen sein, weil sich der Unterwerfungszwang sehr bald nach außen verlagert hat – gegen fremde Minderheiten, fremde Rassen und fremde Kulturen. Offensichtlich hat die europäische Kolonisationsgeschichte hier eine ihrer Wurzeln. Und wer wagte zu bestreiten, daß auch in der christlichen Missionsgeschichte immer wieder dieser Beherrschungsmechanismus durchschlug?

Gewiß, das Projekt der europäischen Moderne trug und trägt noch ganz andere Züge. So bildete sich in ihm – in den Prozessen der politischen Aufklärung – eine Vernunft heraus, die als Freiheit und Gerechtigkeit praktisch sein will. Lange war sie eurozentrisch verschlüsselt. So kam es zwar inzwischen zu einer immer mehr sich ausbreitenden „profanen" Europäisierung der Welt – auf dem Weg über Wissenschaft, Technik und Ökonomie, kurzum auf dem Weg über die Weltherrschaft der okzidentalen Rationalität. Sie freilich riß die gesamte Welt in einen ungeheuren Taumel der Beschleunigung. Der Aufbruch des Industriezeitalters brachte schon bei uns in Europa, speziell im letzten Jahrhundert, große Verarmungen und Verelendungen mit sich. Obwohl uns das Tempo dieser europäischen industriellen Entwicklung ziemlich rapide vorkommt und sich Europa in den letzten 150 Jahren mehr verändert hat als in den vergangenen 2000 Jahren insgesamt, geschah diese Entwicklung bei uns gleichwohl im Zeitlupentempo, wenn man sie mit dem Tempo jenes Industrialisierungsprozesses vergleicht, wie er z.B. in Brasilien zu beobachten ist. Der wachsenden Beschleunigung dieser Modernisierung, dieser industriell-technischen Entwicklung – vor allem in den posturbanen Metropolen wie etwa São Paulo – scheint eine exponentiell wachsende Verelendung zu entsprechen. Die Entwicklung hat keine Zeit, sich zu entwickeln. Sie zerstört die Zeit der Menschen, über denen vormoderne Lebens- und Herrschaftsverhältnisse und nachmoderne Technik zusammenzuschlagen scheinen.

Die politische Kultur, welche Freiheit und Gerechtigkeit für alle sucht, wird sich nur durchsetzen können, wenn sie sich bei uns und in diesen lateinamerikanischen Ländern mit einer anderen Kultur verbindet, die ich etwas hilflos eine neue hermeneutische Kultur nennen könnte: die Kultur der Anerkennung der Anderen in ihrem Anderssein, mit ihrer Eigenart der sozialen und kulturellen Identitätsbildung, mit ihren eigenen Hoffnungsbildern und Erinnerungen. An ihnen wären die vermeintlich neutralen, die vermeintlich politik- und moralfreien Systemzwänge von Technik und Ökonomie unbedingt zu überprüfen. Eine solche Anerkennungskultur ermöglicht erst einen respektvollen und rettenden Austausch zwischen Europa und diesen Ländern. Schließlich ist ja auch der europäische Geist durch die von ihm selbst inszenierten Modernisierungsprozesse seinerseits gefährdet: Immer mehr wirken sie wie selbstlaufende Prozesse, immer mehr ist der Mensch in ihnen nur noch sein eigenes Experiment, immer weniger sein Gedächtnis.

IV.

Von Anbeginn hat das Christentum bei seinem Sendungsbewußtsein um eine Kultur der Anerkennung der Anderen gerungen. Nicht das – hellenistische – Identitäts- und Angleichungsdenken sollte für dieses Sendungsbewußtsein maßgeblich sein, sondern das biblische Bundesdenken, demzufolge nicht etwa Gleiches von Gleichem erkannt wird, sondern Ungleiches – anerkennend – einander erkennt. Als beispielhaft mögen der Streit zwischen Petrus und Paulus sowie das Ringen auf dem Apostelkonzil um die Frage der Beschneidung der Heidenchristen gelten. In der Weigerung des Judenchristen Paulus, die Heidenchristen der Beschneidung zu unterwerfen, drückt sich diese Anerkennung der Anderen in ihrem Anderssein aus. An den Wurzeln der biblischen Tradition liegen so auch die Antriebe zu einer neuen hermeneutischen Kultur; ihr ist eigentlich jeglicher „Wille zur Macht“ beim Erkennen der Anderen in ihrem Anderssein fremd. Diese hermeneutische Kultur wurde in der Geschichte Europas wieder verdunkelt; sie trat auch in der Kirchengeschichte in den Hintergrund. Mit welchen Augen wurde denn der lateinamerikanische Kontinent „entdeckt“? Spielte dabei diese urchristliche Hermeneutik der Anerkennung eine maßgebende Rolle? Oder war der Christianisierungsprozeß Amerikas nicht doch weit mehr – wenn auch nicht ausschließlich – von einer fragwürdigen Angleichungshermeneutik geleitet, von einer Beherrschungshermeneutik, die keine Augen hatte für die Spur Gottes in der Andersheit der Anderen und die deshalb diese unbegriffenen Anderen immer wieder auch kulturell entwürdigte und zu Opfern machte?

V.

Die Kirche hofft nicht auf sich selbst. Deshalb braucht sie auch ihre eigene Geschichte nicht – in ideologieverdächtiger Manier – zu halbieren, um jeweils nur die Sonnenseite dieser Geschichte vorzuzeigen, so wie es jene tun müssen, „die keine Hoffnung haben“. Das Versagen einzugestehen heißt nicht, in einen neurotisch anmutenden Kult der Selbstbezichtigung zu verfallen. Es heißt ganz schlicht, unsere eschatologische Hoffnung zu ehren und in ihrem Licht Umkehr und neue Wege zu wagen.

Das gilt übrigens *mutatis mutandis* auch für unsere christliche Theologie. Warum sieht und hört man ihr, so habe ich mich öfter gefragt, die Leidensgeschichte der Menschen so wenig an? Ist das das Anzeichen eines besonders starken Glaubens? Oder ist es vielleicht nur der Ausdruck eines situationslosen, eines menschenleeren Geschichtsdenkens, nur eine Art Idealismus, der mit einem hohen Apathiegehalt ausgestattet ist gegenüber den Katastrophen und Untergängen der Anderen? Die neue Politische Theologie hierzulande bildete sich u.a. an dem Versuch, den Schrei der Opfer von Auschwitz im Logos der Theologie unvergeßlich zu machen. Und der theologische Impetus der Befreiungstheologie, wie ich ihn verstehe, gilt dem Versuch, den Schrei der Armen im Logos der Theologie hörbar zu machen und das Antlitz der fremden Anderen in ihm kenntlich zu machen, d.h. die Flut der Gedanken und die Geschlossenheit der systematischen Argumentation von diesem Schrei und von diesen Antlitzen „unterbrechen" zu lassen. An ihren Wahrnehmungen vorbei ist der Gott Jesu nicht zu finden, nicht hier, nicht dort.

§ 8,3 „... die Logik der Beherrschung oder Angleichung im multikulturellen Experiment des Christentums auszuschließen" (1992)

Gekürzte Wiedergabe eines Vortrags beim Frankfurter Kongreß „Fremd ist der Fremde nur in der Fremde" im Dezember 1992, abgedruckt in: F. Balke/R. Habermas/P. Nanz/P. Sillem (Hg.), Schwierige Fremdheit. Über Integration und Ausgrenzung in Einwanderungsländern, Frankfurt a.M. 1993, 217–227.

I.

Das Christentum enthält von Anbeginn ein multikulturelles Experiment. Das Neue Testament berichtet von einem folgenreichen Konflikt, vom Streit des Petrus und des Paulus über die Beschneidung. Der Judenchrist Paulus weigert sich, die Heidenchristen der Beschneidung zu unterwerfen. Kulturelle Vielfalt soll auf dem Boden des Christentums gedeihen, das Christentum selbst soll ein Zusammenleben unterschiedlicher Kulturweisen zulassen und gestalten. Diese Vision enthält freilich eine sowohl für Religion wie für Kultur relevante Prämisse: Das Christentum hätte seinen Wahrheits- und Sendungsanspruch zu verbinden mit einer Kultur der Empfindlichkeit, mit der Kultur der Anerkennung der Anderen in ihrem Anderssein. Diese Kultur der Empfindlichkeit hätte nichts Sentimentales an sich, sie zielte nicht auf eine Verklärung und Romantisierung der fremden Anderen; es ginge nur darum, den Willen zur Macht und eine von ihm diktierte Logik der Beherrschung oder Angleichung im multikulturellen Experiment des Christentums auszuschließen.

Die Geschichte Europas ist kaum gekennzeichnet von dieser Kultur der Empfindlichkeit. Weitaus deutlicher sind die Spuren einer grandiosen Unempfindlichkeit Europas und des europäischen Christentums. Wann hätten die europäischen „Entdeckungen" nicht zu Eroberungen, sondern zu Begegnungen geführt? Es liegt nahe, im Blick auf das sogenannte Kolumbusjahr, noch einmal an die „Entdeckung" Amerikas zu erinnern. Mit welchen Augen wurde dieser Kontinent „entdeckt"? Spielte dabei die Kultur der Empfindlichkeit eine maßgebende Rolle? Oder war der Christianisierungsprozeß Amerikas nicht weit mehr und jedenfalls allzusehr von einem unempfindlichen Beherrschungs- und Angleichungsdenken geleitet, das keinerlei Augen hatte für die Spur Gottes in der Andersheit der Anderen und das deshalb diese unbegriffenen Anderen immer wieder kulturell entwürdigte und zu Opfern machte?

Aus dem Traditionsgut des Christentums gibt es Vorgaben und Antriebe für die vermißte Kultur der Empfindlichkeit. Die Nächsten im biblischen

Zentralgebot der Nächstenliebe sind ja nicht einfach die Nahen, sondern die Anderen, die fremden Anderen. Und das Gleichnis Jesu vom Weltgericht (Mt 25) enthält ein beunruhigendes Kriterium: Nicht wie wir über Gott denken, sondern wie wir uns zu fremden Anderen verhalten, entscheidet über Heil und Unheil, über Himmel und Hölle. Es gibt urbiblische Verhaltensimperative, die als Bausteine für eine Ethik der Konvivialität, für eine Ethik des multikulturellen Zusammenlebens gelten können und die die Kultur der Empfindlichkeit stützen. Gewiß, eine rein moralisierende Rhetorik rettet nicht vor der heute grassierenden Fremdenfeindlichkeit; sie wirkt am Ende eher kontraproduktiv. Viele Anwälte der Fremdenfreundlichkeit und der Multikulturalität verzichten deshalb überhaupt auf eine moralische Argumentation; sie betonen – ausschließlich – den Standpunkt der ökonomischen Nützlichkeit, bevorzugen die rein pragmatische Argumentation: „Achtet die Fremden, wir brauchen sie, wir selbst haben sie gerufen, sie fördern unseren Wohlstand, ohne sie würde unsere Wirtschaft zusammenbrechen ..." So wichtig und zutreffend diese Gesichtspunkte sind, sie machen die moralische Perspektive nicht überflüssig. Schließlich ist der Fremde mehr und anderes als eine bloße Arbeitskraft. Und der Haß gegen ihn wäre auch dann verwerflich, wenn der Fremde nichts beitrüge zum Bruttosozialprodukt. Schon zeigt sich sporadisch, daß der Fremdenhaß übertragen wird auf Behinderte, auf Alte und Kranke, kurzum auf alle, die man für „unnütz" hält. Ohne eine Ethik der Konvivialität und ohne eine von ihr gestützte Kultur der Empfindlichkeit wird ein Miteinander unterschiedlicher Kulturwelten auf Dauer nicht gelingen können. Zu diesem Gelingen hätte jedoch ein Christentum, das sich an seiner Wurzel faßt, durchaus etwas beizutragen. Und so gerät das Problem, das uns hier beschäftigt, nicht nur zum Testfall für die Demokratie, sondern auch für die moralischen Reserven des Christentums.

II.

Ohne Ehrgeiz auf Vollständigkeit nenne ich drei jener biblischen Imperative, die für eine Fremdenethik und für eine Ethik des multikulturellen Miteinanders von entscheidender Bedeutung sind. Alles hängt davon ab, ob sie sich – angesichts des schleichenden Zerfalls zentraler Wertesysteme – noch verankern lassen in unseren „klassischen" gesellschaftlichen Institutionen, in Familie, Schule, Kirche usw. Die sind schließlich immer noch die bevorzugten Lern- und Tradierungsräume unserer Gesellschaft.

1. „Aufwachen, die Augen öffnen": Diese Aufforderung durchzieht alle biblischen Aussagen. Sie kann geradezu als kategorischer Imperativ der biblischen Traditionen gelten. Danach soll das Christentum dies sein: eine Schule des Sehens, des genauen Hinsehens, und der Glaube dies: eine Ausstattung der Menschen mit wachen Augen, mit Augen für die Anderen, die im vertrauten Gesichtskreis unsichtbar bleiben. Das Christentum wäre also weder eine besondere Art von Schläfrigkeit, wie sie das neutestamentliche Gleich-

nis von den zehn törichten Jungfrauen vorführt, noch ein blinder Seelenzauber. Es lehrte auch nicht – bei allem Respekt vor Buddha und fernöstlicher Spiritualität sei dies gesagt – eine Mystik der geschlossenen Augen, sondern eine Mystik der offenen Augen. Die Menschen werden in diesen biblischen Traditionen gekennzeichnet als solche, „die sehen und doch nicht sehen", und sie werden aufmerksam gemacht auf ihre kreatürlichen Narzißmen, auf ihre elementare Angst vor dem genauen Hinsehen, vor jenem Hinsehen, das sie ins Gesehene unentrinnbar verstrickt und sie nicht unschuldig passieren läßt.

„Sieh hin und du weißt", hat der Philosoph Hans Jonas einmal formuliert und das Sehen, die Augen für die Anderen zur Wurzel für eine Kultur der Empfindlichkeit wie für eine neue Art universalistischer Moral gemacht. Das „Gewissen" ist danach ein Wissen, das aus solchem Hinsehen stammt und ohne solches Hinsehen nicht ist, nicht ohne den Versuch, auch dem häßlichen Antlitz der Armut und den traum- und wunschlosen Augen der Unglücklichen standzuhalten. Was wir die Stimme unseres Gewissens nennen, ist unsere Antwort auf die Heimsuchung durch das fremde Antlitz.

2. „Du sollst dir kein Bildnis machen": Auch dieser biblische Imperativ gehört in eine Ethik der Konvivialität. Er warnt vor Vorurteilen, vor Projektionen, vor „Übertragungen". Warum eigentlich sind Fremde immer Störende? Warum ist das Verhältnis zu Fremden so angstbesetzt? Warum gilt der Fremde spontan als Gefahr, ja als Feind? Weil wir, so unterstellt diese biblische Verhaltensregel, nicht ihm, dem Fremden, begegnen, sondern unserem Bild von ihm und darin noch einmal uns selbst, also dem in uns, worin wir uns selbst fremd und unheimlich sind, unserer Selbstverfeindetheit. Fremdenhaß ist projizierter Selbsthaß, ist Selbstentlastung zu Lasten der fremden Anderen, sagt die Psychologie und wiederholt damit eine biblische Einsicht. Das biblische Bilderverbot warnt auch vor der Verwendung von Stereotypen, von Kollektivbegriffen wie „die Türken", „die Slawen", gerade als ob wir in unserer jüngsten Geschichte nicht die tödliche Gewalt der vorverurteilenden Stereotypen, die zerstörerische Macht der augenlosen Klischees erlebt hätten: „die Juden", „typisch jüdisch"... Das provozierendste biblische Gebot, das der Feindesliebe, will jedenfalls einschärfen: Selbst Feinde haben ein Antlitz, haben einen Namen. Und Fremde?

„Du sollst dir kein Bildnis machen" – dieser biblische Imperativ macht auf eine wichtige Differenz aufmerksam: Nicht die Fremden als solche sind das primäre Problem, sondern die Art, wie wir sie wahrnehmen. Nicht die kulturelle Vielfalt als solche erschreckt, sondern die Bilder, die wir uns von ihr machen und zitieren. Auf diese Differenz zu achten, gehört zur politischen Semantik unserer Tage.

3. Die biblische Überlieferung kennt noch zwei andere Imperative gegen die wuchernde Fremdenfeindlichkeit. Der eine entspringt der Erinnerung an die eigene Fremdheit und Gemiedenheit; er hat im biblischen Israel zur auffälligen Ausgestaltung eines Fremdenrechts geführt: „Nicht bedrängen und

bedrücken sollst du die Fremdlinge; denn auch ihr seid Fremde gewesen in Ägypten." (Ex 22,20) Da ist zum anderen ein alle biblischen Traditionen durchziehendes Motiv, das der Hebräerbrief (13,2) so formuliert: „Vergeßt die Gastfreundschaft nicht, denn durch sie haben einige, ohne es zu wissen, Engel beherbergt." Natürlich wird man sich hier vor jeder Romantisierung hüten. Schließlich kann man die in archaischen Dorf- oder Nomadengesellschaften praktizierte Gastfreundschaft nicht zur Norm heutiger Fremdenpolitik machen. Aber einen entscheidenden Hinweis kann man diesem biblischen Wort doch entnehmen: Fremde sind nicht Feinde, sondern – Engel; sie sind nicht nur willkommene Arbeitskräfte, sondern – und darin den Engeln gleich – Boten, Ratgeber. Wir hätten also auf die fremde Prophetie der Menschen aus anderen Kulturwelten zu achten.

Ich will ein Beispiel nennen, das sich auf brisante Fragen der politischen Kultur bezieht. Wir sollten, so lautet der Vorschlag, durchaus auf die Stimme der betont gedächtnisgeleiteten fremden Kulturen achten, um hinter die Paradoxien unserer ausgesprochen neugierdegeleiteten westlichen Kulturen zu kommen. Gewiß, diese Gedächtniskulturen – etwa aus dem vorderasiatischen, aus dem slawischen Raum – sind keineswegs eindeutig. Sie können leicht alle Neugierde lähmen und das Experiment verdächtigen, mit Vorliebe ritualisieren sie ihre Lebenswelt und sind allzusehr auf Wiederholung bedacht; fundamentalistische Verstrickungen liegen da besonders nahe. Doch was wären politische Kulturen ohne verbindliches öffentliches Gedächtnis, Kulturen, die ausschließlich diskursorientiert sind, Kulturen, in denen es nur ein diskursiv beherrschtes, aber kein diskursleitendes Gedächtnis mehr gibt? Könnten sie dem politischen Leben hierzulande wirklich beistehen?

Auch unser moderner liberaler Rechtsstaat ist ja nicht vom Himmel gefallen. In Krisensituationen, beim Versuch seiner Legitimierung, stößt man schnell auf eine Begründungsparadoxie, die der Staatsrechtler Ernst-Wolfgang Böckenförde einmal etwa so formuliert hat: In seiner weltanschaulichen Neutralität sichert der Staat die Freiheit und Würde, die Gewissensfreiheit und Religionsfreiheit aller, tut das aber gleichzeitig unter Berufung auf eine ganz bestimmte religiöse und humanitäre Tradition, nämlich auf Griechentum und Christentum. Er bleibt also bei der Vergewisserung und Sicherung der ihn leitenden Ideale auf die Wirksamkeit eines öffentlichen Gedächtnisses angewiesen, das er als säkularer Staat mit den ihm zur Verfügung stehenden Verfahrensweisen weder erzeugen noch garantieren kann. Auch das politische Leben hierzulande wurzelt in einer – immer schwächer und unanschaulicher werdenden – Gedächtniskultur. Hier tut eine konsequente Spurensicherung not, und ein unvoreingenommener interkultureller Austausch ist dringend geboten.

Man sage nicht, auf der Basis der Gedächtnisorientierung ließe sich keine Verständigung der unterschiedlichen Kulturwelten erreichen. Alle Kulturen sind zunächst einmal dies: angehäuftes, nicht preisgegebenes Leidensgedächtnis, *memoria passionis*. Universeller, interkulturell kommunikativer als die Sprache unserer westlichen Rationalität, als unsere Wissenschaftssprache, ist allemal die Sprache, in der sich das Leidensgedächtnis der Menschen artikuliert. Und es ist diese Leidenserinnerung, die eine Kultur empfindlich und zugänglich macht für alle anderen Kulturwelten – dann jedenfalls, wenn diese Leidenserinnerung nicht rein selbstbezüglich verstanden wird, sondern als „Eingedenken fremden Leids". [Dazu folgt Ausführlicheres in den §§ 10–12.]

III.[1]

Die Frage nach den Fremden und der Fremdenpolitik, die Frage nach den Flüchtlingen und der Flüchtlingspolitik hat längst Weltdimensionen angenommen. Nicht regionale, sondern globale Migrationen sind das künftige Problem. So will ich zum Schluß noch die Frage nach dem Verhältnis Europas zur nichteuropäischen Welt anschneiden – und danach, was hier im Horizont eines kulturell polyzentrischen Christentums geboten scheint.

Europäer sind Universalisten, sie wirken ebenso neugierig wie unempfindlich, ebenso selbstzweiflerisch wie besserwisserisch, sie gelten als Grenzgänger und Grenzüberschreiter, als Eroberer und Unterwerfer, als Missionare, als „Exporteure" und allemal eben als – Eurozentriker. Was ist daran? Was hat sich geändert? Es geht mir um das Verhältnis Europas zu den nichteuropäischen Völkern und Kulturwelten, vorweg um das Verhältnis zur immer noch sogenannten „Dritten Welt", aus der die große Wanderung auf Europa hin längst eingesetzt hat.

Entdecken wir Europäer womöglich die Würde fremder Kulturen, die Würde des Andersseins der Anderen erst in einer Situation, in der es diese kulturell Anderen immer weniger gibt? Sind nicht alle Kulturen inzwischen Untertanen einer profanen Europäisierung der Welt geworden? Hat sich inzwischen nicht Europa über den ganzen Erdball ausgebreitet – auf dem Weg über die wissenschaftlich-technische Zivilisation samt ihrer Informations- und Kommunikationsindustrie? Und verändert diese profane Europäisierung der Welt nicht auch die Mentalitäten der Völker? Ist nicht ein Balinese, der ein Auto fährt, schon ein halber Europäer? Und was ist (so hat schon sehr früh H.M. Enzensberger gefragt) mit einem Indio, der fernsieht und sich keine Geschichten mehr erzählen läßt? Ist er nicht auch bereits ein anonymer Europäer geworden? Und wohin führt dieser letzte Triumph unseres Eurozentrismus?

Nun ist freilich Europa die kulturelle und politische Heimat eines Universa-

[1] [In der ursprünglichen Fassung des Textes folgte hier ein Abschnitt über den Zusammenhang zwischen der „schwierigen Fremdheit" und neuaufbrechenden Formen des Antisemitismus bzw. sog. Schlußstrich-Mentalitäten im Blick auf die Shoah. Da dieser Frage in diesem Band – unter § 8,5 – ein eigener ausführlicher Beitrag gewidmet ist (er beschäftigt sich u.a. mit dem Verlust der geschichtlichen Unschuld der Theologie), mußte auf den erwähnten Abschnitt hier verzichtet werden.]

lismus, der in seinem Kern gerade nicht eurozentrisch, sondern strikt antieurozentrisch ist. Ich meine hier nicht das Europa der rationalen und kommerziellen Herrschaft, nicht das Europa der wissenschaftlich-technischen Zivilisation, sondern das Europa der politischen Aufklärung. Gewiß, der freiheits- und gerechtigkeitssuchende Universalismus der Aufklärung war zunächst nur im Pathos universal, er ist in der konkreten Durchführung bis heute partikular geblieben. Gleichwohl begründet er eine neue politische und hermeneutische Kultur, die auf die Anerkennung der subjekthaften Freiheit und Würde aller Menschen zielt. Die Anerkennung der kulturellen Vielfalt darf diesen in den europäischen Traditionen entwickelten Universalismus der Menschenrechte nicht preisgeben. Er nämlich stellt sicher, daß der kulturelle Pluralismus nicht einfach in einen vagen Relativismus der Kulturwelten zerfällt und daß die postulierte Kultur der Empfindlichkeit für das Anderssein der Anderen wahrheitsfähig bleibt. „Der Kulturrelativismus ist ein verlockender Weg. Wer wäre nicht für Austausch und Vielfalt?... Aber der Austausch funktioniert nur unter gewissen Bedingungen, die Vielfalt braucht Regeln. In meines Vaters Haus sind viele Wohnungen. Wohl wahr, aber wer bestimmt die Hausordnung?" (Ulrich Greiner). Immer dringlicher wird dabei die Frage, wie sich Menschenrecht und Völkerrecht, wie sich Menschenrecht und Kulturrecht zueinander verhalten und wie der Hoheit des Menschenrechts in dem einen Haus der Welt Geltung zu verschaffen sei.

Gibt es indes nicht zweierlei Menschenrecht in der heutigen Weltpolitik? Wo etwa bleibt das Mitspracherecht der armen Länder dieser Erde, wenn es um die Würde und die Freiheit ihrer Menschen geht? Inzwischen diskutieren wir, seit dem Golfkrieg, den Gedanken, daß Menschenrecht unter bestimmten Umständen Völkerrecht brechen könne. Die Beispiele beginnen sich zu mehren ... Ist es aber nicht auffällig, daß wir in Europa dabei spontan immer nur an Krisensituationen in den armen Ländern denken, in denen wir notfalls um des Menschenrechts willen zu intervenieren hätten? Wer käme denn bei uns schon auf die Idee, daß auch die armen Völker ein Recht haben könnten, sich in die Weltpolitik der Industrieländer des Nordens einzumischen und auf eine entschiedenere Demokratisierung der Weltwirtschaft zu drängen? Wer käme bei uns schon auf die Idee, daß diese armen Länder ein Recht hätten, die Souveränität der reichen Länder zu befragen, die schließlich nicht nur für die ökologischen Katastrophen verantwortlich sind, sondern die armen und anders entwickelten Völker und Kulturen dieser Erde einem Modernisierungs- und Beschleunigungsdruck ausgesetzt haben, der menschenwürdige Formen des Lebens in diesen Ländern und Kulturen nicht fördert, sondern zerstört? Gibt es also nicht doch zweierlei Menschenrecht? Und wird diese Ungleichheit nicht wieder besonders deutlich, seit der kalte Krieg vorüber ist und deshalb die reichen und starken Industrieländer des Nordens keine Angst mehr haben müssen, die armen Länder dieser Erde könnten ins falsche politische Lager abwandern?

Hier müßte die Kirche, die im Schnittpunkt zwischen reichen und armen Ländern angesiedelt ist, zur unerschrockenen Lobby für die armen Länder werden, für deren Mitspracherecht in der Weltpolitik, für die Gleichheit in Menschenrechtsfragen und gegen die herrschende Meinung, wonach Menschenrechtspostulate systemfremde Imperative im Welthandel seien. Schließlich ist das von der Kirche verkündete Reich Gottes nicht indifferent gegenüber den Welthandelspreisen!
Diese Aufgabe ist um so dringlicher, sie wiegt um so schwerer, als sie sich, gänzlich unmodisch, gegen eine neue Stimmung in Europa wenden muß. Diese neue Mentalität ist zunächst im intellektuellen Hintergrund des gegenwärtigen Europa festzumachen, dringt aber immer mehr ins alltägliche Bewußtsein ein und rückt die Krisen- und Leidenssituation in der Dritten Welt in eine antlitzlose Ferne. Ich kennzeichne diese Hintergrundmentalität als „Euro-Provinzialismus". Was ist gemeint? Gemeint ist eine neue postmoderne „Bescheidenheit", das Denken und Empfinden in verkleinerten Verhältnissen und mit verkleinerten Maßstäben. Große Begriffe, die zumeist nur utopisch oder visionär zu fassen sind, gelten inzwischen als verdächtig. Die Rede von „der" Geschichte, von „der" Gesellschaft, von „der" Welt gilt als obsolet, als latent totalitär. Allzuviel Drängen auf Praxis und Solidarität gerät unter Terrorismusverdacht. Der Amerikaner Francis Fukuyama darf mit seinen viel diskutierten Überlegungen zum „Ende der Geschichte" als Beispiel gelten für den neuen Geist, der im Westen bzw. Norden umgeht: Die große Geschichte der Freiheit ist zu Ende, es gibt nur noch kleine Geschichten.
Der europäische Geist liebt es „kleiner". Ein neuer Unschuldstraum scheint das europäische Denken ergriffen zu haben. Er äußert sich in einer Vorliebe für mythische und romantische Motive, die man mit dem Rücken zu jener Geschichte erzählen kann, in der gelitten und gestorben wird. Der neue europäische Geist schätzt die ethische und politische Suspension, die in solchen Mythisierungen und puren Literarisierungen unserer Lebenswelt steckt. So sieht der intellektuelle Kult der neuen Unschuld Europas aus, so setzen die geistigen Strategien zur Immunisierung Europas an, so beginnt die intellektuelle Vorbereitung eines politischen Apartheidsdenkens in Europa, so entfaltet sich der „Euro-Provinzialismus", wie ich ihn verstehe.

§ 8,4 In der Krise des europäischen Geistes (1992)

Veröffentlicht unter dem Titel *Solidarische Freiheit, Krise und Auftrag des europäischen Geistes,* in: Concilium 28 (1992) 2, 178–182; ergänzt durch einige Gesichtspunkte aus dem Vortrag in Seattle zur Eröffnung der Hunthausen-Lectures 1989, deutsch veröffentlicht unter dem Titel *Die eine Welt als Herausforderung an das westliche Christentum,* in: Una Sancta 4 (1989) 314–322. Vgl. auch: *Das Christentum und der europäische Geist,* in: P. Koslowski (Hg.), Europa imaginieren, Berlin/Heidelberg 1992, 313–323 und: *Europäischer Geist: die jüdische Mitgift,* in: Kirche und Israel (1993) 1, 23–32.

I.

„Eurozentrismus": das ist der Hauptvorwurf, der – in der Welt, in Europa selbst – gegen den europäischen Geist immer wieder und insbesondere heutzutage erhoben wird. Immer wieder werden die Europäer als zu eurozentrisch kritisiert. Doch was heißt „eurozentrisch"? Worin wurzelt der Eurozentrismus des europäischen Geistes? Ich möchte kurz und knapp antworten: Er wurzelt nicht darin, daß wir Europäer zu viel Europa in die Welt „exportiert" haben, sondern zu wenig; oder genauer: daß wir immer nur das halbierte Europa, nur den halbierten europäischen Geist in der Welt auszubreiten suchten. Ich weiß, diese Antwort klingt provokant und auch nicht unmißverständlich. Ich hoffe, daß sie in meinen folgenden Überlegungen deutlichere Konturen gewinnt.

Auf dem Weg über Wissenschaft und Technik bzw. über die sogenannte technologische Zivilisation hat Europa in gewisser Weise die Weltherrschaft angetreten und damit jene Eine Welt geschaffen, wie wir sie mit ihren offenen und latenten Widersprüchen gegenwärtig erfahren. Mit seiner Informations- und Kommunikationsindustrie bewegt es sich wie eine Planierraupe über den ganzen Erdball. Die Europäisierung der Köpfe im Stile ihrer technischen Modernisierung ist überall im Gange. Die sogenannte okzidentale Rationalität betreibt die profane Europäisierung der Welt. Dieser in Europa verwurzelte Rationalitätstypus ist bekanntlich ursprünglich geleitet vom Willen zur Macht über die unbeherrschte Natur. Sein Wissen ist eine Form des Herrschaftswissens. Die ihm immanente Logik ist eine Logik der Beherrschung, nicht aber der Anerkennung, sie ist eine Logik allenfalls der Angleichung und der Anverwandlung, nicht aber eine Logik der Alterität.

Erschöpft sich aber die Botschaft des europäischen Geistes in dieser profanen Europäisierung der Welt? Wenn ja, was wären die Konsequenzen? Würden im Zuge dieser profanen Europäisierung nicht alle anderen Kulturen immer mehr marginalisiert und folklorisiert? Würden ihre fremden Prophetien nicht endgültig – gerade auch für die Europäer selbst – verstummen? Nun trägt der europäische Geist noch ganz andere als diese herrschaftlichen Züge. Vor allem in den Prozessen der europäischen Aufklärung bildete sich ein neuer Rationalitätstypus heraus. Er ist geleitet von einer Vernunft, die als Freiheit praktisch werden und zu sich selbst kommen will – auch und gerade als Freiheit der Anderen und damit als Gerechtigkeit. Dieser Rationalitätstypus fundiert eine neue politische Kultur, die auf die subjekthafte Freiheit und Würde aller Menschen zielt. Diese im europäischen Geist beheimatete universelle Botschaft ist strikt anti-eurozentrisch. Ohne ihre Verbreitung in der Welt wäre die profane Europäisierung der Welt nur ein Beitrag zu deren Untergang. Nicht jeder Universalismus ist Ausdruck des Willens zur Macht! Gewiß, diese Art von „europäischem Universalismus", dieser „Universalismus der Menschenrechte" (wie man ihn wohl auch nennen könnte) kann freilich nur zur Geltung kommen, wenn sich seine Ausbreitung in einer Bereitschaft zur Anerkennung der Anderen in ihrem Anderssein verwirklicht, wenn sich also im Zeitalter der universalen Menschenrechte nicht nochmals das Zeitalter der europäischen Unempfindlichkeit wiederholt, das schon so viele Opfer gekostet hat.

II.

Wie aber steht es denn nun um diese „gute" und verheißungsvolle Hälfte des europäischen Geistes in Europa selbst? Bei der Beantwortung dieser Frage sollten wir keineswegs zu selbstgewiß, zu unkritisch sein. Hier würde uns eine Portion Ideologiekritik, die heute weithin geächtet oder doch vernachlässigt erscheint, guttun. Ist es denn z.B. ausgemacht, daß der Rationalitätstypus, der geprägt ist vom Willen zur Macht im Sinne universaler Machbarkeit, nicht auch jenen Rationalitätstypus verschlingt, den ich als Typ einer freiheits- und gerechtigkeitssuchenden Vernunft und damit als Basis einer neuen politischen Kultur bezeichnet habe? Besteht nicht die Gefahr, daß der „gute" europäische Geist nur noch kompensatorische Bedeutung hat, nicht aber substantielle? Auch in Europa wirken die sogenannten Modernisierungsprozesse immer subjektloser, immer selbstlaufender. Wie steht es um diesen „guten" Geist Europas? Ich nenne einige Symptome seiner Krise bzw. seines drohenden Zerfalls – und ich hoffe, daß mir dies ohne kulturpessimistische Attitüde gelingt.

1. Es gibt so etwas wie den technisch-technologisch extrapolierbaren Tod des freiheitssuchenden Geistes. Subjekthafte und solidarisch verpflichtete Freiheit scheint längst technisch überdeterminiert. Immer mehr wird alles technisch reproduzierbar, am Ende auch der reproduzierende Mensch selbst. Immer mehr ist der Mensch nur noch sein eigenes Experiment, immer weniger sein eigenes Gedächtnis. Ist nicht längst das Leitbild eine computerisierte Intelligenz, die sich nicht erinnern kann, weil sie auch nichts vergessen kann, also eine Intelligenz ohne Geschichte, ohne Leidensfähigkeit und ohne Moral?

Zielt diese Entwicklung auf gesteigerte Mündigkeit oder auf eine neue, gewissermaßen sekundäre Unmündigkeit? Auf eine sekundäre Unmündigkeit, die viel schwerer zu überwinden ist als die erste Unmündigkeit zu Zeiten der Aufklärung, weil die sekundär Unmündigen gar nicht an der Unmündigkeit leiden, an der sie leiden –? Wie medien- und informationskompatibel ist eigentlich jener Geist, der als subjekthafte und solidarische Freiheit sich selbst suchen will? Gerade nordamerikanische Wissenschaftler haben in den letzten Jahren auf die Mehrdeutigkeiten unserer modernen Kultur- und Informationsindustrie hingewiesen. Die Massenmedien zielen ja nicht nur auf reichere, wahrnehmungsintensivere Subjektivität; sie befördern auch eine neue Art von Subjektmüdigkeit, indem sie immer mehr von der Anstrengung der selbstphantasierten Sprache und der selbsterlebten Geschichte dispensieren; ihre Informationsflut dient augenscheinlich nicht nur der Aufklärung, sondern auch einer neuen, gewissermaßen sekundären Gestalt der Entmündigung, weil sie den Menschen immer mehr von den Möglichkeiten und auch den Folgen seines konkreten Handelns entfernt. Schlägt also der Geist der europäischen Moderne, der Geist der Aufklärung, langsam, aber sicher in eine zweite Unmündigkeit um?

2. Es gibt so etwas wie den wissenschaftstheoretisch extrapolierbaren Tod des freiheitssuchenden Rationalitätstyps. Augenscheinlich ist unser modernes Wissenschaftswissen nicht am subjekthaften Fundament des Wissens orientiert. Subjekt, auch Freiheit, Befreiung usw. sind, streng wissenschaftlich gesprochen, Anthropomorphismen. Wissenschaftstheoretisch ist, wenn ich recht verstehe, die Rede von subjekthafter und solidarischer Freiheit ein Anachronismus. Um zu wissen, was der Fall ist, ist vom Tod des Subjekts auszugehen. Es gibt keine Subjekte, nur selbstreferentielle Systeme. In ihnen herrscht nicht die Spontaneität des Geistes. Das wäre eine „alteuropäische" Vorstellung! Es herrscht vielmehr die Weltraumkälte einer unendlich gleichgültigen Evolution, subjektlose Evolutionsgeschichte.

3. Auch die neu aufkeimende Mythenfreudigkeit, der neomythische Kult der europäischen Postmoderne, zielt in meinen Augen auf den Tod jenes Rationalitätstyps, der als subjekthafte und solidarische Freiheit praktisch werden will. Im vielfach gefeierten Abschied von der europäischen Moderne breitet sich ein neuer Kult der Entpflichtung aus, ein neuer Kult der Unschuld, ein Lob des Mythos wegen der in ihm steckenden ethischen Suspension, wegen der in ihm begründeten Unschuldsvermutung für den Menschen. Optionen gibt es jetzt nur noch mit Vorbehalt. Engagement, wenn überhaupt, nur noch als Engagement mit Umtauschrecht: „Hier stehe ich, ich kann auch ganz anders. Ich bin nie bloß meiner eigenen Meinung. Alles geht, auch das Gegenteil ..."

Im Hintergrund steht bekanntlich Nietzsche, der Prophet des Abschieds von der europäischen Moderne. Wir sollten freilich in Rechnung stellen, daß dieser Nietzsche nicht nur der Künder des Todes Gottes im Herzen Europas ist, der leidenschaftliche Kritiker des christlichen „Monotono-Theismus" zugunsten dionysischer Polymythie, sondern auch der Künder des Todes des uns bisher bekannten und anvertrauten Menschseins. Nietzsche spricht bekanntlich selbst schon vom Tod des Subjekts, er hält das Subjekt für eine bloße „Fiktion" und die Rede vom „Ich" für einen Anthropomorphismus. Er beschreibt schon den Zerfall der wahrheitssuchenden Sprache im Taumel der Metaphern und der subjektlosen Diskurse. Er prophezeit und fordert das Ende des normativ-moralischen Bewußtseins in einem Leben „jenseits von Gut und Böse“, in dem der Nachfolger des Menschen, der überhöhte Mensch, nichts anderes ist als das unendliche Experiment seiner selbst.

Gewiß, hier wäre nun freilich – um Nietzsches willen – genauer zu differenzieren. Ich freilich streite hier nur gegen jenes Klischee, als das Nietzsche selbst wirkt. Spiegelt sein „neuer Mensch“, der dionysisch erhöhte Mensch, die Zukunft des europäischen Geistes? Eine Freiheit „jenseits von Gut und Böse“, erinnerungsfern, leidensfern, trauerfern und vor allem dies: unschuldig? Diese dionysisch gestimmte Selbstverwirklichung des europäischen Geistes ist nicht unbedingt utopisch: Ihre trivialste Verwirklichung ist naheliegend: der Mensch als sanft funktionierende Maschine.

III.

Mag sein, daß ich diese Krise des europäischen Geistes überzeichnet habe. Eine gewisse Einseitigkeit will ich auch nicht leugnen. Sie kann dienlich sein, um rechtzeitig nach Korrektiven zu fragen. Gibt es sie? Viele suchen heute jedenfalls nach solchen Korrektiven, nach Widerstandsressourcen. Sie wenden sich direkt an außereuropäische Kulturen und deren Weisheiten. Ich möchte hier anregen, auf die Tiefendimensionen der europäischen Kultur selbst zu achten – und zwar hier insoweit, als sie in die biblischen Traditionen zurückreichen. Aus ihnen lassen sich Motive des Geistes und der Kultur einer solidarischen Freiheit gewinnen, die mir in der geschilderten Krisensituation unverzichtbar erscheinen. Gewiß, diese Motive und Perspektiven sind nicht zuletzt durch die Art, in der das Christentum zur Theologie wurde, selbst verschüttet. Um so dringlicher ist die Aufgabe, sie dem Vergessen oder auch jenem Vergessen des Vergessens zu entreißen, das im zeitgenössischen theologischen Diskurs herrscht. Mehr als eine Spurensicherung in der Krise des europäischen Geistes will und kann das Folgende nicht sein.

1. Die im ursprünglichen Christentum wirksame Art der Weltwahrnehmung hat die Gestalt einer anamnetischen Vernunft. Der Rationalitätstypus der biblischen Traditionen, wenn ich das einmal so nennen darf, hat also anamnetische Grundverfassung. Er rekurriert auf die unauflösliche Einheit von *ratio* und *memoria* – und eben dies scheint mir beim freiheitssuchenden Rationalitätstyp der Aufklärung verdrängt oder vergessen. Die Kritik der Aufklärung an Dogmatismus und Traditionalismus hatte allen Grund. Hat sie indes nicht übersehen, daß eine besondere Gestalt von Erinnerung nochmals jeder kritischen Vernunft innewohnt, die nicht zum puren Kritizismus werden will? Hat sie nicht übersehen, daß nicht nur der Glaube, sondern auch jede Vernunft, die als Freiheit praktisch werden will, solcher Erinne-

rung bedarf? Diese Erinnerung gewinnt gegenüber unserer wissenschaftlich-technischen Systemwelt die Gestalt einer gefährlichen Erinnerung, ohne die der Mensch als subjekthafte und solidarische Freiheit immer mehr sich selbst abhanden kommt. Erinnernd sucht sich diese Vernunft der semantischen Gehalte zu vergewissern, aus denen sich nicht nur die Substanz des Glaubens, sondern auch das Interesse an subjekthafter und solidarischer Freiheit nähren. Nun hat zwar das Christentum den anamnetischen Charakter seiner Identität kultisch bewahrt („Tut dies zu meinem Gedächtnis"). Aber es hat weithin versäumt, diese anamnetische Verfassung auch kulturell zu entfalten und gegenüber einer abstrakten Vernunft der Moderne zu verteidigen. Nur wo dem Christentum das gelingt, kann es sich auch mit rettender Kritik in die Krise des europäischen Geistes einmischen.

2. Der europäische Geist, wie er sich in den Prozessen der Aufklärung manifestierte, wollte vor allem auch dies sein: Aufbruch aus den Ängsten einer mythisch verzauberten Welt im Interesse der Freiheit des Menschen. Dieses Interesse leitete auch die radikale Religionskritik der Aufklärung. Freilich, eine Frage konnte dabei weder beantwortet noch ausgeschaltet werden, nämlich die Frage nach Trost. So hat der freiheitssuchende Geist der Aufklärung durch die Verdrängung dieser Frage – gegen seinen erklärten Willen – immer neue Irrationalismen produziert: neue Mythen etwa als klandestine Ausgänge aus den Engpässen des geschichtlichen Lebens, als Entlastungen von den konkreten Leidens- und Katastrophenerfahrungen und als Absorption von Angst und Schuld.

Radikaler als der Rationalitätstypus der Aufklärung kennt das Gottesgedächtnis der biblischen Traditionen eine Kritik aller Mythen, jedenfalls einen mythenkritischen Vorbehalt. In den urbiblischen Traditionen wurde erstmals und einzigartig in der Religionsgeschichte der Name „Gott" auf die Menschen gelegt. Die Gottfähigkeit Israels wurzelt dabei offensichtlich in einer eigentümlichen Unfähigkeit, nämlich in der Unfähigkeit, sich von geschichtsfernen Mythen oder Ideen wirklich trösten zu lassen. Der biblische Monotheismus ist von einem mythenkritischen Pathos begleitet. Freilich, gegenwärtig geht selbst die christliche Theologie vielfach auf Distanz zu diesem Monotheismus. Sie sucht ihn z.B. tiefenpsychologisch auf eine polymythische Urgeschichte der Menschheit hin zu hintergehen oder trinitätstheologisch auf eine innergöttliche Geschichte hin zu durchschauen. Doch in solchen Versuchen spiegelt sich m.E. eine mythisch und polytheistisch gestimmte Welt, der die mythenkritische Kraft abhanden gekommen ist. Das neue Lob des Mythos im postmodernen Geist Europas ruft in mir eine Vermutung wach: Ist die im Mythos gesuchte ethische Suspension, die radikale Unschuldsvermutung für den Menschen, die der Mythos gewährt, nicht eine verschlüsselte Form der Verzweiflung an der Freiheit, vor allem an den Zumutungen solidarischer Freiheit angesichts der himmelschreienden Ungerechtigkeiten in unserer Welt?

3. Immer war der Rationalitätstypus der Aufklärung, auf dem unsere Frei-

heit und Gerechtigkeit suchende politische Kultur basiert, von den Gefahren ethnozentrischer und kulturell monozentrischer Kurzschlüssigkeiten bedroht. Immer wieder, so scheint es, scheiterte diese neue politische Kultur an den fremden Anderen, die es in ihrer Andersheit zu erkennen und anzuerkennen galt. Angesichts dieser Krise darf ich auf einen dritten Impuls hinweisen, der sich biblischen Traditionen verdankt. In ihnen liegen die Antriebe zu einer solchen hermeneutischen Kultur, der Kultur der Anerkennung der Anderen in ihrem Anderssein. Die Nächsten im biblischen Zentralgebot der Nächstenliebe sind ja nicht primär die Nahen, sondern die Anderen, die fremden Anderen. Hat das Christentum noch die Kraft, dieses biblische Wissen um die Spur Gottes in der Andersheit der Anderen zu kultivieren? Nur dann kann es Beistand leisten in der Krise des europäischen Geistes und seiner universalistisch angelegten Moral.

In seinem Buch „Die Eroberung Amerikas. Das Problem des Anderen" [Frankfurt a.M. 1986] zeigt der in Paris lebende Tzvetan Todorov, daß diese Eroberung Amerikas im 16. Jahrhundert vor allem deswegen gelang, weil die Europäer den Eingeborenen hermeneutisch überlegen waren. Zum Beispiel konnten die Azteken in Mexiko den kleinen militärischen Haufen des Spaniers Cortés nur innerhalb ihres eigenen „Weltbildes" erkennen und (entsprechend falsch) einschätzen. Dagegen war der Europäer in der Lage, diese fremden Anderen in ihrer Andersheit, gewissermaßen in ihrem eigenen „System" zu erkennen. Dieses Erkennen der Anderen in ihrem Anderssein diente aber, wie wir wissen, gerade nicht ihrer Anerkennung, es war ein Erkennen der Anderen im Interesse ihrer Kalkulierbarkeit und ihrer Überlistung. Es war Ausdruck einer Beherrschungshermeneutik, nicht aber einer Anerkennungshermeneutik, der alle Gewalttätigkeit, jeglicher „Wille zur Macht" beim Erkennen der Anderen in ihrem Anderssein fremd ist. Wenn ich mich nicht täusche, dann ist die Entfaltung der Anerkennungshermeneutik in der *Theologie* dadurch hartnäckig behindert worden, daß in der christlichen Theologie sehr früh ein Erkenntnisprinzip zur Geltung kam, das aus dem griechischen Identitätsdenken – seit Parmenides – stammt. Es wurde im mediterranen Gnostizismus auch religiös wirkmächtig. Es drang schließlich über Plotin in die christliche Theologie ein und prägte dann vom Neuplatonismus bis zum deutschen Idealismus nachhaltig die Gestalt christlichen Denkens und christlicher Religionsphilosophie. Ich meine jenes Erkenntnisaxiom, demzufolge jeweils Gleiches nur von Gleichem erkannt werden kann. Wenn man jedoch nicht dem griechischen Seinsdenken folgt, sondern dem Bundesdenken der biblischen Traditionen, wenn man Paulus (z.B. in seinem Konflikt mit Petrus) folgt, so müßte man eigentlich ein anderes theologisches Erkenntnisprinzip formulieren: Gerade Ungleiches erkennt – anerkennend – einander. Allein mit diesem hermeneutischen Axiom läßt sich m.E. das Problem „Einheit und Vielheit", wie es uns heute angesichts der einen Welt aufgegeben ist, verheißungsvoll gestalten.

Was führte *kirchlich* zur Suspension der biblischen Anerkennungshermeneutik? Nun, augenscheinlich geriet die Kirche immer wieder in die Versuchung, die ihr aufgetragene Universalität ihrer Sendung mit der Universalität des Reiches Gottes zu verwechseln und die eschatologische Differenz zwischen der Kirche und dem Reich Gottes zu vernachlässigen bzw. zu ignorieren. Darum ist ihre Sendung, ihre Mission nicht von einer Anerkennungshermeneutik, sondern von einer Angleichungs-, ja Unterwerfungshermeneutik begleitet. Die Tragödie der Juden in der Geschichte des europäischen Christentums hat hier eine ihrer Wurzeln.

Die biblisch verwurzelte Kultur der Anerkennung der Anderen in ihrem Anderssein zielt zwar nicht auf eine Verklärung der fremden Anderen. Aber sie macht es möglich, daß sich die im westlichen Geist verinnerlichte Tendenz zur Universalität verheißungsvoll verbindet mit der Weisheit und den Leidenserinnerungen anderer Kulturen. In diesen Kulturen erhebt sich Widerstand gegen eine abstrakte Evolutionslogik, in welcher schließlich die Geschichte durch ökonomische Naturgesetze und das Gedächtnis durch den Computer ersetzt wird. Diese Haltung scheint mir durchaus koalitionsfähig mit jenem westlichen Geist, der heute seinerseits auf der Suche ist – und zwar nicht etwa auf der Suche nach der Abschaffung unserer wissenschaftlich-technischen Welt und ihrer Errungenschaften, wohl aber gerichtet auf neue Formen des Umgangs mit ihr: Gerichtet auf den kulturellen Hintergrund unserer okzidentalen Rationalität und ihrer immer mehr selbstlaufenden, immer subjektloser wirkenden Modernisierungsprozesse, in denen der Mensch – wie gesagt – immer weniger sein eigenes Gedächtnis und immer mehr nur noch sein eigenes Experiment ist, ja, in denen der Tod jenes Menschen, wie er uns bisher geschichtlich vertraut ist, schon einkalkuliert zu sein scheint. Vermutlich wäre ein solcher schöpferischer Austausch zwischen den Kulturwelten das, was heute am ehesten den Namen „Fortschritt" verdient. Jedenfalls scheint mir die besprochene hermeneutische Kultur eine unerläßliche Voraussetzung zu sein für den immer wieder gefährdeten Weltfrieden. Könnte hier ein zum kulturellen Polyzentrismus heranreifendes Christentum des Westens gar zum produktiven Vorbild werden für die Gestaltung des Weltfriedens?

§ 8,5 Zwischen Erinnern und Vergessen: Die Shoah im Zeitalter der kulturellen Amnesie (1997)

Vortrag beim Internationalen Kongreß zur „Shoah zwischen Interpretation und Erinnerung" in Neapel vom 5. bis 9. Mai 1997, in deutscher Sprache bisher unveröffentlicht.

I.

Ich gehöre zu jener Generation von Deutschen, die langsam – viel zu langsam – lernten, sich als eine Generation „nach Auschwitz" zu begreifen, und ich suchte dem in meiner Art des Theologietreibens nach Kräften Rechnung zu tragen. Auschwitz signalisierte für mich einen Schrecken jenseits aller vertrauten Theologie, einen Schrecken, der jede situationsfreie Rede von Gott leer und blind erscheinen ließ. Gibt es denn, so habe ich mich gefragt, einen Gott, den man mit dem Rücken zu einer solchen Katastrophe anbeten kann? Und kann Theologie, die diesen Namen verdient, ungerührt nach einer solchen Katastrophe einfach weiterreden, von Gott und von den Menschen weiterreden, als ob angesichts einer solchen Katastrophe nicht die unterstellte Unschuld unserer menschlichen Worte zu überprüfen wäre? Durch solche Fragen sollte Auschwitz nicht etwa zu einem „negativen Mythos" stilisiert werden, der diese Katastrophe ja wieder unserer Theologischen und historischen Verantwortung entzogen hätte. Es ging primär um die beunruhigende Frage: Warum sieht und hört man der Theologie diese Katastrophe – wie überhaupt die Leidensgeschichte der Menschen – so wenig oder überhaupt nicht an? Ich war beunruhigt von dem augenfälligen Apathiegehalt der christlichen Theologie, von ihrer erstaunlichen Verblüffungsfestigkeit angesichts der Shoah. Von da an habe ich versucht, christliche Theologie im Bewußtsein der Situation „nach Auschwitz" zu betreiben, nicht etwa mit der Absicht einer theologischen Sinngebung oder gar christlichen Vereinnahmung dieser Katastrophe, sondern „Theologie nach Auschwitz" vor allem als Theologiekritik.

II.

„Die Shoah zwischen Erinnern und Vergessen". Mit diesem Thema wende ich mich nun nicht nur an die Theologie, sondern an die „geistige Situation unserer Zeit" (K. Jaspers) überhaupt. In ihr hat sich nämlich meines Erachtens eine folgenreiche Verschiebung bzw. Veränderung der Mentalität vollzogen. Um sie auf den Punkt zu bringen, könnte ich sagen: Das „Geheimnis" der Erlösung heißt nun nicht mehr Erinnerung, sondern – Vergessen. Wir leben zunehmend in einem Zeitalter der kulturellen Amnesie.

Rücken wir heute nicht – etwa unter dem Stichwort der Postmoderne – immer mehr in eine Welt der Kultivierung des Vergessens ein? Immer weniger ist der Mensch sein eigenes Gedächtnis, immer mehr nur noch sein eigenes grenzenloses Experiment. Friedrich Nietzsche, der im Hintergrund dieser geistigen Situation längst Hegel und Marx abgelöst hat, knüpfte seine „neue Art zu leben“, mit der er einen Schlußstrich unter das Christentum und alle monotheistischen Religionen zu ziehen suchte, an den Triumph der kulturellen Amnesie. „Bei dem kleinsten aber und bei dem größten Glücke ist es immer eins, wodurch Glück zum Glücke wird: das Vergessenkönnen ... Wer sich nicht auf der Schwelle des Augenblicks, alle Vergangenheiten vergessend, niederlassen kann, wer nicht auf einem Punkte wie eine Siegesgöttin ohne Schwindel und Furcht zu stehen vermag, der wird nie wissen, was Glück ist ...“[1] Die Vision vom Glück der Menschen gründet nun ganz schlicht im Vergessenkönnen, in der Amnesie der Sieger oder eben auch der Durchgekommenen. „Selig sind die Vergeßlichen!“[2] kann Nietzsche formulieren und seine „Seligpreisung“ der des Jesus von Nazaret entgegenstellen: „Selig die Trauernden“, die den Schmerz nicht verwinden können.

Aber wie? Ist denn bei uns nicht genug von Vergangenheit und Vergangenheitsbewältigung die Rede? Vom „Historikerstreit“ und seinen Folgen? Ist unsere Öffentlichkeit nicht geprägt von Diskussionen über Mahnmale, über Holocaust-Denkmäler, vom Streit über die Wehrmachtsausstellung in Deutschland und Österreich und über Daniel Goldhagens Buch von „Hitlers willigen Vollstreckern“ usw.? Was also ist mit der Vorherrschaft des Vergessens, mit dem Zeitalter kultureller Amnesie, in dem wir angeblich leben? Die total vernetzte Informationsgesellschaft, in die wir heute immer mehr hineinwachsen, kann diesem Vergessen meines Erachtens nicht widerstehen. Sie ist eher in Gefahr, zur eigentlichen Vergessensmaschine zu werden; denn das „Speichern“ von Informationen ist eben kein Erinnern; „Speichern – das heißt Vergessen“ (H. M. Enzensberger).[3] Um unserer Frage auf den Grund zu kommen, möchte ich nochmals Nietzsche zitieren, Nietzsche in seiner ganzen Ambivalenz, Nietzsche, der keineswegs ein blinder Fanatiker des Vergessens war. In seinen Überlegungen „Zur Genealogie der Moral“[4] schreibt er: „Wie macht man dem Menschen-Tiere ein Gedächtnis? ‚Wie prägt man diesem teils stumpfen, teils faseligen Augenblicks-Verstande, dieser leibhaftigen Vergeßlichkeit etwas so ein, daß es gegenwärtig bleibt?‘ ... ‚Man brennt etwas ein, damit es im Gedächtnis bleibt: Nur was nicht aufhört weh zu tun, bleibt im Gedächtnis‘.“ Was also mit kultureller Amnesie gemeint ist, ist dies: die Stillegung des Schmerzes der Erinnerung im kulturellen Gedächtnis der Menschen. Jean-François Lyotard hat zu Recht betont, daß es eigentlich zwei Arten des Vergessens gibt: zum einen die Ver-

[1] Unzeitgemäße Betrachtungen II, (Schlechta-Ausgabe) 1.

[2] In: Jenseits von Gut und Böse, (Schlechta-Ausgabe) 217.

[3] In: Gedankenflucht (Frankfurt a. M. 1995): „Gespeichert, das heißt vergessen“. – Ich hatte bisher eine gegenläufige Formulierung gebraucht, die auf das Gleiche zielt: „Der Computer kann nichts erinnern, weil er nichts vergessen kann.“

[4] Zur Genealogie der Moral (Schlechta-Ausgabe) II, 3.

nichtung sämtlicher Spuren, so daß nichts mehr erinnert werden kann (wie das die Nazis mit den Todeskammern versuchten); zum anderen aber auch die „perfekte" Erinnerung, nämlich die vermeintliche Gewißheit, das Geschehen in und mit seiner (nachträglichen) Repräsentation aufgehoben und erklärt zu haben.[5]

III.

Der gegenwärtige Triumph der Amnesie fußt auf verschiedenen Säulen.
1. Eine erste ist nach meiner Auffassung – die christliche Theologie selbst. Hat sie nämlich für ihre Anschauung der Geschichte nicht immer viel zu „starke" Kategorien benützt, Kategorien, die alle geschichtlichen Verletzungen, alle klaffenden Wunden, alle Untergänge und Katastrophen viel zu schnell überdeckten und die ihrer Gottesrede den Schmerz des Erinnerns ersparten? Müßte nicht zumindest die Shoah wie ein Ultimatum für einen allzu geschmeidigen theologischen Umgang mit der Geschichte wirken? Müßte nicht wenigstens jetzt die Frage nach dem Ort und Rang des Erschreckens mitten im Logos der Theologie auftauchen? Müßte nicht wenigstens jetzt die Theologie davon überzeugt sein, daß auch sie nicht alle Wunden heilt?
Die Spuren kultureller Amnesie in der christlichen Theologie reichen weit zurück – bis in die Trennungsgeschichte von den jüdischen Traditionen. Sehr früh setzte nämlich im Christentum eine bedenkliche und folgenreiche institutionelle und intellektuelle Strategie der Enterbung gegenüber Israel ein. Zum einen verstand sich das Christentum selbst als das „neue Israel", als das „neue Jerusalem", als das „eigentliche Volk Gottes". Zu rasch wurde die wurzelhafte Bedeutung Israels für die Christen, wie sie Paulus im Römerbrief eindringlich anmahnt, verdrängt, Israel wurde zu einer überholten heilsgeschichtlichen Voraussetzung des Christentums herabgedeutet. Gleichzeitig setzte bei der Theologiewerdung des Christentums das ein, was ich die „Halbierung des Geistes des Christentums" nenne. Man berief sich zwar auf die Glaubenstradition Israels, den Geist aber holte man sich ausschließlich aus Athen, oder genauer aus den hellenistischen Traditionen, also aus einem subjektlosen und geschichtsfernen Seins- und Identitätsdenken, für das die Ideen allemal fundierender sind als die Erinnerungen und für die Zeit keine Fristen kennt. Athen versus Jerusalem? Hatte denn Jerusalem, hatten denn die jüdisch-biblischen Traditionen und jüdischen Erfahrungen der nachbiblischen Zeit, des jüdischen Denkens bis in unsere Tage, kein spezifisches Geistesangebot? Es gibt natürlich dieses Angebot des jüdischen Geistes. Es gibt das Denken als Eingedenken, es gibt jene anamnetische Kultur, die sich den Schmerz der Erinnerung nicht erspart und die weiß,

[5] Vgl. dazu: U. Bernhardt, Die Kehrseite des abendländischen Geistes, in: Merkur 43, 931.

daß nicht die Zeit, sondern, wenn überhaupt, der eschatologische Gott die Wunden heilt.
2. Gewiß, auch die moderne Wissenschaft bricht nicht den Bann der hier bezeichneten kulturellen Amnesie. In unserer Zivilisation ist Wissenschaft der Inbegriff der Normalität, und in diesem Sinn kann von ihr gesagt werden, daß auch sie alle Wunden heilt und keinen Schmerz des Erinnerns kennt. Speziell im Blick auf die Geschichtswissenschaft möchte ich dies anmerken: Wenn ich recht sehe, so hat sich seit dem Deutschen Historikerstreit (1986–1988) in der Geschichtswissenschaft der Standpunkt der „Historisierung des Nationalsozialismus" und seiner Verbrechen mehr oder minder durchgesetzt.[6] Im Hinblick auf Auschwitz bleibt für mich freilich die Frage, wie ein Grauen, das sich der historischen Anschauung immer wieder zu entziehen droht, gleichwohl im Gedächtnis behalten werden kann. Das gelingt vermutlich nur einer Historiobiographie, die ihrerseits von einer anamnetischen Kultur gestützt ist, von einer Gedächtniskultur, die auch um jenes Vergessen weiß, das selbst noch in jeder historisierenden Vergegenständlichung steckt.
Indes, eine solche Kultur fehlt uns weithin in Europa, weil uns der Geist fehlt, der in Auschwitz endgültig ausgelöscht werden sollte. Schließlich ist der jüdische Geist der privilegierte Träger einer solchen anamnetischen Kultur. Ich neige deshalb dazu, von einer doppelten Vernichtung, gewissermaßen von einem doppelten Tod in der Shoah zu sprechen. Nicht nur wurden die Juden in technisch-industrieller Perfektion massenhaft ermordet, es sollte mit ihnen auch jener Geist ausgelöscht und endgültig zerstört werden, der uns befähigt, dieses unvorstellbare Grauen zu erinnern und erinnernd gegenwärtig zu halten: eben diese anamnetische Kultur des Geistes. Und immer wieder habe ich mich gefragt, ob wir mit Auschwitz nur deshalb so unsicher und zwiespältig umgehen, weil uns dieser anamnetisch verfaßte Geist fehlt, der nötig wäre, um angemessen wahrzunehmen und auszusagen, was in dieser Katastrophe auch mit uns – und dem, was wir „Geist" nennen – geschehen ist; kurzum, weil uns eine Erinnerungskultur fehlt, die tiefer verwurzelt ist als unsere wissenschaftliche Anschauung von der Geschichte und die den Schmerz der Erinnerung kennt.
3. „Wissenschaft heilt alle Wunden": Gilt das schließlich nicht auch für gro-

[6] M. Broszat, der den Begriff der „Historisierung" empfahl und verteidigte, hat ihn keineswegs im Sinn einer erinnerungsfernen „Entsorgung" deutscher Vergangenheit verstanden. „Wer den Bürgern der Bundesrepublik den selbstkritischen Umgang mit ihrer älteren und jüngeren Geschichte wegschwatzen will, raubt eines der besten Elemente politischer Gesittung, das seit den späten 50er Jahren allmählich in diesem Staatswesen entwickelt worden ist. Am verräterischsten ist dabei die fundamentale Verkennung, als sei die durch die Not erworbene moralische Sensibilität gegenüber der eigenen Geschichte ein kultureller und politischer Nachteil verglichen mit anderen Nationen und als gälte es, deren aus historischen Gründen oft robusteres oder naiveres und politisch meist schädliches historisches Selbstbewußtsein zu kopieren."

ße und einflußreiche Teile unserer zeitgenössischen Philosophie? Jürgen Habermas hat in einem Text – „Israel und Athen oder: Wem gehört die anamnetische Vernunft?“ – mir gegenüber zu verdeutlichen versucht, daß der anamnetische Geist des biblischen Zeitdenkens inzwischen längst in das Vernunftdenken der europäischen Philosophie eingedrungen sei.[7] Warum aber kommt dann z.B. bei Habermas selbst die Katastrophe von Auschwitz zwar in seinen „Kleinen politischen Schriften“ vor – und dort bekanntlich in ebenso dezidierter wie einflußreicher Weise –, nicht aber, und zwar mit keinem Wort, in seinen großen philosophischen Schriften zur kommunikativen Vernunft? Heilt etwa auch die Kommunikationstheorie alle Wunden? Wie aber wäre dann verallgemeinerungsfähig noch von dem zu sprechen, was Unheil blieb, was nicht geheilt werden kann, was nicht hinter dem Schild kultureller Amnesie verschwinden darf, was sich nicht in fugendichte Normalität einschließen läßt? Wie wäre von dem zu sprechen, was, wenn überhaupt, eine andere Art der Vergebung bräuchte als die Vergebung durch die Zeit, die angeblich alles heilt, oder als die Vergebung durch die Theorie, die alle Wunden schließt?

IV.

Freilich, es bleibt etwas, wenn sich vermeintlich alle Wunden geschlossen haben. Was bleibt, ist schwer zu beschreiben. Es ist eine seltsame Art des Vermissens, die sich dagegen wehrt, daß der Schmerz der Erinnerung sich völlig beruhigt, sei es „rein theoretisch“, sei es psychologisch, sei es ästhetisch, sei es gedenkritualistisch oder eben auch „religiös“. Worum handelt es sich? Man wird diese Vermissungen an der Gegenwart am wenigsten verstehen, wenn man sie, wie das wohl zumeist üblich ist, zu einer typischen Befindlichkeit der jeweils älteren Generation macht. Weit eher zeigen sich die Vermissungen meines Erachtens gerade bei der jüngeren Generation. Aus ihnen nährt sich die Skepsis der Jungen, ihre Indifferenz, zuweilen auch ihre Wut gegenüber dem, was die Älteren ihnen als „die“ Erfahrungen, als „die“ Sicht der Dinge, als „die“ Lehre aus der Geschichte anbieten, aufdrängen und zum Kanon der Normalität erheben. Auffällig bei der jüngsten Diskussion bei uns in Deutschland um Daniel Goldhagen und sein Buch „Die ganz gewöhnlichen Deutschen und der Holocaust“[8] ist für mich, daß die nahezu einmütige – und nach den Kriterien zünftiger Historiographie durchaus berechtigte – Kritik der Experten gleichwohl die Beunruhigung gerade vieler junger Menschen über das Ausmaß der Schuldgeschichte nicht besänftigen konnte.

Das Eingedenken fremden Leids bleibt eine fragile Kategorie in einer Zeit,

[7] In: J.B. Metz u.a., Diagnosen zur Zeit, Düsseldorf 1994, 51ff. – Jetzt auch in: J. Habermas, Vom sinnlichen Eindruck zum symbolischen Ausdruck, Frankfurt a.M. 1997, 98–111.

[8] Berlin 1996.

in der sich die Menschen am Ende nur noch mit der Waffe des Vergessens, mit dem Schild der Amnesie gegen die immer neu hereinstürzenden Leidensgeschichten und Untaten wappnen zu können meinen: gestern Auschwitz, heute Bosnien und Ruanda, und morgen? Doch dieses Vergessen ist nicht ohne Folgen.

Gewiß, für viele ist Auschwitz längst hinter dem Horizont ihrer Erinnerungen verschwunden. Aber den anonymen Folgen entgeht niemand. Die theologische Frage nach Auschwitz heißt ja nicht nur: Wo war Gott in Auschwitz? Sie heißt auch: Wo war der Mensch in Auschwitz? Was mich an der Situation „nach Auschwitz" immer besonders tief berührt und beunruhigt hat, war das Unglück, war die Verzweiflung derer, die diese Katastrophe überlebt haben. Soviel sprachloses Unglück, so viele Selbstmorde! Hier sind offensichtlich Menschen an der Verzweiflung am Menschen gescheitert, an dem, wozu Menschen gegenüber Menschen „fähig" sind. So hat diese Katastrophe die metaphysische und moralische Schamgrenze zwischen Mensch und Mensch tief abgesenkt, sie hat das Band der Solidarität zwischen allem, was Menschenantlitz trägt, verletzt. So etwas überstehen nur die Vergeßlichen. Oder die, die schon erfolgreich vergessen haben, daß sie etwas vergessen haben. Aber auch sie bleiben nicht ungeschoren. Denn man kann auch auf den Namen des Menschen nicht beliebig sündigen. Nicht nur der einzelne Mensch, auch die Idee des Menschen und der Menschheit ist offensichtlich verletzbar. Nur wenige bringen die gegenwärtigen Humanitätskrisen mit der Shoah in Verbindung, etwa den sogenannten „Werteverfall", die zunehmende Taubheit gegenüber „großen" Ansprüchen, die Solidaritätskrise, das anpassungsschlaue Sich-Kleinmachen. Sind das nicht alles auch Mißtrauensvoten gegen den Menschen und seine Moral?

Es gibt eben nicht nur eine Oberflächengeschichte der Gattung Mensch, sondern auch eine Tiefengeschichte, und die ist durchaus verletzbar. Gewinnen schließlich die Gewalt- und Vergewaltigungsorgien der Gegenwart nicht etwas von der normativen Kraft des Faktischen? Zersetzen sie nicht hinter dem Schild der Amnesie unser zivilisatorisches Urvertrauen, jene moralischen und kulturellen Reserven, in denen die Menschlichkeit des Menschen gründet? Wie verbrauchbar und verbraucht sind diese Reserven? Vollzieht sich hier vielleicht der Abschied von dem Menschenbild, wie es uns bisher geschichtlich vertraut war? Könnte es sein, daß dem Menschen im Bann der kulturellen Amnesie nicht nur Gott abhanden gekommen ist, sondern daß er immer mehr sich selbst abhanden kommt, in dem abhanden kommt, was wir bisher emphatisch seine „Menschlichkeit" genannt haben? Was also bleibt, wenn wir immer wieder erfolgreich alle Wunden geschlossen haben? Wenn sich die kulturelle Amnesie vollendet hat? Was bleibt? Der Mensch? Welcher Mensch? Die Berufung auf „das Humanum" ist selbst höchst abstrakt; sie entspringt nicht selten einer naiv-optimistischen Anthropologie, der die Frage nach dem Bösen und der „Theodizeeblick" in die Geschichte der Menschheit längst abhanden gekommen ist.

V.

Um den Schmerz der Erinnerung, um das Erinnerungspathos nicht immer mehr ausdünnen zu lassen, bedarf es in dieser Zeit kultureller Amnesie der Gegenmacht dessen, was ich anamnetische Kultur genannt habe. Religion, substantiell, ist von dieser anamnetischen Kultur geprägt. Sie hat ihre erste Heimat in der monotheistischen Wurzelreligion des Judentums.

Dieser Widerstand gegen kulturelle Amnesie findet nicht nur eine Stütze in der Religion. Er findet auch den Beistand einer Literatur, die das geschichtliche Szenarium mit den Augen seiner Opfer wahrzunehmen lehrt, und den Beistand einer Kunst, die sich gewissermaßen als Anschauungsform der Erinnerung fremden Leids versteht und verwirklicht. Hierher gehören übrigens auch Werke filmischer Kunst, die die Situation des Leidens und der Schuld in einer Weise ins Gedächtnis rufen, die dem Objektivierungsansatz wissenschaftlicher Historisierung nicht gelingen kann. Sie alle haben buchstäblich ein „nachtragendes" Wesen. Sie tragen uns, den ins Vergessen Verliebten, den Schmerz der Erinnerung nach. Genau besehen, gibt es deshalb für uns keine Zeit „nach" der Shoah, so wie es etwa eine Zeit „nach" Hitler und „nach" Stalin gibt.

§ 8,6 Die letzten Universalisten (1994/1996)

Aus dem *Wort zur Theologie*, in: Wiener Universitätsreden, Neue Folge 4, Wien 1995, ergänzt durch *Die letzten Universalisten*, in: C. Krieg u.a. (Hg.), Die Theologie auf dem Weg in das Dritte Jahrtausend (= FS J. Moltmann), Gütersloh 1996, 25–29.

Die Theologen werden die letzten Universalisten in unserer hochdifferenzierten Wissenschaftswelt sein, und sie werden es – um Gottes und der Menschen willen – bleiben müssen, gelegen oder ungelegen, immer auch mit der Bereitschaft, einen gewissen Ungleichzeitigkeitsverdacht auf sich sitzen zu lassen. (Schließlich gibt es – sit venia verbo – im Leben des Geistes nicht nur rückständige und sektiererische, sondern auch produktive Formen der Ungleichzeitigkeit, so wie es eben auch unproduktive Formen allzu beflissener Gleichzeitigkeit gibt).

Schon heute sind unsere Universitäten „Universitäten“ ohne Universalismus und ohne Universalisten. Nichts scheint verdächtiger als das Universale. Es gilt gemeinhin als die trügerische intellektuelle und moralische Falle schlechthin, die es gerade im Namen der Universitäten auszuräumen gilt, unterstützt von der postmodernen Empfindlichkeit für die immer wieder lauernden Gefahren universalistischer Konzepte und deren kognitiver Entwürdigung von Pluralität und Differenz. Die Spezialisierung unserer Wissenschaftswelt schlägt inzwischen ja nicht nur in den naturwissenschaftlichen Fächern durch, sondern auch in den sog. Geisteswissenschaften und in der Philosophie, der längst das Vertrauen in die Einheit und Universalität der menschlichen Vernunft abhanden gekommen zu sein scheint. So sind wohl heute schon die Theologen die letztverbliebenen Universalisten an der Universität. Und nicht selten bezahlen sie, wo sie ihren unvermeidlichen Universalismus nicht in postmoderner, ästhetischer oder psychologischer Manier preisgeben, mit zunehmender kognitiver Vereinsamung und Isolation im Ensemble der Wissenschaften.

Unverzichtbar, sage ich, sei der Universalismus der Theologie – gerade auch im Blick auf ihre eigene Zukunft. Denn der Theologe, der nicht sich selbst und andere betrügen will, der Theo-logie treibt, und zwar eben nicht als dies oder das, sondern als den immer neuen Versuch der Rede von Gott, ist und bleibt auf Universalität verpflichtet. Gott ist entweder ein universales, ein Menschheitsthema oder überhaupt kein Thema. Ich weiß, ein solcher Satz kann schrecklich mißbraucht werden und in theologischen und kirchlichen Totalitarismus ausarten. Historia docet. Gleichwohl ist dieser Satz, richtig verstanden, auch ein Satz über die Selbstbegrenzung der Theologie. Ihm zufolge ist Gott nie das Privateigentum der Kirche oder der Theologie.

Aber was hat das mit der Wissenschaftswelt von heute und morgen zu tun? Was hat die ihrerseits mit der Gottesrede zu tun? Ist diese Wissenschaftswelt nicht, um das mindeste zu sagen, in allen ihren Bereichen, also auch denen der Geisteswissenschaften und der Philosophie, von einem methodologischen Atheismus geprägt? Gott kommt in den modernen Wissenschaften nicht mehr vor. Gut. Aber, so möchte ich fragen und mein erstes Anliegen auf den Punkt bringen, kommen denn wir, kommt denn der „Mensch" noch vor in unseren modernen Wissenschaften? Oder ist nicht die Rede von „dem Menschen" inzwischen zum ersten und eigentlichen Anthropomorphismus unserer Wissenschaftswelt geworden – und zwar auch in der zunehmend subjektloser, technomorpher werdenden Systemsprache der Geisteswissenschaften? Auch die Geisteswissenschaftler kommen in der Wissenschaft, die sie treiben, selbst nicht mehr vor. So wird allmählich die gesamte Wissenschaftssprache zu einer sekundären Schicksalssprache, aus der „der Mensch" immer mehr verschwindet, in der er allenfalls noch als trübes „Gespenst" verhandelt wird. Wer indes Theologie treibt, heute und morgen, wer von Gott zu reden sucht, muß immer auch von einem Menschen reden, der nicht nur sein eigenes Experiment ist, nicht nur seine eigene Objektivation, sondern – fundamentaler – sein eigenes Gedächtnis, und der nicht nur aus seinen Strukturen und Funktionen, sondern aus seinen Geschichten erkennbar wird.

Ist das indes nur ein ohnmächtiges Postulat oder läßt es sich aus erinnerungsbegabter Vernunft verallgemeinern und so der wissenschaftlichen Welt zugänglich machen? Wo im Wissen des Menschen um sich selbst nichts mehr vermißt wird, wird nicht „der Mensch" gewußt, sondern die Natur bzw. der Mensch als erinnerungslose und subjektlose Natur, als das noch nicht zu Ende experimentierte Stück Natur. Mag sein, daß diese Sicht künftig im Ensemble der Wissenschaften nicht ohne eine Portion metaphysischer Zivilcourage zu vertreten ist. Die wird die Theologie dann eben brauchen – nicht um ihrer Selbstbehauptung willen, sondern um der sich abzeichnenden szientifisch-technischen Überdetermination unserer künftigen Lebenswelt zu wehren. Und wenn mich nicht alles täuscht, dann muß sich die Theologie die geistigen Ressourcen für diesen Widerstand etwas weniger aus der Ideenwelt Athens und etwas mehr aus der anamnetischen Kultur Jerusalems holen.

Es geht mir indes im Blick auf die Zukunft der Theologie noch um einen anderen Universalismus und um Ermunterung der Theologen, auch hier das Odium der letzten Universalisten gelassen zu tragen. Ich meine jenen Universalismus, den ich auch in den Zeiten postmoderner Empfindlichkeit gegenüber den unleugbaren Gefahren aller universalistischen Orientierungen für unentbehrlich halte. Ich meine den Universalismus der Verantwortung angesichts der allseits beklagten und offensichtlich immer deutlicher werdenden moralischen Erschöpfung Europas, angesichts der zunehmenden Überindividualisierung und Diffusion unserer Lebenswelten, die immer weniger von einem „verbindlichen" Gedächtnis strukturiert und orientiert scheinen. Schon heute ist von universalen Verbindlichkeiten, wenn überhaupt, nur in einem höchst formalistischen Sinn die Rede, eben ausschließlich von einem prozeduralen Universalismus. Gibt es denn überhaupt keine einem konkreten geschichtlichen Ethos entspringende Verantwortung, die als universell bzw. als universalisierungsfähig gelten könnte, ohne imperial oder totalitär zu werden, ohne also die neue (postmoderne) Empfindlichkeit für Pluralität und Differenz, für das Anderssein der jeweils Anderen zu ignorieren?

Nun kennen die Traditionen, denen die Theologie verpflichtet ist, eine aus der Erinnerung an das Leiden geborene universelle Verantwortung. Dieses Leidensgedächtnis wird dadurch zur Basis einer universellen Verantwortung, daß es immer auch die Leiden der Anderen, die Leiden der Fremden und, unbedingt biblisch, sogar die Leiden der Feinde in Betracht zieht und bei der Beurteilung der je eigenen Leidensgeschichte nicht vergißt. Dieses Eingedenken fremden Leids ist nicht nur die moralische Basis intersubjektiver Verständigung, sie reicht tief in die politische Landschaft unserer Welt hinein. Fremdes Leid zur Sprache zu bringen, ist Voraussetzung aller universalistischen Ansprüche. Auch und gerade derjenigen der Theologie. Darin liegt zugleich das Gegengift für alle gefährlichen Krankheiten und Versuchungen eines jeglichen Universalismus, auch desjenigen, der letztlich nicht vom Eingedenken fremden Leids, sondern vom Mythos der Leidfreiheit geleitet wäre.

Die christliche Theologie ist nicht primär eine Ethik, sondern eine Eschatologie, die Buchstabierung einer Hoffnung, die sich auf alle Menschen richtet. Der dieser Hoffnung korrespondierende Gehalt einer universellen Verantwortlichkeit ist, ich weiß, kaum vom Verdacht der überschießenden Abstraktion zu befreien. Ich formuliere ihn am besten in einer Frage: Gibt es überhaupt ein Leid in der Welt, von dem wir sagen könnten, daß es uns nichts angeht? Gibt es einen Schrei der Leidenden, der nicht für alle Ohren bestimmt ist? Wer diese Fragen ernst nimmt, der hängt nicht irgendwelchen theologischen Allmachtsphantasien nach, der nimmt nur ernst, daß in diesen Fragen nichts anderes artikuliert ist als die schlichte moralische Wendung des Satzes von der Universalität der Kinder Gottes. In seiner politischen Wendung ist dies der Satz von der Gleichheit aller Menschen, ein Satz also, auf den nicht nur etwa die biblischen Traditionen mit ihrem Leidensgedächtnis, sondern auch die Grundgesetze moderner Rechtsstaaten verpflichten. Auch Demokratien sind nicht ohne diesen Universalismus. Der war bisher »traditionell« vorgegeben. Wie aber vergewissert sich die moderne rechtsstaatliche Demokratie dieser Universalität und wie sucht sie sie zu schützen im Stadium sog. posttraditioneller Gesellschaften?

Ob der hier angesprochene Universalismus der Verantwortung immer wieder in Ansätzen gelingt, entscheidet deshalb nicht nur über die Zukunft der Theologie, sondern auch darüber, ob Europa eine Friedenslandschaft sein wird oder, wie nicht wenige befürchten, eine Landschaft eskalierender Bürgerkriege, ob es eine blühende oder eine brennende multikulturelle Landschaft sein wird. Die Theologen als letzte Universalisten: Wo sie den hier geschilderten Universalismus nicht preisgeben, müssen sie keineswegs zu sektiererischen Fundamentalisten werden oder zu versteinerten Traditionalisten. Zu sehr hängt von der Rettung dieses Universalismus auch die Zukunft unserer menschlichen Welt ab, deren Konflikte sich augenscheinlich immer mehr in den Bereich der Kulturen und Zivilisationen verlagern.

Exkurs zu § 8
Verzeitlichung von Ontologie und Metaphysik (1996)

Gestützt auf: *Im Eingedenken fremden Leids. Zu einer Basiskategorie christlicher Gottesrede,* in: J.B. Metz/J. Reikerstorfer/J. Werbick, *Gottesrede*, Münster 1996, hier 3–7; vgl. dazu auch meinen Beitrag *Gotteskrise. Versuch zur „geistigen Situation der Zeit"*, in: J.B. Metz u.a., *Diagnosen zur Zeit*, Düsseldorf 1994.

Das Christentum mit seiner Gottesrede hat nicht etwa einen zeitlosen Kern, sondern einen Zeitkern. Als Botschaft vom biblischen Gott ist das Christentum selbst eine Zeitbotschaft, näherhin eine Botschaft von der befristeten Zeit, vom Ende der Zeit[1], auch wenn die Art, wie das Christentum zur Theologie wurde, den heilsdramatischen Zusammenhang zwischen Gott und Zeit weithin entspannt hat. Es gibt eigentlich keine christliche Gottesrede ohne Zeitindex. Ihre Basiskategorie ist, zunächst ganz allgemein gesprochen, das narrativ gebundene Gedächtnis. Der Logos der christlichen Theologie hat eine narrativ-anamnetische Tiefenstruktur.[2]

Wenn ich recht sehe, dann stehen im Hintergrund der „geistigen Situation unserer Zeit"[3] zwei Zeitbotschaften einander gegenüber. Es ist zum einen die aus den biblischen Traditionen herkünftige Botschaft von der befristeten Zeit, von der Zeit mit Finale, und zum anderen die Botschaft von der Zeit ohne Finale, sozusagen von der Ewigkeit der Zeit, die sich prominent schon an den Namen Friedrich Nietzsches knüpft[4] und ihn zum Ahnen unserer „postmodernen" Zeit macht mit der zunehmenden Dekonturierung, der Ambiguität und Diffusion unserer Lebenswelten.[5]

[1] Von meinen neueren Beiträgen zum Zeitthema darf ich erwähnen: Kleine Apologie des biblischen Monotheismus, in: O. Marquard (Hg.), Einheit und Vielheit (XIV. Deutscher Kongreß für Philosophie 1987), Hamburg 1990, 170–186; Zeit ohne Finale?, in: Concilium 29 (1993) 5, 458–462; Gotteskrise, in: J.B. Metz u.a., Diagnosen zur Zeit, Düsseldorf 194, 76–92.

[2] Vgl. dazu schon meine einschlägigen Überlegungen in: Glaube in Geschichte und Gesellschaft, Mainz ^{5}1992, und die Memoria-These in § 2 dieses Bandes.

[3] Formulierung in Anklang an K. Jaspers, 1931.

[4] Nietzsches Botschaft vom Tode Gottes ist, genau besehen, eine Botschaft von der Zeit, von der Divinität der Zeit. Seine Aufkündigung der Herrschaft Gottes ist die Ankündigung der Herrschaft der Zeit, der elementaren, der unerbittlichen und undurchdringlichen Hoheit der Zeit. Gott ist tot. Was nun in allem Vergehen bleibt, ist die Zeit selbst: ewiger als Gott, unsterblicher als alle Götter. Es ist die Zeit ohne Finale, ja – wie Nietzsche ausdrücklich betont – „ohne Finale ins Nichts". Es ist die Zeit, die nicht beginnt und die nicht endet, die Zeit, die keine Fristen kennt und keine Ziele, keine himmlischen Ziele und keine irdischen, keine spekulativ durchschauten wie bei Hegel und keine politisch zu verwirklichenden wie bei Marx. Es ist die Zeit, die nichts will außer sich selbst, die Zeit als die letztverbliebene Majestät, nachdem alle metaphysisch erbauten Throne gestürzt sind, die Zeit als das einzige nachmetaphysische Faszinosum.

[5] Als „Pilger ohne Ziel", „als Nomaden ohne Route" kennzeichnet z.B. Z. Bauman den postmodernen Menschen in: ders., Postmoderne Ethik, Hamburg 1995, 357ff. Dramatischer formuliert bereits F. Nietzsche (unter der Voraussetzung, daß man seine Botschaft vom Tod

Beide Botschaften konvergieren in der Temporalisierung aller bisherigen Ontologie und Metaphysik. Unterschiedlich freilich sind die Folgerungen. F. Nietzsche und schließlich auch M. Heidegger mit seinem Jahrhundertthema „Sein und Zeit" empfehlen den Rückgang in die vorsokratischen Denk- und Mythenwelten Griechenlands.[6] Die christliche Zeitbotschaft hingegen fußt auf der Strukturierung der Zeit durch das Gedächtnis, durch das geschichtliche Eingedenken fremden Leids, in dem der Name Gottes als eschatologischer Name, als bleibendes Ende der Zeit erzählt wird.[7] Im Konzept der anamnetischen Vernunft habe ich versucht, die griechische Logostradition, wie sie in der Theologiegeschichte des Christentums maßgeblich wurde, mit dem (metaphysisch weithin stummen) Zeitdenken der biblischen Tradition zu konfrontieren und mit der memoria-Kategorie der Temporalisierung aller metaphysischen und ontologischen Voraussetzungen der Gottesrede Rechnung zu tragen. Entsprechend kennt die hier vertretene Theologie nicht die logische Figur einer transzendentalen oder quasitranszendentalen Letztbegründung des christlichen Glaubens; sie kennt allenfalls eine Art Zuletztbegründung, d.h. das Christentum – in seiner leidempfindlichen memoria – fordert allemal eine zeitempfindliche Theologie. In zeitgenössischen theologischen Ansätzen zur Glaubensbegründung fällt auf, daß sie der mit der biblischen Gottesrede inszenierten und aufgenötigten Temporalisierung der Begründungsverhältnisse erneut zu entgehen und das Zeitdenken durch idealistisches oder protophilosophisches Identitätsdenken zu unterlaufen suchen. Für mich dokumentiert sich darin nochmals

Gottes in der „Fröhlichen Wissenschaft" als Botschaft von der Zeit, von der Zeit ohne Finale versteht) die bekannten Sätze: „Wohin bewegen wir uns? Fort von allen Sonnen? Stürzen wir nicht fortwährend? Und rückwärts, seitwärts, vorwärts nach allen Seiten? Gibt es noch ein oben und unten? Irren wir nicht wie durch ein unendliches Nichts?" (= Werke ed. Schlechta II, 127).

6 Nietzsche wiederholt mit seinem „abgründigsten Gedanken" bewußt einen frühgriechischen Mythos, den von der „ewigen Wiederkehr des Gleichen". Immer noch lesenswert dazu K. Löwith, Nietzsches Philosophie der ewigen Wiederkehr des Gleichen, Stuttgart 1956 (Erstausgabe 1935).

7 Mein Vorschlag, den ich über Jahre bedacht habe: Die Apokalyptik wäre als Temporalisierungsprogramm zu begreifen, als Ansatz zur Verzeitlichung der Welt im Horizont befristeter Zeit. Wenn man bei den Texten und Bildern der biblischen Apokalyptik einen Augenblick länger verweilt und ihnen um ein Geringes länger standhält als es der theologische Konsens zu erlauben scheint, dann kann man erkennen, daß es sich bei dieser Apokalyptik nicht um eine geschichtsferne Spekulation, nicht um eine katastrophensüchtige Vermutung über den Zeitpunkt des Finales der Welt handelt, sondern um die bildhafte Kommentierung des finalen Wesens der Weltzeit selbst. – Angesichts der in der Zeitfrage gestauten Probleme helfen sich Philosophie und Theologie häufig damit, daß sie die Zeit halbieren, daß sie zwar von der befristeten Lebenszeit sprechen, die entfristete Weltzeit aber sich selbst überlassen. Wie immer es um die philosophische Zeitdiskussion stehen mag: Huldigt hier die Theologie nicht einem gefährlichen Dualismus? Sie überläßt die Weltzeit einer leeren, anonymen Evolution und sucht nur die individuelle Lebenszeit in ein Verhältnis zu Gott zu bringen. Hat sie damit aber nicht – gut gnostisch – den Schöpfergott längst preisgegeben und sucht sie nicht – alteritätsblind und politiklos – ausschließlich einen in den Tiefenräumen unserer Seele vermuteten Erlösergott?

der die Theologiegeschichte des Christentums immer wieder heimsuchende Mangel an Zeitempfindlichkeit. Nur aus ihm wird auch erklärbar, daß sich diese Versuche den Zeitcharakter ihrer begründungsleitenden Begriffe – „Apriori", „Erst" und „Letzt" – verbergen.[8] Letztbegründungen sind, wie gesagt, immer Zuletztbegründungen. Die Rede vom „letzten" und „endgültigen" Wort der Zusage Gottes an die Menschheit in Jesus Christus ist selbst eine Zeitaussage. Sie erzwingt eine Logik befristeter Zeit; denn „Endgültigkeit" und „Unwiderruflichkeit" – für alle und alles, für Mensch und Welt – kann nur im Horizont befristeter Zeit ausgesagt werden; im Horizont induktiv unendlicher Zeit gibt es nichts „End-gültiges", nichts „Letztes", sondern nur Hypothetisches und allemal Überholbares. Die Logik befristeter Zeit aber hat narrativ-anamnetische Tiefenstruktur.[9]

Nun ist freilich das geschichtliche Eingedenken, an das der Logos der Theologie, an das die christliche Gottesrede hier gebunden wird, eine eigentlich „schwache" Kategorie. Was erinnert werden muß, bleibt allemal vom Vergessen bedroht, bleibt der Gefahr des Versiegens, des Verbrauchtwerdens, der Ressourcen des geschichtlichen Eingedenkens ausgesetzt, bleibt der Furie des Vergessens ausgeliefert, kann schließlich im Vergessen des Vergessens zum Verschwinden gebracht werden, so daß auch nichts mehr vermißt wird.[10]

Wo die Theologie diese im geschichtlichen Eingedenken erzwungene Nichtidentität, die ihre Gottesrede zu einer konstitutionell gefährdeten Rede macht, ein für allemal hinter sich bringen wollte, würde sie sich schließlich an die Stelle Gottes selbst setzen und ihn so am hartnäckigsten vergessen.

[8] M. Heidegger, der sein Philosophieren immer auch als Apriori-Forschung begriff, hat bereits in seinen „Prolegomena zur Geschichte des Zeitbegriffs" (= Marburger Vorlesungen Sommersemester 1925; in: Klostermann-Gesamtausgabe Bd. 20) auf den zeitlichen Sinn der Rede vom Apriori hingewiesen: „a priori – prius πρωτερον – früher; a priori – was von vorher, was von früher her schon ist" (aaO. 99).

[9] Zur Unterscheidung dieser „Anamnesis" von der Erinnerungslehre in der klassischen griechischen Philosophie, speziell von der „Anamnesis" Platons (im „Menon"), die in der klassischen Metaphysik zur Grundlage eines zeitenthobenen Wissens und zum zeitenthobenen Grund alles Wissens von der Zeit wurde, vgl. schon meinen Artikel „Erinnerung" in: H. Krings/H.M. Baumgärtner/Ch. Wild (Hg.) Handbuch philosophischer Grundbegriffe, München 1973.

[10] Gegenüber dieser Gefahr hilft auch nicht einfach der Verweis auf die kultische Anamnese (vorweg in der Eucharistie), die dem Schicksal des Vergessens „sakramental" – symbolisch widersteht. Denn eine kultische Anamnese ohne jede Form anamnetischer Kultur unter den feiernden Menschen würde die Bindung des Kults an die Passionsgeschichte Jesu („gelitten unter Pontius Pilatus"; „in der Nacht, da er verraten wurde ...") lockern, ja preisgeben, und sie könnte - wie bilder- und symbolreich auch immer - nur noch als geschichtsferner Mythos gefeiert werden.

Appendix
Lexikonartikel „Politische Theologie" (1992)

Gemeinsam mit Werner Kroh verfaßter Artikel für *Evangelisches Kirchenlexikon* III, Göttingen 1992, 1261–1265. Vgl. auch *Teologia politica,* in: Enciclopedia Italiana. Quinta appendice, Rom 1996, 454f.

1. Der *Begriff* politische Theologie begegnet hauptsächlich in zwei völlig verschiedenen Kontexten und geradezu entgegengesetzten Bedeutungen: In der *Stoa* (Panaitios, Varro) steht politische im Sinne bürgerlicher Theologie neben der mythischen (poetischen) und philosophischen (natürlichen) Theologie; sie ist mit dem öffentlichen Kult des Staates identisch und dient der (theologischen) Sanktionierung des Primats der Politik. Durchaus gleichsinnig ist die Verwendung des Begriffs bei dem Staats- und Rechtstheoretiker *C. Schmitt* (1888–1985), der seine politische Theologie in der Zeit nach dem Ersten Weltkrieg unter Rückgriff auf aufklärungskritisches Gedankengut des französischen Traditionalismus entwickelte. Als Gegner der Weimarer Republik und der parlamentarischen Demokratie konzentrierte er die Souveränitätsidee (wieder) auf den absolutistisch verstandenen Staat und wurde so – einschließlich seiner antisemitischen Akzente – zu einem intellektuellen Wegbereiter des nationalsozialistischen Führerstaatsgedankens. Theologisch war diese politische Theologie allenfalls insofern, als sie alle juristischen Begriffe als säkularisierte theologische Begriffe verstand und den Katholizismus als Paradigma prädemokratischer Lebensformen pries.

2. Um den wesentlichen Unterschied kenntlich zu machen, wird die in der Mitte der 1960er Jahre entwickelte politische Theologie häufig auch als *neue Politische Theologie* bezeichnet. Hier geht es zentral um eine (hermeneutische) Grundlagenproblematik systematischer Theologie und nicht etwa um die Anwendung theologischer Begriffe und Erkenntnisse auf dem Feld der Politik. Zum einen bildet diese neue Politische Theologie ein kritisches Korrektiv gegenüber gewissen Privatisierungstendenzen in Theologie und Kirche (transzendentale, personalistische und existentiale Engführung im Verständnis des christlichen Glaubens und der biblischen Botschaft; Religion als Privatsache; Kirche als Servicebetrieb in der bürgerlichen Gesellschaft) und will so den wesentlich öffentlichen und gesellschaftskritischen Charakter der zentralen Glaubensinhalte betonen. In diesen selbst und in dem sie prägenden apokalyptischen Zeitverständnis liegt auch die Wurzel theologischer Kritik an der Totalität technologischer Zivilisation und ihrem evolutiven Zeitbegriff. Zum anderen soll die Botschaft des Christentums unter konstitutiver Berücksichtigung der Geschichte und unter den Bedingungen gegenwärtiger Gesellschaft formuliert werden – gerade im Interesse des christlichen Subjekts, das nicht einfachhin mit dem neuzeitlichen Bürger identifiziert werden darf. So schlägt in dieser neuen Politischen Theologie die (Wieder-)Entdeckung der Eschatologie in unserem Jahrhundert durch.

Im betonten Rückgriff auf die Hiob-Tradition, die prophetische Botschaft, die apokalyptische Weisheit, das Reich-Gottes- und das Nachfolge-Motiv vergewissert sie sich ihrer biblischen Wurzeln. Für den *evangelischen Bereich* sind – nach den primär religiös-sozial orientierten Ansätzen bei *L. Ragaz, F. Lieb u.a.* – vor allem die Namen *J. Moltmann* und *D. Sölle* zu nennen sowie – in betonter Anknüpfung an das für die gesamte neue Politische Theologie wichtige Werk *D. Bonhoeffers* (1906–1945) – *G. Casalis* (1917–1987) und (mit dem Akzent auf politischer Ethik) *H. Gollwitzer*. Theologiegeschichtlich steht der nicht existentialistisch, sondern gesellschafts- und kirchenkritisch interpretierte *S. Kierkegaard* (1813–1855) im Hintergrund. In den nordamerikanischen Versionen der Politischen Theologie, soweit bei ihnen der sozialethische Aspekt im Vordergrund steht, läßt sich deutlich der Einfluß von *R. Niebuhr* (1892–1971) erkennen (Social Gospel). – Im *katholischen Raum* sind die Arbeiten von *J.B. Metz* maßgebend, auf den auch die Konzeption und die Verwendung des Begriffs im beschriebenen Sinn der neuen Politischen Theologie zurückgeht. Für ihn ist über die angedeuteten Traditionen hinaus die Situation der Theologie „nach Auschwitz", der Blick auf das verdrängte jüdische Erbe im Christentum, die Auseinandersetzung mit Denkern wie E. Bloch (1885–1977) und den Repräsentanten der Frankfurter Schule (von W. Benjamin bis J. Habermas) sowie das kirchen- und theologiepolitische Ereignis des Vatikanum II von besonderer Bedeutung.

3. In ihrem Kern handelt es sich bei dieser neuen Politischen Theologie um systematische Theologie, die sich in vielem denen verpflichtet weiß, an die sie nun auch kritische Fragen richtet: *K. Barth* (1886–1968), *R. Bultmann* (1884–1976), *K. Rahner* (1904–1984). Und man wird wohl sagen dürfen, daß die Befreiungstheologie zumindest in ihren ersten Ansätzen (G. Gutiérrez) und dann auch die Feministische Theologie von dieser neuen Politischen Theologie beeinflußt sind – nicht nur wegen ihrer gesellschaftskritischen Grundkomponente, sondern insofern sie den Primat von Subjekt, Praxis und Alterität betonen. Als systematische Theologie ist die Politische Theologie von dem Bewußtsein geprägt, in dreifacher Weise an einem *Wendepunkt* zu stehen und insofern Abschied zu nehmen von einer bisher idealistisch (miß-)verstandenen theologischen Situation; sie wird deshalb zuweilen auch mit Recht als nachidealistisch bezeichnet:

(1) Abschied von ihrer gesellschaftlichen und politischen Unschuld, *(2)* Abschied von ihrer geschichtlichen Unschuld und *(3)* Abschied vom Eurozentrismus.

3.1. *Abschied von gesellschaftlicher und politischer Unschuld.* Eine Verarbeitung der Aufklärung, ihrer Ideologie- und Religionskritik ist für die Theologie unabweisbar geworden. Es geht dabei weder um die vorschnelle Überwindung der Aufklärung, ohne durch sie hindurchgegangen zu sein, noch um eine (für die Widersprüche ihrer Prozesse unempfindliche) Versöhnung von Religion und Aufklärung: produktive Ungleichzeitigkeit der Religion also, auch im Interesse einer „Aufklärung der Aufklärung". Insofern Politische

Theologie nichts anderes sein will als Theologie, also Rede von Gott in dieser Zeit, geht sie von der Frage aus: „Wer treibt – wann und wo – für wen und in welcher Absicht Theologie?" Sie nimmt Abschied von einem zeitlosen und abstrakten Wahrheits- und Vernunftbegriff und trägt der Tatsache Rechnung, daß sich das Christentum nun angesichts einer Vernunft bewähren muß, die als Freiheit, auch als Freiheit der Anderen und damit als Gerechtigkeit, praktisch werden will. Die Frage nach dem Verhältnis von Vernunft und Glaube ist folglich nicht preisgegeben, aber in das Verhältnis von Theorie und Praxis eingerückt und insofern gesellschaftlich vermittelt. Theologisches Wissen ist ein praktisches Nachfolgewissen. Die gesuchte Einheit von Mystik und Politik versteht die Kirche in diesem Sinn als „Institution gesellschaftskritischer Freiheit des Glaubens" und bedeutet in ekklesiologischer Wendung nach der traditionellen Volkskirche und der bürgerlichen Servicekirche den Übergang zu einer „Kirche des Volkes" (basisgemeindliche Kirche), die sich in der neuen globalen Diaspora des Christentums zu bewähren hat. Denn die Krise des Christentums ist primär keine Krise seiner Inhalte, sondern eine Krise seiner Subjekte und deren Praxis. Dieser systematische Ansatz betont deshalb die christliche Ethik auch als eine Veränderungsethik, bei der freilich diese Veränderung – die in der Theologie der Befreiung zur „Befreiung" wird – die Schuldfähigkeit und Umkehrbedürftigkeit der geschichtlichen Subjekte einschließt, um dem politischen Leben die Basis des Hasses und der Gewalt zu entziehen.

3.2 *Abschied von geschichtlicher Unschuld* Angesichts eines subjekt- und situationslosen Geschichtsidealismus, der – bis hin zur „Historisierung" geschichtlicher Katastrophen in der (postmodernen) Geschichtswissenschaft – mit einem hohen Apathiegehalt gegenüber dem Unglück und Leiden der Anderen ausgestattet ist, betont die neue Politische Theologie, daß sich das theologische Denken unterbrechen lassen muß vom Antlitz der geschichtlichen Opfer. „Der nachdenkliche Christ weiß, daß in Auschwitz nicht das jüdische Volk, sondern das Christentum gestorben ist." (E. Wiesel) Nicht von ungefähr bilden das Theodizee-Problem und die befreiende Kraft des Eingedenkens – als gefährliche Erinnerung – wesentliche Kategorien der Politischen Theologie. Vor dem Vergessen ebenso wie vor dem heute grassierenden „Vergessen des Vergessens" schützt nur eine anamnetische Kultur, in der die Leiden der Vergangenheit aufbewahrt sind. In diesem Zusammenhang ist auch zu beachten, daß das Christentum primär keine Argumentationsgemeinschaft, sondern eine Erzählgemeinschaft ist.

3.3 *Abschied vom Eurozentrismus.* Die Kirche „hat" nicht nur in sich eine Dritte Welt, sondern ist bereits und wird zunehmend immer stärker eine Dritte-Welt-Kirche. Diese empirische Tatsache markiert nicht nur ein pastorales Problem, sondern fordert in erster Linie das Einrücken der Dritten Welt in das Zentrum der theologischen Aufmerksamkeit. Zum einen ist die soziale Zerrissenheit der Welt selbst ein theologischer Topos: Verhältnisse, die dem Evangelium direkt widersprechen – wie Ausbeutung, Unterdrükkung, Verelendung, Folter und Rassismus –, sind Herausforderungen an die Theologie und verlangen die Formulierung des Glaubens in Kategorien der Solidarität, des Widerspruchs und der Veränderung. Zum anderen signalisiert diese Ausgangssituation den Übergang von einer kulturell mehr oder weniger monozentrischen Kirche Europas zu einer kulturell polyzentrischen Weltkirche mit einer (freilich unverzichtbaren) europäischen Ursprungsgeschichte. Das zwingt die Theologie schließlich zum Abschied von ihrer vermeintlich ethnischen Unschuld und fordert die Entfaltung einer neuen hermeneutischen Kultur, einer Kultur der Anerkennung der Anderen in ihrem Anderssein, ohne deshalb einem alles relativierenden Pluralismus das Wort zu reden.

3.4. Das hier konzentriert dargestellte Konzept und die teils nur angedeuteten, keineswegs in jedem Fall gelösten Problemstellungen machen deutlich, daß Politische Theologie eines nicht sein kann: ein geschlossenes theologisches System. Sie entwickelt sich vielmehr – wie schon bisher – angesichts neuer Herausforderungen und in dem Bewußtsein, daß sich der Glaube konstitutiv in Geschichte und Gesellschaft vollzieht und Theologie insofern auch deren Veränderungen stets neu zu verarbeiten hat.

§ 9 „Glaube in Geschichte und Gesellschaft", heute

(1992)

Aus dem neuen Vorwort zur 5. Auflage von: *Glaube in Geschichte und Gesellschaft. Studien zu einer praktischen Fundamentaltheologie*, Mainz [5]1992, 9–16.

Worum geht es der neuen Politischen Theologie? Darauf will ich hier – knapp und ohne Ehrgeiz auf Vollständigkeit – eine Antwort versuchen, eine Antwort, die über die in „Glaube in Geschichte und Gesellschaft" vorliegenden Texte hinausführt und jene Gesichtspunkte benennt, die inzwischen für diese Art fundamentaler Theologie wichtig geworden sind. Dabei darf ich wohl Verständnis dafür erwarten, daß ich mich bei den Literaturhinweisen auf eigene (in Deutsch zugängliche) Texte beschränke; schließlich möchte ich ja eine Auskunft darüber geben, wie sich „Glaube in Geschichte und Gesellschaft" in meinen eigenen Überlegungen fortgebildet und im Unzulänglichen und Verkürzenden nach Kräften korrigiert hat.[1]

Worum also geht es dieser neuen Politischen Theologie, sofern sie schließlich nichts anderes sein will als dies: Theologie, Rede von Gott in dieser Zeit? Sie hat eingesetzt als eine Art Korrektiv, als Korrektiv gegenüber einer situationsfreien Theologie, gegenüber allen idealistisch geschlossenen oder immer wieder sich schließenden theologischen Systemen. Sie betrachtet sich in diesem Sinne als „nachidealistisch".[2] Sie nährt sich aus einer gewissen Beunruhigung, ja aus einem gewissen Erschrecken, aus einer Erfahrung von Nichtidentität, über die noch näher Auskunft zu geben sein wird. Zunächst läßt sich die Situation, die in den Logos der Theologie eingeht und seine Verantwortungsfähigkeit prüft, durch eine äußerst großflächig (und daher kaum unmißverständlich) formulierte Triade kennzeichnen: einmal die unabgegoltene Auseinandersetzung mit den Prozessen der Aufklärung, dann

[1] Immerhin möchte ich dankbar auf die Werke jener Autoren verweisen, die sich auch in dem von E. Schillebeeckx herausgegebenen Band „*Mystik und Politik. Theologie im Ringen um Geschichte und Gesellschaft*" (Mainz 1988) zusammengefunden haben. Bei ihnen zeigen sich viele Berührungspunkte und zusätzliche Anregungen in einer gemeinsam verfolgten theologischen Aufgabe.

[2] In diesem Sinn habe ich in meinem Beitrag „*Unterwegs zu einer nachidealistischen Theologie*" (in: J. Bauer, [Hg.], Entwürfe der Theologie, Graz/Wien/Köln 1985, 209–232) [in diesem Band § 7] von drei konkurrierenden Paradigmen in der zeitgenössischen katholischen Theologie gesprochen – von einem neuscholastischen, einem transzendental-idealistischen und einem nachidealistischen Ansatz – und dabei die neue Politische Theologie wie auch den theologischen Kern der Befreiungstheologie dem nachidealistischen Ansatz zugeordnet. Vgl. dazu auch mein Vorwort zur Neuausgabe der „Theologie der Befreiung" von G. Gutiérrez [in diesem Band § 8,1].

die Erfahrung der Katastrophe von Auschwitz und schließlich die Vergegenwärtigung der nichteuropäischen, der Dritten Welt in der „Welt der Theologie".[3] Führt aber eine solche „Situierung" nicht zu einer kläglichen Relativierung aller theologischen Aussagen? Nein, sie verpflichtet allerdings die Theologie, sie selbst, diese Situation in ihr theologisches Gewissen aufzunehmen und sich von ihr und an ihr in intellektueller Redlichkeit einen theologischen Begriff zu bilden. An diese Aufgabe hat sich die neue Politische Theologie anfänglich gemacht; das kennzeichnet ihr Anliegen als fundamentale Theologie.

Diese neue Situation signalisiert zumindest drei Einbrüche oder Unterbrechungen, drei Erfahrungen von Nichtidentität im Ansatz der Theologie.

1. Der Einbruch gesellschaftlicher und praktischer Fragestellungen in die systematische Theologie geschieht eigentlich schon im Prozeß der europäischen Aufklärung mit ihrem Primat der praktischen Vernunft bei der Behandlung metaphysischer Fragen. Er konkretisiert sich in der Ideologiekritik und Religionskritik seit dem vergangenen Jahrhundert. „Wer treibt – wann und wo – für wen und in welcher Absicht Theologie?" Das sind nun keine arbeitsteilig zu behandelnden Zusatzfragen mehr, sondern Konstitutionsfragen der systematischen Theologie. Die Theologie, sie selbst – als Rede von Gott – gerät unter den Primat von Subjekt, Praxis und Alterität.[4] Nur so läßt sich z.B. auch ausmachen, was theologisch mit Ich, mit Existenz und Individualisierung, kurzum mit gläubiger Existenz gemeint ist.[5]

[3] In „Unterwegs zu einer nachidealistischen Theologie" (Anm. 2) war auch ausdrücklich von der marxistischen Herausforderung an die Theologie die Rede. [Zur Auseinandersetzung der Politischen Theologie mit marxistischen Grundpositionen vgl. die Literaturangaben zu § 7 in diesem Band.]

[4] Von der hier skizzierten Fragestellung, speziell im Blick auf Subjektbezogenheit und Kontextualisierung, sind meine Überlegungen in „*Jenseits bürgerlicher Religion*", München/Mainz 1980 u.ö., in „*Unterbrechungen. Theologisch-politische Perspektiven und Profile*", Gütersloh 1982, und in meinem gemeinsam mit F.-X. Kaufmann veröffentlichten Band „*Zukunftsfähigkeit. Suchbewegungen im Christentum*", Freiburg i.Br. 1987, mit je unterschiedlichen Akzentuierungen geprägt. Weitere Differenzierungen der Subjektfrage im ekklesiologischen Bereich in meinem Beitrag „*Das Konzil – ‚der Anfang eines Anfangs'?*" (in: K. Richter [Hg.], Das Konzil war erst der Anfang, Mainz 1991, 11–24) und auch in meiner Einführung zur Neuausgabe von K. Rahner, Strukturwandel der Kirche als Aufgabe und Chance, Freiburg i.Br. 1989.

[5] Zum „Ichwerden an und mit den Anderen" als anthropologische Prämisse der (nachidealistischen) Theologie, zur Gleichursprünglichkeit von Selbstwahrnehmung und Wahrnehmung der Anderen, von Selbstannahme und Annahme der Anderen, also zu einem jeweils den Anderen geschuldeten Verständnis von Ich-Identität vgl. jetzt z.B. J.B. Metz/T.R. Peters, Gottespassion, Freiburg i.Br. 1991, 39 ff. – Hier liegt übrigens auch ein Unterschied in den anthropologischen Prämissen gegenüber dem transzendentaltheologischen Ansatz vor: In K. Rahners anthropologischen Grundlagenreflexionen gibt es kein Intersubjektivitäts- oder gar Alteritätstheorem. Die „absolute Nächstenliebe" taucht bei ihm erst in der Christologie auf – und auch hier nicht etwa im Ansatz seiner mit unvergleichlicher spekulativer Kraft entfalteten Theologie der Menschwerdung Gottes. Zwar spricht hier Rahner vom anderen, von jenem „anderen, an dem der unveränderliche Gott selbst veränderlich sein kann". Doch dieses „andere" (das nicht nur terminologisch an Hegel erinnert)

Mit dieser Fragestellung gibt die Theologie nicht eine auf Wahrheit gerichtete vernünftige Verantwortung des Glaubens und seiner Traditionen preis. Sie entzieht sich nicht einfach dem klassischen Problem des Verhältnisses von Glaube und Vernunft. Sie sucht vielmehr der Tatsache Rechnung zu tragen, daß dieses Problem seit den Prozessen der Aufklärung auf einem neuen Niveau verhandelt werden muß: Der Glaube muß sich nun angesichts einer Vernunft bewähren und sich über eine Vernunft mitteilen, die ihrerseits als subjekthafte Freiheit auch als Freiheit der Anderen und damit als Gerechtigkeit praktisch werden und zu sich selbst kommen will. Wie kann christlicher Glaube in diesem Sinn *fides quaerens intellectum* sein? Diese Frage zielt auf die „politische" Figur der sog. Glaubensbegründung, sie kennzeichnet den fundamentaltheologischen Ansatz der neuen Politischen Theologie. Der gibt nicht vor, die Aufklärung überwunden zu haben, ohne durch sie ungesenkten Hauptes hindurchgegangen zu sein. Gegenüber transzendental oder kommunikativ orientierter Vernunft betont er den Primat erinnerungsbegabter, also anamnetischer Vernunft, ohne deren Vermissungswissen nicht nur das authentische (d.h. auf Gott gerichtete) religiöse Bewußtsein, sondern auch das Freiheitswissen und der Gerechtigkeitssinn schließlich ins Leere fallen würden.[6] Entsprechend kritisch sucht dieser Ansatz auch auf die Widersprüche, auf die Verwerfungen zu reagieren, die sich gegenwärtig in den konkreten gesellschaftlichen und geistig-kulturellen Prozessen der Aufklärung zeigen: drohender Verlust des Subjekts, sekundäre Unmündigkeit, neue Mythenfreudigkeit und Religion ohne Gott.[7]

2. Spät (zu spät?) bildete sich die neue Politische Theologie ein Bewußtsein davon, daß sie „Theologie nach Auschwitz" ist, daß diese Katastrophe zur inneren Situation der christlichen Gottesrede gehört. Auschwitz soll damit keineswegs zu einem negativen Mythos stilisiert werden. Ganz im Gegenteil! Dieser Situation „nach Auschwitz" standzuhalten, heißt nämlich nichts anderes als dies: den Einbruch der konkreten Geschichte in den Logos der Theologie und die damit verbundene theologische Erfahrung von Nichtidentität endlich zu akzeptieren. Angesichts von Auschwitz kann sich die Theologie, sie selbst – als Rede von Gott – ihre geschichtliche Unschuld nicht bewahren: weder dadurch, daß sie dieses Thema arbeitsteilig aussondert in die Kirchengeschichte, noch durch die übliche abstrakte und ent-

darf im Sinn der Argumentation Rahners gerade nicht als personhaftes Anderssein, nicht als subjekthafte Alterität zu Gott gedacht werden!

6 Vgl. meinen Beitrag „*Anamnetische Vernunft*", in: A. Honneth u.a. (Hg.), Zwischenbetrachtungen im Prozeß der Aufklärung (FS J. Habermas), Frankfurt a.M. 1989, 733–738; [vgl. dazu die einschlägigen Überlegungen in § 8, Exkurs]

7 Hierher gehören vor allem folgende Texte: Wohin ist Gott, wohin denn der Mensch?, in: Kaufmann/Metz, Zukunftsfähigkeit (Anm. 4); Wider die Zweite Unmündigkeit, in: Rüsen/Lämmert/Glotz (Hg.), Zukunft der Aufklärung, Frankfurt a.M. 1988, 81–87; Theologie gegen Mythologie, in: Herder Korrespondenz, April 1988, 187–193; Gottespassion (Anm. 5), 22ff.

sprechend verblüffungsfeste Rede von der Geschichtlichkeit des Menschen (als eine Art anthropologischer Konstante) noch schließlich durch einen antlitzlosen, quasi menschenleeren Geschichtsuniversalismus, durch eine Art Geschichtsidealismus, der mit hohem Apathiegehalt ausgestattet ist gegenüber dem Unglück der jeweils Anderen, gegenüber geschichtlichen Katastrophen und Untergängen.

Als „Theologie nach Auschwitz“ will dieser theologische Ansatz auf etwas aufmerksam machen, was in der Art, wie das Christentum zur Theologie wurde, immer mehr in Vergessenheit geriet[8]: daß nämlich auch der Logos der christlichen Theologie nicht einfach von subjekt- und geschichtslosen Ideen, sondern wurzelhaft von einem Eingedenken geprägt ist – nicht von ungefähr wurde die „gefährliche Erinnerung“ zu einer Zentralkategorie der Politischen Theologie –, das die Leidensgeschichte der Menschen nicht verdrängen und vergessen bzw. idealistisch aufheben kann. Eine neue Theodizee-Empfindlichkeit, von der noch die Rede sein soll, gehört auf die Tagesordnung theologischer Diskurse. Vielleicht darf ich sagen, daß die Politische Theologie hierzulande den Schrei der Opfer von Auschwitz in der christlichen Theologie, in ihr selbst, unvergessen machen will – als Zeichen des Abschieds von jeder idealistisch sich schließenden Theologie und ihrem Vergessen des Vergessens, das m.E. in deren Wahrheits- und Gottesbegriff steckt. In einer Reihe von Beiträgen habe ich mich inzwischen mit dem Thema „Theologie und Kirche nach Auschwitz“ und den daraus resultierenden Fragen an die christliche Theologie, an das gesuchte neue Verhältnis zum jüdischen Erbe im Christentum, an einen latenten metaphysischen Antisemitismus usw. beschäftigt.[9] Hier sei nur noch dies hervorgehoben: Solange es um „Religion“ geht (was immer das in unserer mythenfreudig und in diesem Sinn religionsfreundlich gestimmten postmodernen Welt heißt), mag man ja auf Israel und die jüdischen Traditionen verzichten können. Wenn es aber um „Gott“ geht und um „Gebet“, ist dieses Erbe unverzichtbar, nicht nur für die Juden, auch für uns Christen. Das biblische Israel, geächtet und verfolgt, ist und bleibt die Wurzel für uns Christen, wie übrigens auch für

[8] Zur frühen „Halbierung des Geistes des Christentums“ und zu dem damit zusammenhängenden Problem der sog. „Hellenisierung des Christentums“ vgl. außer meinem Beitrag über „anamnetische Vernunft“ (Anm. 6) auch „Löscht den jüdischen Geist nicht aus“, in: Krüggeler/Junker/Möhler (Hg.), Löscht den Geist nicht aus! (FS N. Greinacher), München 1991, 59–64 [und § 8,5 in diesem Band].

[9] Vgl. hierzu vor allem meinen Beitrag in dem von E. Kogon und mir herausgegebenen Band „Gott nach Auschwitz“, Freiburg i.Br. 1979 u.ö., 121–144; dann „Im Angesicht der Juden. Christliche Theologie nach Auschwitz“, in: Concilium 1984/H. 5, 382–389 und „Kirche nach Auschwitz“, in: Marcus/Stegemann/Zenger (Hg.), Israel und Kirche heute (FS E.L. Ehrlich), Freiburg i.Br. 1991, 110–122 (gekürzte Fassung auch in: Kirche und Israel 1990/H. 2). – Schon das Synodendokument „Unsere Hoffnung“. Ein Bekenntnis zum Glauben in dieser Zeit“ (1975) hatte auf die einschneidende Bedeutung der Katastrophe von Auschwitz für kirchliches und theologisches Bewußtsein hingewiesen; [vgl. in diesem Band § 8,5].

den Islam. Und „Auschwitz“ ist und bleibt somit ein Attentat auf alles, was uns hätte heilig sein müssen.[10]
3. Schließlich sucht die Politische Theologie dem Einbruch der sog. Dritten Welt wie der nichteuropäischen Welt überhaupt in die „Welt der Theologie“ Rechnung zu tragen – nicht nur pastoral, sondern im strikt theologischen Sinn, als Herausforderung an die Gottesrede. Einmal rückt dadurch die soziale und wirtschaftliche Zerrissenheit in der Welt, der sog. Nord-Süd-Konflikt, der ja durch die Befriedung des sog. Ost-West-Konfliktes nicht ausgeräumt ist und der sich mitten durch die Kirche zieht, ins Zentrum theologischer Aufmerksamkeit. Verhältnisse, die dem Evangelium direkt widersprechen – wie Entwürdigung, Ausbeutung, Rassismus –, werden zu Provokationen des Kerns der Botschaft. Sie verlangen die Formulierung der christlichen Gottesrede auch in Kategorien des Widerstands und der Veränderung. Sehr früh sprach die Politische Theologie deshalb von der Kirche als einer „Institution der gesellschaftskritischen Freiheit des Glaubens“ und von einer diesem theologischen Ansatz korrespondierenden Veränderungsethik.[11] Diese „Veränderung“ – in der Befreiungstheologie wird sie zur „Befreiung“[12] – schließt freilich den Begriff der Schuldfähigkeit und Umkehrbedürftigkeit aller geschichtlichen Subjekte ein. Dies muß nicht zu einer politikfernen Romantisierung führen; es soll nur den politischen Veränderungen die Basis des Hasses und der Gewalt entziehen.
Zum anderen brechen nun neue Kulturwelten – im Übergang von einer kulturell mehr oder minder monozentrischen Kirche Europas zu einer kulturell polyzentrischen Weltkirche[13] – in die Theologie selbst ein, und die Politische Theologie versucht dieser Erfahrung von Nichtidentität, diesem Verlust der ethnisch-kulturellen Unschuld der Gottesrede Rechnung zu tragen. Im Diskurs um die sog. Inkulturation wie überhaupt im Blick auf die neue, ethnisch-kulturell vielfach verwurzelte Ausgangslage der Kirche bemüht sie sich um eine nachidealistische hermeneutische Kultur der Gottesrede, um die Kultur der Anerkennung der Anderen in ihrem Anderssein und um die Aufdeckung der „Spur Gottes“ in der Erfahrung ihrer Alterität.[14] Und im Zusammenhang damit um die Ablösung einer herrschaftsgeleiteten

[10] Vgl. hierzu außer „Gottespassion“ (Anm. 5) auch „Der Kampf um jüdische Traditionen in der christlichen Gottesrede“, in: Kirche und Israel 1987/H. 1, 14–23, und „Die Synagoge als Gotteslehrerin“, in: L. Schottroff/J. Thiele (Hg.), Gotteslehrerinnen (FS D. Sölle), Stuttgart 1989, 15–22.
[11] [Vgl. dazu schon die Aufsätze in § 1 und § 2 in diesem Band.]
[12] [Zum Verhältnis zwischen Politischer Theologie und Befreiungstheologie in meiner Sicht vgl. die Literatur zu § 7.]
[13] Dazu meine Beiträge in „Zukunftsfähigkeit“ (Anm. 4) wie auch, weiterführend, die Überlegungen zu „Das Konzil – ‚der Anfang eines Anfangs‘?“ (Anm. 4).
[14] Neben den unter Anm. 13 genannten Texten vgl. vor allem: Einheit und Vielfalt. Probleme und Perspektiven der Inkulturation, in: Concilium 1989/H. 4, 337–342; vor allem auch: Die Eine Welt als Herausforderung an das westliche Christentum, in: Una Sancta 1989/H. 4, 314–322.

Anthropologie durch eine anerkennungsgeleitete Anthropologie.[15] Freilich, damit solches Anerkennungsdenken nicht in einem vagen Relativismus der Kulturwelten endet, darf die Spannung zwischen der Authentizität dieser Kulturwelten und dem zunächst in den europäischen Traditionen beheimateten Universalismus der Vernunft sowie der auf sie gegründeten Menschenrechte – im Sinne des oben unter 1. Gesagten – nicht preisgegeben werden. Dieser „Eurozentrismus um der Anderen willen" will bedacht sein, er hat schließlich auch das Thema „Europa" neu in die Aufmerksamkeit der Politischen Theologie gerückt.[16]

In den letzten Jahren versuchte ich so etwas wie eine „theologische Reduktion" der einzelnen Elemente dieses gesamten Projekts. Zu schnell? Zu gewaltsam? Zu undifferenziert? War das Ganze bisher nicht ohnehin empirisch und analytisch unterernährt? Ist also die neue Politische Theologie wirklich mehr und anderes als eine Art politische Metaphysik? Wie aussagekräftig und differenzierungsfähig ist hier das Wort „politisch"? Ich will diese Fragen nicht in den Wind schlagen. Indes, neben den Überlegungen, die ich dazu bereits in § 1 von „Glaube in Geschichte und Gesellschaft" angedeutet habe, Überlegungen zur Theologie in der modernen Wissenschaftswelt, möchte ich dies noch zu bedenken geben: Wo die Theologie in ihren Aussagen nicht nur eine postmoderne Religion der psychologisch-ästhetischen Seelenverzauberung vertreten will, wo sie Religion nicht nur als Kompensation für verlorene Transzendenz anbieten will, wo sie vielmehr immer noch auf der Rede von Gott beharrt, wie sie ihr die biblische Tradition auferlegt[17], gerät sie wissens- und wissenschaftstheoretisch allemal in eine prekäre Situation. In dieser Situation habe ich versucht, auf die Kategorie des (von anamnetischer Vernunft gestützten) Vermissungswissens aufmerksam zu machen.[18] Dieses Vermissungswissen ist theologisch vor allem in den Traditionen negativer Theologie beheimatet. Für mich ist es aus jenem Erschrekken genährt, von dem eingangs die Rede war, dem Erschrecken darüber, daß man der christlichen Gottesrede üblicherweise die himmelschreiende Leidensgeschichte der Schöpfung so wenig ansieht und anhört. Kein Hauch

[15] [Dazu § 8,2.]

[16] [Vgl. dazu § 8,4.]

[17] Zum biblischen (!) Monotheismus, der nicht als machtpolitischer, sondern weit eher als pathischer Monotheismus zu begreifen ist und den es seit Anbeginn immer wieder gegen die quasi konstitutionelle („gnostische") Versuchung zum Dualismus zwischen Heil und Zeit und zwischen Schöpfung und Erlösung zu schützen gilt, vgl. vor allem: Theologie gegen Mythologie (Anm. 7), ausführlicher unter dem Titel „Theologie versus Polymythie oder Kleine Apologie des biblischen Monotheismus", in: O. Marquard (Hg.), Einheit und Vielheit. XIV. Deutscher Kongreß für Philosophie (1987), Hamburg 1990, 170–186. Dazu auch die einschlägigen Passagen in „Gottespassion" (Anm. 5) und – vor allem – in den Theodizee-Texten (Anm. 19). [In diesem Band wichtig: § 10 und § 11.]

[18] [Vgl. vor allem: Trotzdem hoffen. Mit Johann Baptist Metz und Elie Wiesel im Gespräch, hg. von E. Schuster/R. Boschert-Kimmig, Mainz 1993.]

von Unversöhntheit liegt über der Theologie! Keine Erfahrung von Nichtidentität, in der die ach so gewisse Rede über Gott in die ratlose Rede zu Gott umschlägt! Ich weiß, solche negative Theologie widerstrebt dem verbreiteten Postmodernismus unserer Herzen mit seinem Hang zur unmittelbaren Affirmation und mit seiner Provinzialisierung der Problemwelten. Aber ohne dieses Erschrecken, ohne den Schmerz über die Widersprüche in der Schöpfung läßt sich der Grundimpetus der hier vorgelegten Theologie schwerlich nachvollziehen. Sie ist von einer besonderen Theodizee-Empfindlichkeit geprägt.[19] Und sie weiß sich in allen Aussagen über Gott, seinen Christus und die Welt einer Eschatologie verpflichtet, der die Vision von der befristeten Zeit noch nicht abhanden gekommen ist – weder durch einen wissenschaftlich-zivilisatorisch gespeisten Evolutionismus noch durch die Inthronisierung der unbefristeten Zeit als Majestät des Seins wie bei Friedrich Nietzsche.[20]

[19] Theodizee ist hier nicht verstanden im Sinn einer rationalen Rechtfertigung Gottes, sondern im Sinn der Frage, wie überhaupt von Gott zu reden sei angesichts der Leidensgeschichte der Welt, „seiner" Welt. Dazu: Theologie als Theodizee?, in: W. Oelmüller (Hg.), Theodizee – Gott vor Gericht?, München 1990, 103–118, und: Plädoyer für mehr Theodizee-Empfindlichkeit in der Theologie, in: W. Oelmüller (Hg.), Wovon man nicht schweigen kann. Neuere Diskussionen zur Theodizeefrage, München 1992. – [Zu einer Theodizee-empfindlichen Gottesrede in der Welt der Massenmedien vgl. „Was ist mit der Gottesrede geschehen?", in: Herder Korrespondenz, September 1991, 418–422; „Theodizee-empfindliche Gottesrede", in: J.B. Metz (Hg.), „Landschaft aus Schreien". Zur Dramatik der Theodizeefrage, Mainz 1995, 81–102.]

[20] [Vgl. dazu im Exkurs zu § 8 in diesem Band (mit Literaturangaben).]

§ 10 Religion und Politik an den Grenzen der Moderne. Versuch einer Neubestimmung

(1995–1997)

Der Text geht ursprünglich auf eine Behandlung der Frage „*Religion und Politik auf dem Boden der Moderne*“ beim Österreichischen Wissenschaftstag 1995 zurück. In erster Fassung erschienen in: E. Brix/W. Mantl (Hg.), Liberalismus, Interpretationen und Perspektiven, Wien/Köln/Graz 1996, 229–243. (Unter gleichem Titel in: H.-J. Höhn [Hg.], Krise der Immanenz, Frankfurt a.M. 1996, 265–279) und in bezug auf Monotheismus und Demokratie, in: Jahrbuch Politische Theologie, Bd. 1: Demokratiefähigkeit (hg. v. J. Manemann), Münster 1996, 39–52). Hier erheblich modifiziert und ergänzt – zum Teil durch Gesichtspunkte aus der Wiener Vorlesung WS 1995/96 über „*Religion-Moral-Politik. Aus dem Problemkreis Politischer Theologie*“.

„An den Grenzen der Moderne“ wird das Verhältnis von Religion und Politik, wie es sich bislang auf dem Boden der Moderne gestaltete, in neuer Weise brisant. Kehrt etwa Religion – z.B. im Blick auf die prophezeiten Kultur- und Zivilisationskonflikte[1] – erneut zurück in die Weltpolitik? Wird Religion gar zum Ersatz für erschöpfte Politik, für eine Politik, die inzwischen zur Geisel von Ökonomie und Technik geworden ist? Von welcher Religion wäre da die Rede – und von welcher Politik? Ich versuche eine grundsätzliche Neubestimmung des Verhältnisses von Religion und Politik an den Grenzen der Moderne unter vier leitenden Gesichtspunkten:

I. Worum es geht;
II. Religion und Politik in Zeiten verschärfter Ungewißheit und zunehmender Enttraditionalisierung;
III. Das Apriori der Moderne;
IV. Zwei exemplarische Fragekreise: 1. Monotheismus versus Demokratie? 2. Freiheit ohne Leidensgedächtnis?

I.

1. Religion ist hier in jener Gestalt verstanden, die das Verhältnis von Religion und Politik auf dem Boden der Moderne prekär gemacht hat, also als christliche Religion mit einem noch nicht völlig zersetzten monotheistischen Kern und mit einer relativ starken, wenn auch zunehmend krisenanfälligen

[1] Vgl. z.B. die gegenwärtige Diskussion zu S. Huntington, Kampf der Kulturen, München/Wien 1996 u.ö.

Institutionalisierung. Die geläufigen Modernitätstheorien haben diese Religion zur anachronistischen oder jedenfalls strikt privaten Gegenwelt erklärt und ihr so jede Möglichkeit abgesprochen, das Verhältnis zwischen Religion und Politik kritisch-produktiv zu interpretieren und die Politik an den Grenzen der Moderne – im kritischen Stadium ihrer Reflexivität, im Umbruch ihrer Legitimationslogik – zu begleiten und zu schützen.
Bekanntlich ist der Monotheismus schärfster politischer Kritik durch die Moderne ausgesetzt. Er gilt zumeist als Legitimationsquelle eines vordemokratischen, gewaltenteilungsfeindlichen Souveränitätsdenkens, als Wurzel eines obsoleten Patriarchalismus und als Inspirator politischer Fundamentalismen. Darauf ist unbedingt zurückzukommen – nicht zuletzt deswegen, weil das Verhältnis von Religion und Politik an den Grenzen der Moderne nicht ausschließlich im Blick auf das Spannungsfeld zwischen Christentum und Moderne diskutiert werden darf, sondern immer mehr auch das Verhältnis der anderen monotheistischen Religionen zur Moderne einbeziehen muß, also die monotheistische Wurzelreligion des Judentums wie auch den Islam und seinen pointierten Zivilisationskonflikt mit der westlichen Moderne. Die christliche Religion kann sich angesichts der geschilderten Kritik nicht dadurch schadlos halten, daß sie in die Trinitätstheologie ausweicht und ausschließlich aus ihr ihre Demokratieverträglichkeit zu erweisen sucht. Damit nämlich würde das Christentum den strikt monotheistischen Religionen aus jüdischer und auch aus islamischer Tradition von vornherein jede Demokratiefähigkeit absprechen – ganz abgesehen davon, daß ein Christentum, das seinen eigenen monotheistischen Hintergrund aus den Augen verliert, gegen die biblischen Traditionen steht und mit seiner Christologie in die Gefahr der baren Mythologie gerät.[2]
2. Politik ist hier verstanden als demokratische, rechtsstaatliche Politik in der Phase ihrer Reflexivität. Das will sagen: Die freiheitliche Substanz dieser Politik hat inzwischen die „negative Bürgschaft" (H. Dubiel) durch die totalitären Systeme verloren. Zudem sieht sie die bisher unterstellten „Ligaturen" (R. Dahrendorf), sozusagen ihre „natürlichen Stützen" in der Gestalt vorreflexiver Traditions- und Milieubestände und kultureller Kohärenzen immer mehr wegbrechen.[3] Und die Prozesse, die heute unter dem Stichwort „Globalisierung" diskutiert werden, scheinen auch vor allem zu Lasten von Demokratie und modernem Rechts- und Sozialstaat zu gehen;

[2] Vgl. dazu Henrich/Metz/Hilberath/Werblowsky, Die Gottrede von Juden und Christen unter den Herausforderungen der säkularen Welt, Münster 1997 (speziell auch die Diskussionsberichte).

[3] Was sich alltagsempirisch längst bestätigt – der („postmoderne") Verlust an lebenslangen Gepflogenheiten, an längerfristigen Optionen, an Engagements ohne Umtauschvorbehalt usw. –, schlägt nicht nur in Loyalitätskrisen gegenüber religiösen Institutionen durch, es wirkt sich in allen gesellschaftlichen Einrichtungen aus: in Ehe, Familie, in Gewerkschaften und politischen Parteien; wir leben gewissermaßen in der Zeit konstitutioneller Wechselwähler oder auch – und zunehmend – konstitutioneller Stimmenthaltungen.

schließlich kann diese „Globalisierung" (der Märkte) zu einer globalen sozialen Krise führen, die demokratisch nicht mehr kontrollierbar ist und in der die Politik ihren Primat an die Ökonomie (endgültig) verliert.[4]

So ist die demokratische, rechtsstaatliche Politik an den Grenzen der Moderne auf eine neue Selbstvergewisserung angewiesen. Was sie nun aber im Stadium dieser Reflexivität zunächst entdeckt, ist – grob gesagt – ihre eigene Bodenlosigkeit auf dem Boden der Moderne. Es scheint kein stabiles Zentrum, keinen Kern für diese Reflexivität zu geben. Was sie als Grundlagen sichtet, sind der Konsens, der aufgekündigt werden kann, der Vertrag, der aufgelöst oder doch immer neu verhandelt werden kann, die Institution als prinzipiell veränderliche Kodierung sozialer Übereinkünfte usw. So dringt eine verschärfte Unsicherheit und Ungewißheit in diese Politik im Stadium ihrer Reflexivität ein. Dies ist wohl auch die tiefere Wurzel für eine heute viel beklagte Politiklosigkeit oder Politikverdrossenheit und für fundamentalistische oder populistische Reaktionen im Bereich demokratischer Politik.[5]

Wie damit umgehen? Kann hier eine Neubestimmung des Verhältnisses von Religion und Politik an den Grenzen der Moderne produktiv etwas beitragen? Oder ist darüber bereits alles gesagt und entschieden, so daß jeder Versuch einer solchen Neubestimmung allemal zu gefährlichen Reduktionen, zu quasifundamentalistischen Entdifferenzierungen der Verhältnisse und zu verfallstheoretischen Mutmaßungen über die Moderne überhaupt führen muß? Bleibt hier nicht, sofern sich die Frage auf die christliche Religion bezieht, die Feststellung Nietzsches zu bedenken: „Alle Möglichkeiten des christlichen Lebens, die ernstesten und lässigsten, die harm- und gedankenlosesten, und die reflektiertesten sind durchprobiert, es ist Zeit zur Erfindung von etwas Neuem oder man muß immer wieder in den alten Kreislauf geraten …"?[6]

II.

Moderne Politik, Politik im Vollzug der Aufklärung: Das ist nach heute geläufiger Auffassung Politik ohne jedwede Verankerung in der Transzendenz, das ist Politik mit rein weltlicher Legitimierung politischer Herrschaft und damit Politik der strikten Trennung von Religion und von allen religiösen oder auch religionsanalogen Symbolisierungen politischer Legitimität. Ist

[4] Offensichtlich gibt es für die Demokratie nicht nur die Gefahr eines religiösen Fundamentalismus, sondern auch die Gefahr eines Markt-Fundamentalismus, den U. Beck (im Spiegel 20/1996) zu Recht als „demokratisches Analphabetentum" kritisiert hat.

[5] Zu einer eindringlichen Beschreibung und Begründung dieser Situation aus diskurstheoretischer Sicht vgl. H. Dubiel, Ungewißheit und Politik, Frankfurt a.M. 1994.

[6] F. Nietzsche, Werke (Leipzig 1903), Bd. X, 289.

das so, muß das so sein, wenn man nicht in vormoderne, voraufklärerische Politikmuster zurückfallen will? Wer dies behutsam bezweifelt, wer sich – vorsichtig – die Frage stellt, ob die radikale Privatisierung der Religion der modernen Politik der Freiheit in jeder Hinsicht bekommt, muß selbst sehr auf der Hut sein, daß er damit nicht in antimoderne, fundamentalistische Fallen gerät. Aber ist einer dann schon ein demokratiefeindlicher Fundamentalist oder ein pluralismusfeindlicher Traditionalist, wenn er die Rechtfertigung einer politischen Entscheidung nicht ausschließlich nach der prozeduralen Korrektheit ihres Zustandekommens beurteilen will? (Wenn er sich also z.B. fragt, wie man denn mit dem Kriterium einer rein verfahrensorientierten, strikt formalen Rationalität die gegenwärtigen politischen Vorgänge in Algerien beurteilen will?) Wenn er also nicht nur nach den diskurstheoretisch abbildbaren Regeln zum Funktionieren einer modernen Demokratie, sondern nach den metapolitischen Ressourcen zu ihrer Verteidigung fragt? Wenn er davon ausgeht, daß auch die modern erkämpfte Freiheit eines kulturellen Gedächtnisses bedarf, das sich durch Diskursverfahren nicht einfach ersetzen läßt?

Wenn man sich in zeitgenössischen politischen Theorien umsieht, so fällt auf, daß bei allen Versuchen einer Trennung von Religion und Politik in der Moderne die strikt religionsfreie Kodierung eben dieser modernen Politik kaum vorkommt bzw. durchgehalten wird. Abgesehen von politischen Theorien des angelsächsisch-nordamerikanischen Pragmatismus, findet sich dieser Versuch noch am ehesten in zwei jüngeren Gesellschafts- und Politiktheorien in Deutschland. Zum einen bei den jüngeren, postmarxistischen Frankfurtern, z.B. beim scharfsinnigen Helmut Dubiel. Für ihn ist Demokratie „sozusagen die institutionalisierte Form des öffentlichen Umgangs mit Ungewißheit“. Immerhin riskiert selbst er einen Bezug zur religiösen Symbolisierung; er definiert bezeichnenderweise „Demokratie als nachtraditionale ‚Zivilreligion‘ “[7] Zum anderen geht es um die Vertreter der sogenannten „riskanten Freiheiten“, die Theoretiker der Risikogesellschaft in ihren eskalierenden Individualisierungsprozessen.[8] Deren Politikbegriff mündet freilich meines Erachtens in eine Art existentialpolitischen Dezisionismus (als Form neuer „Subpolitik“), die auch in gewissen Formen politischer Phi-

[7] Vgl. Anm. 5, 178.

[8] U. Beck/E. Beck-Gernsheim (Hg.), Riskante Freiheiten. Individualisierung in modernen Gesellschaften, Frankfurt a.M. 1994. – Nach Abschluß dieses Textes erscheint nun die „Edition Zweite Moderne“, hg. v. U. Beck, Frankfurt a.M. 1997 (mit A. Giddens, Jenseits von links und rechts. Die Zukunft radikaler Demokratie). Eine Berücksichtigung dieser Position von Giddens/Beck ist hier nicht mehr möglich. Für mich bleibt vor allem zu prüfen, ob die Rede von der „Zweiten Moderne“ womöglich damit zusammenhängt, daß die „Dialektik der Moderne“ bzw. die „Dialektik der Aufklärung“ und die darin entwickelten Einsichten sowie die mit diesen Einsichten verbundene Theorie der Moderne zu schnell vergessen oder verdrängt wurden. Vgl. dazu auch meine nachfolgenden Überlegungen zur „Dialektik der Aufklärung“.

losophie in Italien favorisiert wird, wie z.B. beim Hannah-Arendt-Forscher Paolo Flores d'Arcais.[9]

Apropos Hannah Arendt[10]: Sie gilt ja inzwischen als die Theoretikerin einer strikt religionsfernen Politik auf dem Boden der Moderne, die in den neuzeitlichen Revolutionen eine völlig neue, säkulare Begründung politischen Handelns erkennt, das sich epochal von allen vormodernen Politikformen und deren Legitimationsquellen unterscheidet.[11] Ist es dann aber nur Ausdruck von Inkonsequenz (wie das zum Beispiel Dubiel annimmt), wenn Hannah Arendt in ihrem Revolutionsbuch[12] bei der Frage nach der Behandlung von Legitimitätskrisen doch wieder auf religionsnahe Symbolisierungen, also auf die quasi-kultische Anrufung der Gründungsgeschichte dieser neuen Politik zurückgreift? Oder gibt sie hier doch der typisch angelsächsisch-nordamerikanischen zivilreligiösen Begründung von Politik auf dem Boden der Moderne nach?

In seinem berühmten Werk „Über die Demokratie in Amerika" schreibt Alexis de Tocqueville zu diesem Begründungszusammenhang: „Der Despotismus kommt ohne Glauben aus, die Freiheit nicht. Der Republik ist die Religion viel notwendiger als der Monarchie, und den demokratischen Staatswesen mehr als allen anderen. Wie könnte die Gesellschaft dem Untergang entrinnen, wenn sich das sittliche Band nicht festigt, derweil das politische sich lockert? Und was soll man tun mit einem Volk, das als Herr seiner selbst nicht Gott untertan ist?"[13] Der Begriff, unter dem Tocqueville die demokratiestützenden und -schützenden Traditionen zusammenfaßt, lautet: Habits of the Heart („Gewohnheiten des Herzens"). Seit Robert Bellahs (und seiner Mitarbeiter) einflußreichem Werk unter eben diesem Titel[14] spielen diese Zusammenhänge in der amerikanischen Kommunitarismusdebatte eine wichtige Rolle, auch wenn sich der amerikanische Religionsbegriff seit seiner Beschreibung durch Tocqueville beträchtlich entsubstantialisiert hat, so daß man kaum mehr sehen kann, wie diese Art von Religion überhaupt die moderne freiheitliche Politik vor den zerstörerischen Folgen einer Überindividualisierung bewahren kann.[15] Immerhin verweist die Kommunitarismusdebatte in all ihren, teilweise geradezu gegensätzlich anmutenden Schattie-

[9] Z.B. in seinem Beitrag Philosophie und Engagement, in: Frankfurter Rundschau vom 15. 5. 1995.

[10] Hier beziehe ich mich auf Anmerkungen zu Hannah Arendts politischer Theorie bei H. Dubiel (vgl. Anm. 5).

[11] H. Arendt vertritt hier für den Bereich der Politikgeschichte und Politiktheorie eine Auffassung, die H. Blumenberg grundsätzlich für das Verständnis der Neuzeit – gegenüber den üblichen Säkularisierungstheorien – entwickelt hat: H. Blumenberg, Die Legitimität der Neuzeit, Frankfurt a.M. 1966; vgl. dazu auch ders., Säkularisierung und Selbstbehauptung, Frankfurt a.M. 1976.

[12] München 1963.

[13] A. de Tocqueville, Über die Demokratie in Amerika, München 1976, 340.

[14] Berkeley 1985.

[15] Zu dieser zunehmenden Entsubstantialisierung des Religionsbegriffs in Nordamerika vgl.

rungen auf die Schwierigkeit, Religion und Politik adäquat zu entkoppeln und das demokratische Leben ohne die *communities of memory* zu stabilisieren. Ich kann in diesem Zusammenhang nicht auf Einzelheiten dieser in den letzten Jahren geführten Debatte und des in ihr zutage tretenden Verhältnisses von Religion und Politik eingehen.[16] Daß diese Debatte bei uns schon wieder erlischt, hängt nicht zuletzt daran, daß die angelsächsisch-nordamerikanische Sicht des Verhältnisses von Religion und Politik nicht einfach auf die kontinentaleuropäische Diskussionslage übertragen werden kann.

Das ist in tiefgreifenden historischen Differenzen verwurzelt. Die englisch-amerikanische Aufklärung war protestantisch, war nonkonformistisch, freikirchlich und gläubig. Die kontinentaleuropäische (französische) Aufklärung war antiklerikal, laizistisch und atheistisch.[17] Dieser laizistisch-atheistische Zug in der kontinentaleuropäischen Aufklärung – wie übrigens im korrespondierenden Revolutionsverständnis – muß in Zusammenhang gesehen werden mit dem dem Ancien Régime verpflichteten Katholizismus. Erst im Zweiten Vatikanischen Konzil erklärt sich auch die katholische Kirche als „Religion der Freiheit", indem sie in ihrem „Dekret über die Religionsfrei-

O. Kallscheuer, Individuum, Gemeinschaft und die Seele Amerikas, in: Transit (1992/93) 31–50, speziell 40ff. – H. Dubiel folgert daraus (in: Universitas 8/1995, 731): „Die politischen Kulturen westlicher Gesellschaften sind bestimmt durch eine irreversible Auflösung jener Traditionen, die die moralische Integration sozusagen hinter dem Rücken der Bürger garantieren. Ihre Sinnsysteme sind durch eine so dramatische Pluralisierung, Privatisierung und Säkularisierung gekennzeichnet, daß sie in keiner Weise mehr als kulturelles Fundament einer politischen Ordnung taugen. Darum hängt das Schicksal der modernen Bürgergesellschaft von der eigentümlichen Fähigkeit ab, die moralischen und die institutionellen Bedingungen des Zusammenhalts der Bürger selbst zu erzeugen. Wenn wir von einer demokratischen Bürgergesellschaft sprechen, dann setzen wir die Hoffnung auf eine Form der sozialen Integration, deren Bedingungen von den Menschen selbst erzeugt werden."

[16] Ich verweise auf den ausführlichen, reichlich belegten Beitrag von E. Arens/J. Manemann, Wie sollen wir zusammenleben? Zur Diskussion um den Kommunitarismus, in: Jahrbuch Politische Theologie 1/1996, 155–171 (zu A. MacIntyre, Ch. Taylor, R. Bellah, M. Walzer). „Das Verhältnis sowie die Vermittlung von partikular-kontextueller Besonderheit und Bodenhaftung sowie universell-kriterieller Allgemeinheit im gesellschafts- und demokratietheoretischen, ethischen und politischen Denken scheint der zentrale Diskussionspunkt zu sein." (171) Dabei sind die Kommunitaristen davon überzeugt, daß diese „Vermittlung" ohne Religion bzw. ohne Referenz auf religiös-kulturelle Traditionen nicht möglich ist. Für alle vier (hier genannten) Vertreter spielen die jüdisch-christlichen Traditionen eine maßgebliche Rolle. Zu beachten bleibt vor allem dies: Die hier vertretene konstitutionelle Bezogenheit von Religion und Moral auf Gemeinschaft und Tradition suspendiert nicht von der Frage, wie sich nun die einzelnen Erinnerungsgemeinschaften zueinander verhalten, ohne in einen allein durch äußere Macht zu begrenzenden Relativismus zu verfallen. Vgl. dazu meine Überlegungen im nachfolgenden § 11.

[17] Diese knappe Charakterisierung übernehme ich von J. Moltmann, vgl. dazu dessen Aufsatz: Protestantismus als „Religion der Freiheit", in: ders. (Hg.), Religion der Freiheit, München 1990, 11–28. Zu Recht verweist dabei Moltmann darauf, daß die amerikanische Gesellschaft in ihrem Entstehen eine „Protestgesellschaft" war: Die Engländer und Deutschen, die ins Land kamen, waren vor allem Dissidenten. Seit dem Ende des Dreißigjährigen Krieges war die Konfession in Deutschland zur Staatsangelegenheit geworden: cuius regio eius religio, „Religionsfreiheit" für den einzelnen gab es rechtlich nur als ius emigrandi!

heit" nicht von einem abstrakten Recht der Wahrheit ausgeht, sondern vom Recht der Person in ihrer Wahrheit, und sich damit die Fragestellung des theoretischen Liberalismus einhandelt. Dieses kleine Dekret, das übrigens als einziges der konziliaren Dokumente von einem nordamerikanischen (!) Theologen vorausformuliert wurde, erzeugte in der nachkonziliaren Kirche einen beispiellosen Dauerkonflikt; der verweist auf einen schwelenden Zivilisationskonflikt innerhalb des (westlichen) Katholizismus selbst, dem bis heute die angelsächsisch-nordamerikanisch geprägten Demokratietraditionen und das ihnen korrespondierende Religionsverständnis fremd geblieben sind.

In politischen Philosophien Kontinentaleuropas, speziell in Frankreich, bleiben hintergründig andere – vor allem geschichtsphilosophische – Traditionen wirksam. Agnes Heller – jetzt auf dem Hannah-Arendt-Lehrstuhl in New York – hat Überlegungen zur „Politik nach dem Tod Gottes" vorgetragen, die immer noch einen strikt formalen geschichtsphilosophisch-geschichtstheologischen Rahmen erkennen lassen. Unter Hinweis auf einen „schwachen Messianismus" bei Jacques Derrida formuliert sie: „Der leere Stuhl wartet auf den Messias. Wenn jemand diesen Stuhl besetzt, kann man sicher sein: es handelt sich dabei um den pervertierten oder verlogenen Messias. Wenn jemand den Stuhl wegnimmt, dann ist die Vorführung zu Ende, und der Geist wird die Gemeinde verlassen. Die Politik kann diesen unbesetzten Stuhl nicht gebrauchen; aber solange man den Stuhl beläßt, wo er ist, genau dort im Zentrum des Raumes, wo er in seiner warnenden, vielleicht sogar pathetischen Leere fixiert bleibt, müssen die politischen Handlungsträger sein Dasein immer noch in Rechnung stellen. Zumindest steht es ihnen frei, sein Dasein in Rechnung zu stellen. Alles übrige ist Pragmatismus."[18] Für mich finden sich darin Anklänge an neuere politische Philosophien in Frankreich, wie z.B. bei Claude Lefort, bei Marcel Gauchet u.a. mit der bezeichnenden Rede von einer „leeren Stelle der Macht", von einer „leeren Stelle des Sakralen", die – nach Lefort – die Bedingung dafür ist, daß die moderne Gesellschaft von sich selbst das Bild einer autonomen Gesellschaft entwickeln kann.[19]

Trotz der Vorherrschaft der Theoretiker der Diskursdemokratie und der Theoretiker der Risikogesellschaft bzw. (neuerdings) der „zweiten Moderne" in der deutschen politischen Philosophie möchte ich die deutsche Szene anhand einer inzwischen vielfach besprochenen und umstrittenen Position charakterisieren. Ich nenne sie (mit R. Dahrendorf[20]) das Böckenförde-Pa-

[18] A. Heller, Politik nach dem Tod Gottes, in: J. Huber/A.M. Müller (Hg.), Instanzen/Perspektiven/Imaginationen, Zürich 1995, 75–94, hier 94. Zum metaphysischen Hintergrund der politischen Begriffe der Neuzeit vgl. aaO. 82.

[19] Vgl. dazu ausführlich den Exkurs zu diesem § 10. Dort auch der Hinweis auf den informationsreichen Beitrag von W. van Reijen, in: Transit 5 (1992/93) 109–122.

[20] Vgl. R. Dahrendorf, Freiheit und soziale Bindungen. Anmerkungen zur Struktur einer Argumentation, in: K. Michalski (Hg.). Die liberale Gesellschaft, Stuttgart 1993, 11–20.

radox. Nach dem Freiburger Staatsrechtler Ernst-Wolfgang Böckenförde lebt der moderne Rechts- und Verfassungsstaat von Voraussetzungen, die er selbst weder produzieren noch garantieren kann und die er deshalb ohne Restitutionsmöglichkeiten zunehmend verbraucht. Erneut verweist dieses metapolitische Paradoxon auf die Abstraktheit der radikalen Trennung von Religion und Politik auf dem Boden der Moderne. Viele vermuten in ihm freilich eine gewisse theoretische Nähe zur höchst verdächtigen Position der „politischen Theologie“ des Carl Schmitt, eine Nähe, von der noch die Rede sein muß.

Zunächst möchte ich darauf hinweisen, daß man von einer zweifachen Aufhebung wie von einer zweifachen Respektierung dieses Paradoxons im Politikdiskurs sprechen kann. Die zweifache Aufhebung ist übrigens von extrem gegenläufigen Tendenzen geprägt. Zum einen gibt es bekanntlich eine staatstotalitäre Auflösung dieses Paradoxons: Der totalitäre Staat macht sich selbst zur „Religion“ und hebt so seine Abhängigkeit von kulturellen und moralischen Bedingungen auf, die er selbst weder hervorbringen noch beherrschen kann. Man erinnere sich der religionsanalogen Auszeichnungen des Staates im Nationalsozialismus und im Kommunismus. Zum anderen gibt es die radikaldemokratische Aufhebung dieses Paradoxons in Demokratietheorien, die vom strikt posttraditionalen bzw. enttraditionalisierten Charakter unserer avancierten Gesellschaften ausgehen: Die Demokratie bezieht nun alle kulturellen Ressourcen, aus denen sie lebt, ausschließlich aus dem demokratischen Diskurs selbst. „Die avancierten Gesellschaften haben schon längst damit begonnen, die kulturellen Bedingungen ihrer Existenz selbst zu produzieren“[21] oder auch: „Der säkulare Wandel der Moderne erzeugt die Voraussetzungen zu seiner Bewältigung gleich mit.[22]

Es sind zwei – gegenläufige – Formen politischer Theologie, die dieses metapolitische Paradoxon ausdrücklich in Rechnung stellen. Zum einen ist es die politische Theologie Carl Schmitts, die freilich weder Theologie ist noch sein kann, sondern Staatstheorie, eine Theorie, die heute erneut europäisch-transatlantisch an Einfluß gewinnt, vor allem im Blick auf ihr demokratiekritisches, betont dezisionistisches Staatsverständnis.[23] Zum anderen ist es die Position der neuen Politischen Theologie, für die ich selbst geradezustehen habe. Die ist keineswegs der verdächtige Versuch, etwa über eine rechte Hand (des Carl Schmitt) einen linken Handschuh zu stülpen. Sie ist zunächst und in dezidierter Weise nichts als Theologie. Ihr geht es, wie bereits

[21] Position H. Dubiel (vgl. Anm. 5).

[22] Position U. Beck/A. Giddens (vgl. Anm. 8).

[23] Im Blick auf die Unfähigkeit des modernen Staates, sich ausschließlich aus sich selbst zu begründen, greift Carl Schmitt bekanntlich – im Geleit von Donoso Cortez, der französischen Traditionalisten und teilweise der politischen Romantik – auf voraufklärerische, vordemokratische Politik- und Souveränitätsvorstellungen zurück. Vgl. hierzu die Auseinandersetzung mit C. Schmitt unter dem Gesichtspunkt des Repräsentationsbegriffs im nachfolgenden Exkurs zu diesem § 10.

unter I. erläutert, um die Frage, ob sich und wie sich der biblische Monotheismus in Beziehung setzen läßt zur modernen Politik, so daß nicht jede kritische Infragestellung der strikten Trennung von Religion und Politik bzw. der radikalen Privatisierung von Religion gegen die Grundlagen und Möglichkeiten einer demokratischen Politik an den Grenzen der Moderne gerichtet sein muß. Diese neue Politische Theologie geht davon aus, daß eine traditionsgeleitete Vergewisserung über die moralischen und kulturellen Grundlagen dieser Politik – und eine darin sich abzeichnende kritische Annäherung zwischen Religion und Politik – keineswegs zu Aufklärungs- und Demokratiefeindlichkeit, nicht zu einer dezisionistischen Staatstheorie und nicht zu einer Absage an jede vernunftrechtliche und in diesem Sinn universalisierungsfähige Begründung politischen Handelns führen muß.

III.

Dabei ist die neue Politische Theologie von einer speziellen Theorie der Moderne geleitet. Diese Theorie der Moderne ist nicht verfallstheoretisch orientiert – wie etwa bei C. Schmitt, wie zuweilen bei den Kommunitaristen, z.B. bei A. MacIntyre[24]; sie ist aber auch nicht vom strikt posttraditionalen Charakter des sich vollendenden „Projekts der Moderne" geleitet – wie bei den reinen Diskurstheoretikern, wie auch, mit unterschiedlichen Prämissen, bei U. Beck und A. Giddens. Am ehesten weiß sie sich jener Theorie der Moderne nahe, wie sie sich – gewiß in korrektivischer Übertreibung – in der „Dialektik der Aufklärung" (M. Horkheimer/Th.W. Adorno) abzeichnete. Mit ihr nämlich lassen sich meines Erachtens die Probleme an den Grenzen der Moderne – immer noch – besser erfassen als mit der Rede von der „Postmoderne" oder auch von einer „Zweiten Moderne" usw. An ihr läßt sich – immer noch – am ehesten lernen, wie man mit der Moderne gegen sie denken muß, um ihre Errungenschaften, speziell ihre Kultur der Freiheit, zu retten.

Nun hat die Aufklärung in der von ihr entwickelten Vernunftgestalt ein tiefsitzendes Vorurteil nicht überwunden: Das Vorurteil gegenüber der Erinnerung. Sie förderte Diskurs und Konsens und unterschätzte – in ihrer abstrakt-totalen Kritik an Traditionen – die intelligible und kritische Macht der Erinnerung, also die anamnetische Rationalität. Doch erst im Lichte erinnerungsbegabter, also anamnetischer Vernunft[25] läßt sich m.E. den in-

[24] Vgl. oben Anm. 16.

[25] Vgl. dazu bereits meinen Beitrag *Anamnetische Vernunft*, in: A. Honneth/Th. McCarthy/C. Offe/A. Wellmer (Hg.), Zwischenbetrachtungen. Im Prozeß der Aufklärung (= FS Habermas), Frankfurt a.M. 1989, 733–738. Dazu meine Überlegungen in § 8,4–6 in diesem Band und auch meinen Beitrag *Wider die zweite Unmündigkeit. Zum Verhältnis von Aufklärung und Christentum,* in: Rüsen/Lämmert/Glotz (Hg.), Die Zukunft der Aufklärung, Frankfurt a.M. 1988, 81–87.

zwischen meist schon wieder vergessenen, verdrängten und allemal unterschätzten Einsichten der „Dialektik der Aufklärung“ Rechnung tragen; erst in ihrem Licht kann die Aufklärung sich über das von ihr selbst angerichtete Unheil aufklären, und erst in ihrem Licht kann sich die europäische Moderne über ihre moralische und politische Erschöpfung verständigen.[26]

Wie aber, wenn Vernunft durch Erinnerung bestimmt wird? Kann solche Vernunft überhaupt noch das Organon von Verständigung, von Versöhnung, Ausgleich und Friede sein? Wird mit einer solchen Auszeichnung der Vernunft nicht eine Haupterrungenschaft der politischen Aufklärung radikal verletzt bzw. fahrlässig widerrufen? Sind es nicht die allemal kontextbezogenen, geschichtlich-kulturell verwurzelten kollektiven Erinnerungen, die immer wieder die gegenseitige Verständigung behindern, die immer neu zu schmerzlichen Konflikten und dramatischen Verfeindungen führen und aus denen sich – am Ende dieses unseres aufgeklärten Jahrhunderts – alle offenen oder noch latenten Bürgerkriege nähren? Exempla docent. Hier ist also unbedingt genau zuzusehen.

Ihren aufklärungs- und modernitätsverträglichen Charakter und ihre legitime Universalität gewinnt die hier gemeinte anamnetische Vernunft dadurch, daß sie – als praktische Vernunft – von einer bestimmten Erinnerung geleitet ist, von der Leidenserinnerung – und zwar nicht in der Gestalt einer selbstbezüglichen Leidenserinnerung (der Wurzel aller Konflikte!), sondern in der Gestalt der Erinnerung des Leidens der Anderen, in der Gestalt des Eingedenkens fremden Leids.

Diese anamnetische Vernunft ist also in ihrem Anspruch auf Wahrheit und Universalität nicht primär von einem Verständigungs-, sondern von einem Leidensapriori geleitet. Will die Vernunft wahrheitsfähige Kriterien für den Verständigungsprozeß angeben, so kann sie sich nicht allein am Verständigungssinn der Sprache orientieren. Deshalb bleibt das Verständigungsapriori der kommunikativen Vernunft auf das Leidensapriori der anamnetischen Vernunft verwiesen. „(Fremdes) Leid beredt werden zu lassen, ist Bedingung aller Wahrheit.“ (Th. W. Adorno) Oder anders ausgedrückt und nun im Blick auf die „Dialektik der Aufklärung“ formuliert[27]: „Wenig fürchteten Adorno und Horkheimer mehr als die humane Hölle einer gedächtnislosen Gegenwart … Demokratien brauchen nicht nur ein Bewußtsein der Freiheit, sondern ein Bewußtsein dessen, was sie nicht sind: ein Bewußtsein der Vorgeschichte und ihrer sinnlosen Opfer. Diese Vergeßlichkeit der Freiheit ist das

[26] Zu sehr bleibt mir die heute vielgepriesene reine Verfahrensrationalität jenem Kantischen Formalismus verhaftet, der sich dem Gegensatz „Vernunft versus Erinnerung“ nicht entwinden kann – im Gegensatz bereits zu Hegel, der eine neue Vermittlung von formaler und materialer Rationalität sucht, indem er auf seine (aus anderen Gründen wiederum höchst problematische) Weise die Vernunft dadurch definiert, daß er ihre Geschichte „erzählt“.

[27] Mit den nachfolgenden Sätzen erinnert Th. Assheuer (in: Die Zeit vom 6. 6. 1997) an das „Unhaltbare – Unverzichtbare“ der im amerikanischen Exil geschriebenen „Dialektik der Aufklärung“, die vor fünfzig Jahren bei uns erschienen ist.

heimliche Thema der ‚Dialektik der Aufklärung'." Diese Vergeßlichkeit der Freiheit wurzelt m.E. in einer Vergeßlichkeit der modernen Vernunft, in der Vergeßlichkeit jener Aufklärungsvernunft, die – zu Recht – als Freiheit praktisch werden will. Auf diese im modernen Vernunftbegriff selbst nistende Vergeßlichkeit wäre unbedingt aufmerksam zu machen, wenn sich die Moderne (an ihren Grenzen) nicht dem postmodernen Triumph der kulturellen Amnesie unterwerfen will.[28]

Die Gestalt der Politik an den Grenzen der Moderne, die von der anamnetischen Vernunft gesucht und gefordert ist, wäre die Politik, die in allen Konflikt- und Verfeindungssituationen das Leid der fremden oder feindlichen Anderen nicht vergißt, sondern beim eigenen Handeln in Betracht zieht. Dieses Verständnis von Politik ist und bleibt moralisch aufgeladen. Das wird man ihm immer wieder zum Vorwurf machen. Doch was wäre die Alternative? Gibt es nicht zu viele Situationen, in denen die Berufung auf reine Verfahrensfragen, auf eine rein prozedurale Rationalität in der Behandlung politischer Konflikte wie eine Verlegenheit oder wie eine Ausrede wirkt?

IV.

Im folgenden sollen zwei Fragekreise angeschnitten werden, die für den Versuch einer Neubestimmung des Verhältnisses von Religion und Politik an den Grenzen der Moderne von exemplarischer Bedeutung sind. Zum einen geht es um die Frage „Monotheismus versus Demokratie?" (1.) und zum anderen um die Frage „Freiheit ohne Leidensgedächtnis?" (2.). Beide Fragen sind wiederum ineinander verschränkt.

1. Behandeln wir zunächst die „schwierige Universalität".[29] Jeder Monotheismus ist ein Universalismus. „Gott" ist entweder ein Menschheitsthema oder überhaupt kein Thema, er geht entweder alle an oder niemanden; nur Götter sind regionalisierbar, können mit begrenzter, geteilter Kompetenz auskommen. Gerade dieser Universalismus bringt alle Formen des Monotheismus in unseren weltanschaulich pluralen demokratischen Gesellschaften in besondere Schwierigkeiten. Von den Grenzen der Moderne her ist deshalb jeglicher Monotheismus, sofern er im Hintergrund politischen Lebens auftaucht, schärfster Kritik ausgesetzt.

Indes, der in der biblischen Gottesrede erkennbar werdende Monotheismus – und daran wären sowohl die Kirche wie die Gesellschaft immer wieder zu erinnern – ist in seinem Kern nicht identisch mit jenem „politischen Monotheismus", wie ihn z.B. Erik Peterson im Rückgriff auf die griechisch-helle-

[28] Näheres dazu unter § 8,5.

[29] Ausführliches dazu unter § 8,6 und – im Blick auf das Weltprogramm der neuen Politischen Theologie – im nachfolgenden § 11.

nistische Spiegelung des Einen Gottes in der Einen Herrschaft (mono-arché) begründet sah.[30] Um einem solchen demokratiefeindlichen machtpolitischen Monotheismus zu entgehen, bedarf es meines Erachtens nicht der (von Peterson vorgeschlagenen) christlichen Auflösung des monotheistischen Prinzips in die Trinitätstheologie hinein.[31] Es gilt vielmehr, auf die Eigenart des biblischen Monotheismus selbst zu achten.

In früheren Überlegungen habe ich immer wieder darauf hinzuweisen versucht, daß dieser biblische Monotheismus eine unabschließbare „eschatologische Flanke" hat, die alle Machtverhältnisse unter einen „eschatologischen Vorbehalt" stellt und damit z.B. auch zur kritischen Relativierung politischer Macht und ihrer „Infallibilität" beitrug. In diesem Sinn kann man durchaus von einer in den biblischen Traditionen verwurzelten Aufklärung sprechen – von Mythenkritik[32], Bilderverbot, Negativer Theologie –, die ich hier nicht weiter entfalten will[33], weil es mir auf die Betonung eines anderen Gesichtspunkts ankommt, der für das Verhältnis von „Monotheismus und Demokratie" bedeutsam ist.

Die biblische Rede vom Gott Abrahams, Isaaks und Jakobs, der auch der Gott Jesu ist, ist in ihrem Kern (!) eine leidempfindliche Gottesrede. Sie ist nicht Ausdruck irgendeines Monotheismus, sondern eines „schwachen", eines verletzbaren, eines pathischen Monotheismus. In seiner Grundintention ist der Monotheismus der biblischen Traditionen ein Monotheismus, der durch die ebenso unbeantwortbare wie unvergeßliche Theodizeefrage konstitutionell „gebrochen" ist, ein Monotheismus, der nicht eine Antwort, sondern eine Frage zuviel hat für alle Antworten.[34] Es handelt sich hier um einen Monotheismus, für den die Geschichte nicht einfach Siegergeschichte ist, sondern – Leidensgeschichte, ein Monotheismus, der sich geschichtlich in der *memoria passionis* konzentriert und der sich nur über das Eingedenken

[30] Vgl. E. Peterson, Der Monotheismus als politisches Problem, in: ders., Theologische Traktate, München 1951, 45–147.

[31] Vgl. dazu meine Bedenken gegenüber einer (heute beliebten) trinitätstheologisch motivierten Demokratieverträglichkeit der christlichen Botschaft unter I.1 in diesem § 10.

[32] Vgl. in diesem Band z.B. Abschnitt III. 2 im § 8,4.

[33] Ich darf deshalb auf meine folgenden einschlägigen Beiträge verweisen: Kleine Apologie des biblischen Monotheismus, in: O. Marquard (Hg.), Einheit und Vielheit (XIV. Deutscher Kongreß für Philosophie), Hamburg 1990, 170–186; J.B. Metz/T.R. Peters, Gottespassion, Freiburg i.Br. 1991, und: Gotteskrise. Versuch zur „geistigen Situation der Zeit", in: J.B. Metz u.a., Diagnosen zur Zeit, Düsseldorf 1994, 76–92.

[34] Man wird sich bei einer solchen Konzeption der Theodizee fragen (etwa im Sinn des berühmten Sparsamkeitsprinzips von Ockham), ob es nicht aus Gründen der Vernunft geboten sei, eine Frage, auf die es zugestandenermaßen keine Antwort der Vernunft gibt, endlich fallen zu lassen und zu vergessen. Doch was ist, wenn sich die Menschen eines Tages nur mehr mit der Waffe des Vergessens gegen das Unglück in der Welt wehren können, wenn sie ihr Glück nur noch auf das mitleidlose Vergessen der Opfer bauen können, auf eine Kultur der Amnesie, in der nur noch die Zeit alle Wunden heilt (und eines Tages auch die Wunde, die den Namen Auschwitz trägt) – ? Woraus nährt sich dann noch der Aufstand gegen die Sinnlosigkeit des Leidens in der Welt, was inspiriert dann noch zur Aufmerksamkeit für das fremde Leid und die Vision einer neuen, größeren Gerechtigkeit?

fremden Leids, des Leids der Anderen – bis hin zum Leid der Feinde – universalisieren kann.[35]
Die Frage, die in unserem Zusammenhang zur Verhandlung steht, ist zweifach: Zum einen geht es nicht darum, ob sich irgendein Monotheismus, sondern der eben skizzierte biblisch verwurzelte Monotheismus mit Politikbedingungen an den Grenzen der Moderne in Einklang bringen lasse. Das Ringen um *diesen* Monotheismus im Hintergrund der europäischen Moderne hat vermutlich ausschlaggebende Bedeutung bei den bevorstehenden Zivilisationskonflikten – z.B. zwischen der politischen Kultur des Westens und der der islamischen Länder. Ich halte es für aussichtslos, bei diesen und analogen Auseinandersetzungen das „monotheistische Prinzip" überhaupt ausschalten zu wollen. Es geht vielmehr darum, die Züge dieses leidempfindlichen, „schwachen" Monotheismus in den Traditionen aller drei großen monotheistischen Religionen aufzudecken und anzurufen.
Zum anderen geht es um die Frage (die sich vor allem die neue Politische Theologie immer wieder gestellt hat), wie schwer der historische Verrat an diesem Axiom des biblischen Monotheismus wiegt und inwieweit deshalb das konkrete Christentum heute, inwieweit also „die Gemeinde" als der Träger und Repräsentant dieses leidempfindlichen Monotheismus angesprochen und aktiviert werden kann.[36] Schließlich zielt meine knappe Kennzeichnung des biblisch verwurzelten Monotheismus auf alles andere als auf eine kurzschlüssige Apologie der bestehenden religiösen und kirchlichen Verhältnisse. Sind es heute schließlich nicht die monotheistischen Religionen selbst – in Ex-Jugoslawien, in Irland, im Israel-Palästina-Konflikt, im Libanon und auf dem indischen Subkontinent –, die gegen dieses Eingedenken fremden Leids, in dem sich ihr Gottesgedächtnis zu buchstabieren hätte, verstoßen und die so immer wieder Situationen des Hasses und der Gewalt hervorrufen oder stabilisieren?[37]

[35] Zum Theodizeekomplex (wie zur Interpretation der Theodizeefrage als „der" eschatologischen Frage) vgl. sämtliche Beiträge in J.B. Metz (Hg.), „Landschaft aus Schreien". Zur Dramatik der Theodizeefrage, Mainz 1995. Dort auch näheres über den Zusammenhang von *memoria passionis* und *memoria resurrectionis* im christlichen Bekenntnis.

[36] Das Christentum hatte übrigens schon sehr früh seine großen Schwierigkeiten mit seiner hier angesprochenen elementaren Leidempfindlichkeit. Die die biblischen Traditionen beunruhigende Frage nach der Gerechtigkeit für die unschuldig Leidenden wurde nämlich zu schnell umgesprochen und verwandelt in die Frage nach der Erlösung für die Schuldigen. So glaubte die Theologie dem Christentum den Stachel der Theodizeefrage ziehen zu können. Die Leidfrage geriet in einen soteriologischen Zirkel. Das Christentum verwandelte sich aus einer primär leidempfindlichen in eine primär sündenempfindliche Religion. Nicht mehr dem Leid der Kreatur galt der erste Blick, sondern ihrer Schuld. Das lähmte die elementare Empfindlichkeit für das fremde Leid und verdüsterte die biblische Vision von der großen Gottesgerechtigkeit, der doch nach Jesus aller Hunger und Durst zu gelten hätte.

[37] In diesem Sinne ist die hier versuchte Interpretation des Verhältnisses von Religion und Politik an den Grenzen der Moderne vor allem eine Herausforderung an die christliche Religion selbst, eine Herausforderung, von der gleich noch näheres zu sagen sein wird: im nächsten Abschnitt dieses Paragraphen, im Exkurs zu diesem Paragraphen und auch im nachfolgenden § 11.

Was wunder, daß man heute entweder alle universalistischen Ansätze überhaupt aus der Politikdiskussion verbannt oder sich allenfalls auf einen strikt formalen, rein prozeduralen, vermeintlich kontextfreien Universalismus beschränkt – etwa zur Sicherung der Geltungsansprüche der Menschenrechte. Nun bleibt freilich im Licht anamnetischer Vernunft ein rein prozeduraler Universalismus in mehrfacher Hinsicht fragwürdig.[38] Und unterstellt er nicht auf eine quasi idealistische Weise eine Anthropologie, in der es einen geschichts- und kulturenthobenen, einen schlechthin dekontextualisierbaren „Kern" des Menschseins gibt, in dem der Mensch nichts als sich selbst am Leibe trägt und der durch alle Fährnisse der Geschichte jeweils der gleiche bleibt, so als gäbe es keine Tiefengeschichte der Gattung Mensch, durch die die „Natur" oder auch die „Idee" des Menschen selbst verletzt oder gar zerstört werden kann –?[39] Schließlich ist der Begriff von „dem Menschen" oder auch von „der Menschheit" nicht ein natur- oder ideengestützter, sondern ein gedächtnisgestützter und als solcher ein gefährdeter, ein „schwacher" Begriff.[40]

Mit ihrem Leitbegriff der anamnetischen Vernunft möchte die neue Politische Theologie zwar am Universalitätsanspruch der Vernunft und damit an einer vernunftrechtlichen Begründbarkeit der Politik der Menschenrechte festhalten. Sie versucht das aber nicht auf dem Wege einer rein verfahrensrationalen Entsubstantialisierung universaler Geltungsansprüche. Sie ordnet vielmehr der rein prozeduralen Universalität eine bestimmte Universalität vor: die Universalität der Leidenserfahrung, in die die Theologie mit ihrer unvergeßlichen wie unbeantwortbaren Theodizeefrage verweist. Der hier angesprochene Universalismus (des Leidens) ist ein „negativer Universalismus", und als solcher kann er auch unter Modernitätsbedingungen ideologie- und mythenfrei formuliert werden. Der Gerechtigkeitsbegriff, der in der neuen Politischen Theologie eine zentrale Rolle spielt, muß dabei über den Begriff des ungerechten bzw. auch des unschuldigen Leidens eingeführt und gesichert werden.[41]

Die Universalisierbarkeit ihrer Leidenserinnerung sichert die Theologie dadurch, daß sie diese Leidenserinnerung nicht als selbstbezüglich versteht, sondern als Erinnerung fremden Leids und als Eingedenken der Opfer der Freiheitsgeschichte. Solches Eingedenken fremden Leids gehört zu den kulturellen Reserven freiheitlicher Demokratie. Ich betone das so ausdrücklich, weil, wenn ich recht sehe, in der gegenwärtigen (nicht nur deutschen) Szene wieder die andere Version politischer Theologie, die des Carl Schmitt, an

[38] Es gehört zu den Prämissen anamnetischer Vernunft, daß auch Dekontextualisierungsverfahren selbst kontextspezifisch geprägt sind: als Ausdruck der Abstraktionskultur des europäischen Geistes. Vgl. dazu auch § 11.

[39] Vgl. dazu vor allem die Überlegungen zur kulturellen Amnesie im § 8,5.

[40] Vgl. dazu § 8, Exkurs: Verzeitlichung von Ontologie und Metaphysik.

[41] Vgl. dazu die Überlegungen zum Gerechtigkeitsthema im § 1 und auch im § 11.

Gewicht gewinnt. Bei Schmitt heißt es lapidar: „Wer Menschheit sagt, will betrügen."[42] Während die neue Politische Theologie vom Universalismus des Leidens bzw. der Leidenserfahrung ausgeht, ohne sich dabei von einem Mythos der Leidfreiheit leiten zu lassen,[43] setzt die politische Theologie Schmitts auf den Universalismus der Erbsünde. In ihm wurzelt nicht nur Schmitts Skepsis gegenüber der Fähigkeit des Menschen zur demokratischen Selbstregierung, auf ihn geht auch sein politisches Grundprinzip der Freund-Feind-Konstellation zurück, und auch seine Vorstellung von einer Gesellschaft, die allemal latent in Bürgerkriege verstrickt ist und deshalb, zur Niederhaltung dieser konstitutionellen Gefahr, des starken, dezisionistischen Staates bedarf. In erstaunlicher Nähe zu Carl Schmitt befindet sich heute ein Teil der ehemaligen deutschen Linken. Für sie ist der Universalismus jeder Menschenrechtsethik die eigentliche „moralische Falle"[44]. Das Bürgerkriegsproblem gilt in jeder Hinsicht als vordringlich. „In Wirklichkeit hat der Bürgerkrieg längst in den Metropolen Einzug gehalten. Seine Metastasen gehören zum Alltag der großen Städte ... Der Bürgerkrieg kommt nicht von außen, er ist kein eingeschleppter Virus, sondern ein endogener Prozeß."[45] So kommt es, daß heute eine ehemals linke Phalanx den starken, dezisionistischen Staat fordert. Dezisionismus scheint übrigens allseits angesagt: wenn nicht von seiten des Staates, dann im Stile jenes existentialpolitischen Dezisionismus, den unsere Theoretiker der „riskanten Freiheiten" propagieren. Für mich spiegelt sich in dieser neuen Konjunktur des dezisionistischen Gedankens jene Ungewißheit und Unsicherheit, die in die freiheitliche, rechtsstaatliche Demokratie im Stadium ihrer Reflexivität eingedrungen ist. Ist deshalb Demokratie nur noch als institutionalisierter Dauerdiskurs möglich? Hat die Freiheit ihr Gedächtnis verloren? Ihr Leidensgedächtnis?

2. Modernitätstheoretisch gilt die sog. Prämoderne als die Zeit der Gründung bzw. Stiftung traditionsgeleiteter Lebens- und Gesellschaftsformen, die Moderne hingegen als die Zeit der kritischen Begrenzung solcher Lebens- und Gesellschaftsformen. Geht die Kritik inzwischen – an den Grenzen der Moderne – so weit, daß sie alle traditionsgeleiteten Begründungsformen unterbindet? Schließlich gibt es heute philosophische und soziologische Theorien, die jede erinnerungsdefinierte Vernunft für aufklärungswidrig und modernitätsunverträglich halten. Ist also eine Gesellschaft, in der das Projekt der Moderne gelungen und in diesem Sinne vollendet ist, zwangsläufig und irreversibel eine strikt posttraditionale Gesellschaft? Bau-

[42] C. Schmitt, Der Begriff des Politischen, Berlin ³1963, 32.

[43] Wer davon ausgeht, daß es immer wieder Leidenssituationen geben wird, behauptet damit keineswegs, daß Leidenssituationen nicht verändert werden können und auch verändert werden müssen; denn: Nicht alles, was unabschaffbar scheint, ist auch unveränderlich.

[44] H.M. Enzensberger, Aussichten auf den Bürgerkrieg, Frankfurt a.M. ⁴1994, 74.

[45] Enzensberger, aaO. 19.

en sich die politische Aufklärung und die moderne Politik ausschließlich aus strikt diskursgefilterten Erinnerungen auf? Gibt es keinerlei diskursleitende kulturelle Traditionen mehr, die diese Diskurse vor ihren eigenen Formalismen und ihrer eigenen inhaltlichen Verödung schützen könnten? Kann der institutionenfreie Zwang zum zwangfreien Diskurs je die Verbindlichkeit des kulturellen Gedächtnisses ersetzen?

Gewiß, man kann tote oder versiegende Traditionen nicht dadurch verlebendigen, daß man zeigt, wie nötig sie eigentlich wären oder was sie alles leisten könnten – etwa angesichts der kollektiven Ängste und Verunsicherungen, die heute unsere gesellschaftlichen Initiativen überlagern und lähmen, und angesichts eines objektlos gestreuten Hasses, der hilflos gegen alles und alle gerichtet scheint, angesichts eines utopielosen Blicks ins Leere, der sich gerade unter vielen jungen Menschen beobachten läßt usw. Doch genau besehen geht es um eine andere Frage. Die lautet etwa: Gibt es an den Grenzen der Moderne noch Institutionen, die sich als akkumulierte Erinnerungen begreifen, als Codierung eines langfristigen kollektiven Gedächtnisses, als Bereitstellung eines Erinnerungsvorrats zur Strukturierung diffuser, rein diskursiv unbeherrschbarer Lebenswelten? Gibt es an den Grenzen der Moderne noch Institutionen, die den reflexiv gewordenen Umgang mit Traditionen produktiv auffangen können und die damit auch die zumeist nur noch aporetisch formulierbare Unverzichtbarkeit von Traditionen politisch und kulturell zur Geltung bringen können?[46] Gibt es solche Institutionen,

[46] Zu den aporetischen Formulierungen der Unverzichtbarkeit von Tradition möchte ich aus der neueren philosophischen Diskussion einige Beispiele nennen: In seinen „Thesen über Tradition" formulierte Theodor W. Adorno aporetisch: „Traditon steht heute vor einem unauflöslichen Widerspruch. Keine ist gegenwärtig und zu beschwören; ist aber eine jegliche ausgelöscht, so beginnt der Einmarsch in die Unmenschlichkeit." Und aus einer ganz anderen philosophischen Ecke wird ihm später Hermann Lübbe sekundieren: „Tradition gilt nicht aus der Evidenz ihrer guten Gründe, sondern aus der Evidenz der Unmöglichkeit, ohne sie auszukommen." Immer wieder, verstreut über den philosophischen Diskurs, meldet sich dieses Grenzwissen. So zum Beispiel auch bei Leszek Kolakowski, wenn er bemerkt: „Es gibt zwei Umstände, deren wir uns immer gleichzeitig erinnern sollen: Erstens, hätten nicht die Generationen unaufhörlich gegen die ererbte Tradition revoltiert, würden wir noch heute in Höhlen leben; zweitens, wenn die Revolte gegen die ererbte Tradition einmal universal würde, werden wir uns wieder in den Höhlen befinden." Und in einem Aufsatz zu Walter Benjamin betont auch Jürgen Habermas, daß die praktischen Diskurse veröden müßten, wenn alle semantischen Gehalte jener Tradition preisgegeben würden, „denen Benjamins rettende Kritik galt", nämlich den Traditionen des biblischen Monotheismus. Willi Oelmüller schließlich wagt aufgrund solcher Zusammenhänge den Versuch einer philosophischen Aufklärung aus kritischer Erinnerung. Sämtliche Zitate bei W. Oelmüller, Philosophische Aufklärung. Ein Orientierungsversuch, München 1994. Die Position von J. Habermas, die ohnehin hier immer angesprochen ist, bedürfte freilich einer ausführlicheren Erörterung – nicht zuletzt in Verbindung mit seiner Rede von einer dezidiert post-traditionalen Gesellschaft. Wie und wodurch rettet man genau jene semantischen Gehalte der monotheistischen Traditionen, ohne die wir zentrale Vorstellungen und Begriffe unserer europäischen Moderne „nicht eigentlich verstehen können"? Vgl. J. Habermas, Nachmetaphysisches Denken, Frankfurt a.M. 1988, 23. Zu meiner Auffassung über den Zusammenhang von anamnetischer und kommunikativer Vernunft (in gegenseitiger, nicht

und falls es sie gibt: Gehören dann nicht zu diesem Ensemble von Institutionen auch und nicht zuletzt religiöse? Religiöse Institutionen also, die einen freiheitsrettenden Kern gerade dadurch bergen, daß sie, um hier das Axiom des biblischen Monotheismus erneut zu wiederholen, das von ihnen repräsentierte Gottesgedächtnis – theodizeesensibel – im Eingedenken fremden Leids buchstabieren?[47]

Gewiß, eine solche Definition der klassischen religiösen Institution – der Kirche[48] – kann sich dem Verdacht fahrlässiger Idealisierung nur schwer entziehen. Sie ist auch nur dadurch zu beglaubigen, daß die religiöse Institution – die Kirche – in sich das zusammenführt, wozu sie ihr Gedächtnis zwingt: das Gottesgedächtnis im Eingedenken fremden Leids.[49] Auch die Kirche steht nicht über, sondern unter jener Autorität der ungerecht und unschuldig Leidenden, die Jesus in seiner Gerichtsparabel zum Kriterium des eschatologischen Weltgerichts gemacht hat.[50] Das Versagen der religiösen Institution – der Kirche – besteht in meinen Augen heute vor allem darin, daß sie ihr dogmatisches Gottesgedächtnis zu sehr vom Leidensgedächtnis der Menschen abgehoben hat. Ihre Berufung auf die Autorität Gottes klingt dehalb zuweilen so fundamentalistisch, weil sich die verkündete Autorität Gottes nicht in der Autorität der Leidenden reflektiert.

Es ist der Prozeß der eskalierenden Individualisierung, wie der gleichzeitigen (ökonomisch-technischen) Globalisierung in unserer Zeit, der mich zu einer so hochfahrenden Vermutung über die politische Bedeutung und Verantwortung der religiösen Institution verlockt. Will man denn ausschließlich mit den gewiß sehr eindrucksvollen und verdienstvollen Subinstitutionen wie z.B. Amnesty international (für die Menschenrechte), wie Terre des hommes (für die Armut in der Welt) oder wie auch Greenpeace (für die ökologischen Probleme) jene Weltpolitik ermöglichen und garantieren, in der der Primat demokratisch-freiheitlicher Politik gegenüber Ökonomie und Technik angesichts der beschleunigten Globalisierung der Märkte und angesichts einer überschießenden kulturellen Amnesie in den virtuellen Welten unserer Kultur- und Kommunikationsindustrie gewahrt bleibt? Bedarf da die Politik der Freiheit nicht der Stützung durch ein fundamentaleres und breiter verwurzeltes Gedächtnis?

Wer aber kommt den extremen Individualisierungsprozessen mit einem strukturierenden, die Beschleunigungsprozesse gewissermaßen verlangsamenden

umkehrbarer Priorität) vgl. – im Blick auf Philosophie und Theologie „nach Ausschwitz“ – § 8,5.

[47] Vgl. hierzu vor allem auch den Exkurs zu diesem § 10 und § 11.

[48] Hier ist der Blick vor allem auf das Christentum und die christlichen Kirchen gerichtet. Vgl. dazu auch die nachfolgende Anm. 49.

[49] In meinen Augen handelt es sich hier um ein Basisaxiom bei der Begegnung der Religionen überhaupt, zunächst und speziell der monotheistischen Religionen. Überlegungen zum „Pluralismus der Religionswelten“ im § 11.

[50] Ausführliches dazu in § 11.

Gedächtnis entgegen, das das Individuum vor implodierenden Individualisierungsprozessen ebenso schützt wie vor dem Zugriff des Leviathan, des starken Staates eines Carl Schmitt? Wie wäre hier der Grundsatz „Freiheit ist nicht die Freiheit von Institutionen, sondern durch Institutionen“[51] zu präzisieren? Wie geht man in diesem Zusammenhang mit der Empfehlung um: „Individualisierung meint Enttraditionalisierung, aber auch das Gegenteil: die Erfindung von Traditionen“ –?[52] Ist in den Vorschlag, Traditionen zu „erfinden“, nicht längst der sozialtechnische Großmythos von der Reproduzierbarkeit von allem und jedem, also auch von lebenstragenden Traditionen, eingedrungen? Was hätte das mit freiheitsrettenden Traditionen und Institutionen zu tun? Wie entreißt man die Individualisierungen ihrem politischen und kulturellen Narzißmus? Wie versteht man ein Individuum, das sich weigert, die Traditionen zu beglaubigen, die ihrerseits das Individuum beglaubigen? Hängen Demokratie- und Pluralismusfähigkeit letztlich nicht doch an der Voraussetzung eines „Eingedenkens“, das die Selbstbezüglichkeit der Individuen durch den Respekt vor fremdem Leid überwindet und so zur Grundlage der politischen Kultur und der kulturellen Reserven freiheitlicher Demokratie werden kann?

„Am Ende des 20. Jhs. existiert ... keine traditionsdefinierte Sittlichkeit mehr, in deren Namen man eine in die Krise geratene Moderne wieder in ihre Schranken verweisen könnte ... Die avancierten Gesellschaften haben längst damit begonnen, die kulturellen Bedingungen ihrer Existenz selbst zu produzieren.“[53] Ist es nur verbitterter Kulturpessimismus, wenn ich den Eindruck habe, daß die von avancierten Gesellschaften selbst produzierten kulturellen Bedingungen über eine Logik des Marktes bzw. des Tausches und der Konkurrenz kaum hinauskommen, so daß also die vermeintlich voraussetzungslose, rein formale Diskursrationalität unserer traditionsentkoppelten Verständigungsverhältnisse letztlich doch von einem (verdeckten) Markt-Apriori geleitet ist –? Wie wäre die Gewalt der Tausch- und Konkurrenzverhältnisse anders zu brechen als durch eine Politik, die von der metapolitischen Vision der Zuwendung der einen zu den anderen vor jedem Tausch- und Konkurrenzverhältnis geleitet bleibt? Nichts anderes ist mit dem hier vielfach angesprochenen traditionsgeleiteten Leidensapriori gemeint. Es kann meines Erachtens den politischen Diskurs der Freiheit an den Grenzen der Moderne, in Zeiten verschärfter Ungewißheit und zunehmender Traditionsschwächung, leiten. Und worauf es mir besonders ankommt: Es wäre gerade der Rekurs auf dieses erinnerungsgeleitete Leidensapriori, der verhindert, daß nun etwa im überschießenden Gebrauch von „Kultur“ und „kulturellem Gedächtnis“ die Ökonomie, der himmelschrei-

[51] Formulierung R. Dahrendorf (vgl. Anm. 20).
[52] U. Beck, in: Riskante Freiheiten (vgl. Anm. 8), 431.
[53] H. Dubiel (vgl. Anm. 5), 149.

ende Gegensatz zwischen Arm und Reich politisch vernachlässigt oder verharmlost wird. Schließlich ist es dieses Leidensapriori, das die Politik der Freiheit immer wieder in die Konfrontation mit der Negativität der zerstörenden Armut, des sprachlosen Elends in der Welt zwingt.[54] Und so stoßen die Überlegungen dieses § 10 auf jene Fragen nach dem Verhältnis des christlichen Gottesgedächtnisses zum Ringen um Gerechtigkeit, wie sie bereits im § 1 angeschnitten sind und nun – unter neuen, weitaus komplexen Bedingungen – fortzusetzen wären.

Exkurs
Zum „katholischen Prinzip" der Repräsentation (1997)

Aus: Jahrbuch Politische Theologie, Bd. 2: Bilderverbot (hg. v. M. Rainer/H.-G. Janßen), Münster 1997.

Man darf bei uns wohl zu Recht von zwei unterschiedlichen Visionen sprechen, die das Verständnis von Christentum leiten. Zum einen ist dies die quasi „kommunitaristische" Vision des Katholizismus, Christentum primär als Kirche, als Erinnerungsgemeinschaft; zum anderen ist es die eher „individualistische" Vision des Christentums in den reformatorischen Traditionen: der einzelne in seiner Gottunmittelbarkeit. Gewiß ist diese Unterscheidung nicht exklusiv gemeint. Dennoch wird man sagen müssen, daß das Prinzip der Repräsentation, wenn überhaupt, zur „kommunitaristischen" Vision des Christentums gehört, daß es sich also gewissermaßen um ein „katholisches Prinzip" handelt.[1] Um die Bedeutung des Institutions- und Repräsentationsbegriffs im Katholizismus hinlänglich zu würdigen, muß man meines Erachtens bis in das frühchristliche Ringen des Christentums mit der Gnosis zurückgehen. „Die katholische Kirche ist gegen Markion gebaut" (A. von Harnack): Institution und Repräsentation spielen hier eine (freilich in unserem Zusammenhang nicht weiter darzulegende) Rolle bei dem Versuch des frühen Christentums, die esoterische Innerlichkeit eines geglaubten Glaubens im Gnostizismus und eine damit verbundene Absprengung der Schöpfungstraditionen von den Erlösungstraditionen im Christentum zu verhindern.

Die Frage, der ich hier kurz und ohne jeglichen Ehrgeiz auf Vollständigkeit

[54] Darin sehe ich auch einen Vorzug dieses traditionsgeleiteten Leidensaprioris gegenüber dem enttraditionalisierten Verständigungsapriori des reinen Diskurskonzepts.

[1] Das evangelische RGG^3 (1957ff) kennt kein Stichwort „Repräsentation"; im katholischen $LThK^2$ (1957ff) fehlt dagegen das Stichwort „Hermeneutik", wenn man einmal davon absieht, daß ein problembewußter Redakteur wenigstens einen kleinen Verweisartikel nachgeschoben hat.

nachgehen will, ist diese: Muß dieses „katholische Prinzip" der Repräsentation, wenn es nicht nur strikt innertheologisch ausgelegt und angewandt wird[2], sondern in seinen Auswirkungen auf das Verhältnis von Religion und Politik bedacht wird, zwangsläufig so ausfallen wie in Carl Schmitts „Politischer Theologie" (1922) und deren Fortführung im „Römischen Katholizismus als politischer Form" (1923)[3]: nämlich demokratiekritisch, ja demokratiefeindlich? Muß sich dieses „katholische Prinzip" notwendig so auswirken, auch wenn es dafür in der Tat viele, allzuviele historische Illustrationen gibt, auch wenn sich mit diesem Verständnis des Repräsentationsprinzips die Vorliebe der katholischen Kirche für das Ancien Régime, ihr Mißtrauen gegen Aufklärung und Revolution und ihre lange beschworenen Vorbehalte gegen die moderne Demokratie leichter erklären lassen?[4] Videbimus.

Nach meiner Auffassung gibt es einen Repräsentationsbedarf der modernen rechtsstaatlichen Demokratie, der nicht oder nur wenig besprochen wird. Dieser Repräsentationsbedarf zielt nicht auf das übliche politische und rechtsstaatliche Verständnis von „Repräsentation" im Sinne der „repräsentativen" parlamentarischen Demokratie. Ich möchte den von mir gemeinten Repräsentationsbedarf durch folgende Frage verdeutlichen: Gibt es nicht auch für die moderne rechtsstaatliche Demokratie eine „Autorität", die der demokratischen Konsensbildung, die dem Prozeß des demokratischen Diskurses entzogen bzw. ihm vorausgesetzt ist und die auch das Rechtsverständnis des demokratischen Staates berührt, wenn dieses nicht rein rechtspositivistisch gefaßt wird? Schließlich gründen unsere modernen westlichen Demokratien – sowohl in ihrer amerikanischen Version wie in ihrer kontinentaleuropäisch-französischen Version – in einem emphatischen Begriff der Gleichheit aller Menschen, die nicht einfach identisch ist mit dem üblichen Verständnis von „Chancengleichheit" in der liberalen Demokratie. Die moralische Wendung dieser Gleichheit aller Menschen macht die Emphase dieses Begriffs deutlich: Auch für die moderne parlamentarische Demokratie gibt es eigentlich kein die Würde des Menschen verletzendes Leid in der Welt, das sie überhaupt nichts angeht, selbst wenn sie sich dabei keineswegs von der Utopie einer schlechthin leidfreien Weltgesellschaft leiten läßt. Deshalb kennt auch die rechtsstaatliche Demokratie nicht nur die politische Autorität einer legitim gewählten Volksvertretung, sie hat es immer auch mit einer moralischen Autorität zu tun, die ihrem Diskurs- und Konsensfindungsprozeß vorausliegt und die ich hier, extrem abgekürzt, die Autorität der Leidenden nenne. Da der dabei unterstellte Begriff von der Gleichheit aller Menschen

[2] Vgl. dazu etwa den Artikel „Repräsentation" von K. Rahner in LThK², VIII, 1244f.

[3] Zu gewissen Differenzierungen im Werk C. Schmitts selber vgl. jetzt den Text von J. Manemann in: Jahrbuch Politische Theologie, Bd. 2, Münster 1997.

[4] Zu einer differenzierten Beurteilung des von C. Schmitt favorisierten „französischen Traditionalismus" im Lichte der neuen Politischen Theologie vgl. mein Buch: Glaube in Geschichte und Gesellschaft, Mainz ⁵1992, 34ff.

emphatisch bleibt, d.h. im konkreten demokratischen Zusammenleben nicht eingelöst, nicht bewahrheitet ist, muß der von ihm ausgehende Anspruch „repräsentiert“ werden. Insofern gibt es meines Erachtens einen fundamentalen Repräsentationsbedarf in jeder modernen rechtsstaatlichen Demokratie, die sich die Frage nach dem moralischen Fundament des demokratischen Zusammenlebens nicht ausreden läßt und die ihr Rechtsverständnis nicht einfach positivistisch begründet.[5] Diese hier angesprochene Autorität der Leidenden kann nicht noch einmal diskursiv einfach zur Disposition gestellt werden; sie bedarf aber unbedingt der Präzision, der näheren Bestimmung der Leidenden als ungerecht Leidender.

Die Frage, die sich hier nun an die Kirche wie überhaupt an alle religiösen Institutionen stellt, ist die, welche Bedeutung sie und das in ihnen durch die Jahrtausende akkumulierte Gedächtnis für die Darstellung und die Sicherung dieser Autorität haben. Die kritische Frage an die religiösen Institutionen des Monotheismus lautet dabei, ob und inwieweit sich in ihnen das kanonische Gottesgedächtnis nicht so sehr vom Leidensgedächtnis der Menschen entfernt hat, ob und inwieweit also die Autorität Gott inzwischen nicht so sehr von dieser Autorität der Leidenden getrennt ist, daß sich diese religiösen Institutionen nur noch fundamentalistisch innerhalb der modernen Demokratien behaupten können. Für die Kirche besteht die Gefahr, daß sie in ihren Liturgien nur noch ein vage schweifendes Repräsentationsbedürfnis in einer immer unanschaulicher werdenden Lebenswelt bedient, daß sie sozusagen nur noch die Repräsentation repräsentiert, nicht aber die unaufkündbare Autorität der Leidenden, die sich in ihrem Gottesgedächtnis eigentlich darstellen und verkörpern will. Gewiß, die Kirche ist nicht dazu da, um politische Macht zu repräsentieren, aber um politische Ohnmacht in Erinnerung zu rufen.

Ich vergesse nicht, daß diese Überlegungen zum Repräsentationsprinzip in einem Kontext angestellt werden, der sich thematisch dem „Bilderverbot“ widmet. „Repräsentation“ und „Bilderverbot“: Sind das nicht schlicht einander ausschließende Begriffe? Diese Frage erlaubt mir, noch auf eine Besonderheit bei dem hier angesprochenen Repräsentationsbegriff hinzuweisen. Wenn in ihm die Autorität der Leidenden „repräsentiert“ wird, dann handelt es sich nicht um die Repräsentation, um die Verkörperung politischer Macht, sondern, wenn schon, politischer Ohnmacht. Offensichtlich gibt es für die modernen Demokratien keine der Diskurs- und der Konsensbildung entzogene politische Macht. Politische Macht muß in Demokratien kritisierbar und abrufbar sein und bleiben. Wohl aber gibt es eine nicht abrufbare Repräsentation politischer Ohnmacht. Eben die, in der sich die von keiner Demokratie aufkündbare Autorität der Leidenden in Erinnerung

[5] Zu Anklängen an die sog. Kommunitarismusdebatte in den USA vgl. in diesem Band § 10 und § 11.

bringt. Das hier vorgetragene und verteidigte Repräsentationsprinzip leugnet also keineswegs, sondern affirmiert in strikter Weise, daß es so etwas wie ein Bilderverbot bei der Repräsentation politischer Macht gibt. „In der Moderne ist Macht niemals legitimer Besitz. Sie kann nicht mehr verkörpert werden.“[6]

Daß dieses Bilderverbot jedoch nicht jeden substantiellen Begriff von Repräsentation ausschließt, weiß meines Erachtens die gegenwärtige politische Philosophie Frankreichs deutlicher als der philosophische Demokratiediskurs in Deutschland. Der niederländische Philosoph W. van Reijen kennzeichnet diese französische politische Philosophie mit dem gewiß nicht unmißverständlichen Begriff einer „politischen Ontologie“ und schreibt: „Diese Ontologie kann keine klassische mehr sein, in dem Sinn, daß auf das Eine oder das Sein spekuliert wird. Die neuere Ontologie wird aber getragen von der Voraussetzung, daß sich jedes diskursive Denken durch einen Rückgriff auf ein Unvordenkliches genötigt sieht. Dieses Unvordenkliche kann nur als solches hypostasiert werden. Jeder Versuch einer näheren Bestimmung führt, wie Lyotard in *Der Widerstreit* nachweist, in Aporien.“[7] Vielleicht läßt sich – wiederum nicht unmißverständlich – sagen, es handelt sich um eine Demokratietheorie auf dem Hintergrund einer strikt negativen Metaphysik bzw. einer strikt negativen Theologie, um eine Demokratietheorie also, die auf ihre Art nochmals M. Horkheimers Feststellung in Erinnerung ruft, wonach „Politik, die, sei es höchst unreflektiert, Theologie nicht in sich bewahrt, wie geschickt sie sein mag, letzten Endes Geschäft (bleibt)“.

Eine solche Demokratietheorie „entlastet uns nicht von der Verantwortung für das Handeln, sondern macht uns klar, daß die Auseinandersetzung um das Handeln eine Leerstelle braucht, die durch konkretes Handeln immer wieder besetzt wird, die aber auch immer wieder freigekämpft werden muß, um das Handeln und Legitimieren nicht in seiner Eigengesetzlichkeit erstarren zu lassen.“[8] In diesem Sinn sprechen Claude Lefort oder Marcel Gauchet von einer „leeren Stelle der Macht“, von einer „leeren Stelle des Sakralen“, deren Repräsentation – nach Lefort – die Bedingung dafür ist, daß die moderne demokratische Gesellschaft von sich selbst das Bild einer freien und autonomen Gesellschaft entwickeln kann, ohne in den „Terror des Pragmatismus“ zu entarten.[9] Bei Agnes Heller wird diese Verkörperung, diese Repräsentation der „leeren Stelle des Sakralen“, an der sich eine dem reinen Pragmatismus enthobene Politik bildet, besonders deutlich. Unter Hinweis auf einen „schwachen Messianismus“ bei Jacques Derrida spricht sie vom „leeren Stuhl“ im Zentrum des politischen Raumes. Ich wiederhole hier eine Passage aus ihrem bereits in § 10 zitierten Text: „Der leere Stuhl

[6] H. Dubiel, Ungewißheit und Politik, Frankfurt a.M. 1994, 36.
[7] W. van Reijen, Das Politische – eine Leerstelle, in: Transit 5 (1992/93) 110.
[8] AaO.121.
[9] AaO. passim.

wartet auf den Messias ... Die Politik kann diesen unbesetzten Stuhl nicht gebrauchen; aber solange man den Stuhl beläßt, wo er ist, dort, genau dort, im Zentrum des Raumes, wo er in seiner warnenden, vielleicht sogar pathetischen Leere fixiert bleibt, müssen die politischen Handlungsträger sein Dasein immer noch in Rechnung stellen. Zumindest steht es ihnen frei, sein Dasein in Rechnung zu stellen. Alles übrige ist Pragmatismus." Das damit angezeigte Problem besteht also nicht (mehr) darin, wie man verhindern kann, daß dieser „leere Stuhl" religiös besetzt wird (Gottesgnadentum, „Christkönig", Kirche, ...); es konzentriert sich vielmehr auf die Frage, ob sich moderne demokratische Politik unter der Bildkonstellation des „leeren Stuhls" vollzieht oder ob im Namen von Aufklärung und Moderne diese Konstellation selbst aufgegeben werden muß.

§11 Im Pluralismus der Religions- und Kulturwelten. Anmerkungen zu einem theologisch-politischen Weltprogramm

(1997)

Bisher unveröffentlicht

Die neue Politische Theologie ist der Versuch, die Zeit, näherhin die jeweilige geschichtlich-gesellschaftliche und kulturelle Situation so zu besprechen, daß in ihr das Gottesgedächtnis der biblischen Traditionen eine Zukunft hat.[1] Deshalb finden sich in dieser Theologie immer wieder verallgemeinernde Kennzeichnungen („Signaturen") ihrer Ausgangssituation, sog. „Besprechungen der Zeit". Sie spricht z.B. von der „Zeit der Gotteskrise"[2], vom „Zeitalter kultureller Amnesie"[3] und – im Blick auf diesen Paragraphen – von der „Zeit des konstitutionellen Pluralismus"[4]: alles Versuche, theologisch relevante Stichworte zu formulieren für die „geistige Situation der Zeit"[5].

I.

Wir leben in einer Zeit des konstitutionellen Pluralismus – der Kulturen, der Religionen, der Weltanschauungen. Jeder Versuch, diesen Pluralismus

[1] Dazu, daß und warum diese Theologie im Horizont der Zeit, der Verzeitlichung von Ontologie und Metaphysik ansetzt, vgl. den einschlägigen Exkurs zu § 8.

[2] Die „Gotteskrise" wird in diesem Band nicht eigens behandelt. Deshalb ist es wichtig, mit einer Präzisierung dieses Stichworts zur geistigen Situation der Zeit ein häufig herrschendes Mißverständnis abzuweisen: „Gotteskrise" kennzeichnet nicht nur eine „Glaubenskrise", denn diese „Glaubenskrise" betrifft (nur) die Glaubenden; die hier angesprochene „Gotteskrise" betrifft die Welt im ganzen bzw. die imaginative Wahrnehmung von Welt überhaupt. So liegen z.B. Hegel und Marx mit ihrem Welt- und Menschenbild noch vor dem Zeitalter der „Gotteskrise", Nietzsche hingegen steht mit seinem Welt- und Menschenbild bereits in der Zeit dieser „Gotteskrise". Vgl. zu dieser „Gotteskrise" schon meinen Beitrag: Gotteskrise. Versuch zur „geistigen Situation der Zeit", in: J.B. Metz u.a., Diagnosen zur Zeit, Düsseldorf 1994, und den in Anm. 12 dieses Paragraphen zitierten Beitrag.

[3] Vgl. hier vor allem § 8,5; dort findet sich auch eine erste Auseinandersetzung mit Jürgen Habermas über das Verständnis von „anamnetischer Vernunft". Zur „kulturellen Amnesie" weiterhin § 8,6 und § 10 passim.

[4] Im folgenden habe ich einen Argumentationsgang berücksichtigt aus meinem Beitrag: Memoria passionis. Zu einer Grundkategorie interkultureller und interreligiöser Begegnung; in: H.-P. Müller (Hg.), Das Christentum und die Weltreligionen, Stuttgart 1997; vgl. auch: Im Eingedenken fremden Leids. Zu einer Basiskategorie der Gottesrede, in: J.B. Metz/ J. Reikerstorfer/J. Werbick, Gottesrede, Münster 1996.

[5] Formulierung Karl Jaspers.

zu hinterfragen, ist verdächtig. Universalismus gilt als latenter Imperialismus, universelle Verbindlichkeit als eine trügerische intellektuelle und moralische Falle. Gefragt und gesucht ist die Wahrnehmung und Sicherung von Differenz und Andersheit – gestützt auf die („postmoderne") Empfindlichkeit für die immer wieder lauernden Gefahren universalistischer Konzepte und deren Entwürdigung von Pluralität und Differenz.

Doch diese Krise tradierter universalistischer Ansätze bezeichnet keineswegs ein Ende der Fragen zum Verhältnis „Universalismus – Pluralismus". Die in meinen Augen wichtigste Frage möchte ich so formulieren: Gibt es in der unwiderruflich anerkannten Vielfalt der Kultur- und Religionswelten noch ein alle verpflichtendes und in diesem Sinne wahrheitsfähiges Kriterium der Verständigung? Oder bleibt nun alles der Beliebigkeit des „postmodernen" Marktes ausgeliefert? Das Zeitalter der „postmodernen" Fragmentierungen birgt eine „ethische Aporie": Einerseits leben wir in einer Zeit, in der die ethischen Probleme unserer wissenschaftlich-technischen und ökonomischen Zivilisation immer mehr außerhalb der Reichweite des einzelnen liegen, so daß sie eigentlich, wenn überhaupt, nur über Politik und politische Ethik besprochen und behandelt werden können. Noch nie in der Geschichte der Menschheit war die sittliche Herausforderung auf eine solche Reichweite und Langfristigkeit angelegt wie in unserer Zeit, noch nie ging es so sehr um den Mut zu einer „Ethik der Fernstenwirkungen" (Hans Jonas) wie heute. Gleichzeitig geriet nun, in unserem Zeitalter der sog. Globalisierungen, jeglicher ethischer Universalismus der Verhaltens- und Handlungsorientierung unter den Verdacht eines pluralismusfeindlichen sittlichen Totalitarismus.

Gibt es überhaupt noch so etwas wie ein ethisch konzeptualisierbares sittliches Universum? Wie etwa lassen sich der Universalismus der Menschenrechte und die Idee von den unaufgebbaren und unverzichtbaren kulturellen Differenzen in der Menschheit miteinander verbinden, ohne daß sie sich wieder nur gegenseitig relativieren und in einer beziehungslosen bzw. „unverbindlichen" Vielfalt immer wieder zu neuen Konflikten und Gewaltausbrüchen führen? Gibt es noch ein Kriterium, mit dessen Hilfe sich entscheiden läßt, wo die legitime Pluralität inkulturierter ethischer Ansätze ihre Grenze findet? Die ganze Widersprüchlichkeit dieser Situation läßt sich gegenwärtig gut ablesen an dem inzwischen schon zum Bestseller avancierten „Kampf der Kulturen" von Samuel Huntington.[6]

Huntington warnt zwar vor einer Universalisierung der, wie er sie nennt, „westlichen Werte"; gleichzeitig tritt aber auch er für so etwas wie eine uni-

[6] Ursprünglich als Aufsatz: Clash of Civilizations?, in: Foreign Affairs 72 (1993) 22–49; jetzt in der ausführlichen Fassung (und ohne Fragezeichen!) mit dem Untertitel „Die Neugestaltung der Weltpolitik im 21. Jahrhundert" im Europaverlag München/Wien, 1996. Zur jüngsten Kritik dieser „neuen Weltpolitik" vgl. William Pfaff, Huntingtons Irrtum, in: Lettre International (Sommer 1997) 12–14.

verselle Moral ein, die im Fall ihrer systematischen Verletzung sogar zur Intervention nötigen kann. Was ist da gemeint? Welches sind die Kriterien und die Eigenart solcher Universalität?
Wir leben, so sagt man, in einer Welt der unhintergehbaren Pluralität. Was gefordert ist, sei Toleranz, sei Dialog oder Diskurs. Gewiß. Aber ist das die ganze Antwort? Gibt es nicht auch Grenzen der Toleranz und Kriterien für den Dialog? Und gibt es nicht auch Situationen, in denen die formale, rein verfahrensorientierte Rationalität des Diskurses versagt? Wie immer, auch der Pluralismus ist nicht einfach die Antwort, sondern zunächst die Frage und das Problem. Dieses Problem lösen heißt freilich nicht, den Pluralismus auflösen, sondern eine allen Menschen zugängliche und zumutbare Form des Umgangs mit ihm zu entwickeln, um so einen kulturalistischen Relativismus zu vermeiden, ohne doch die Kulturen selbst einfach zu relativieren und zu entwichtigen.
Was aber wäre dieses „Allgemeine", dieses – wie es einmal hieß – Allgemeine Gute[7], das heute zumeist strikt geleugnet wird, so daß sich die wenigen, die überhaupt noch universalistische Ansätze in unserer Welt der konstitutionellen Pluralität wagen, auf einen rein formalen, rein prozeduralen, vermeintlich kontextfreien Universalismus beschränken? Gibt es denn keine inkulturierte Ethik, die gewaltfrei universalisierbar ist und die den Pluralismus kultureller Lebenswelten nicht zerstört, sondern schützt? Gibt es keine einem geschichtlichen Überlieferungszusammenhang entspringende Lebens- und Handlungsorientierung, die als universal bzw. universalisierungsfähig gelten könnte, ohne imperial oder totalitär zu sein, ohne also die neue Empfindlichkeit für Pluralität und Indifferenz, für das sog. Anderssein der jeweils Anderen, ihre Würde und ihren Anspruch, zu ignorieren?
Zu befragen und zu prüfen wären die Traditionen und Kontexte der Religions- und Kulturwelten. Ich kann hier nur extrem abgekürzt verfahren. Viele favorisieren heute – gerade auch in unseren westlichen Kulturkreisen – eine Religion ohne Gott. Wirkt sie nicht viel „weicher" und toleranter, eben viel pluralismusverträglicher und damit viel geeigneter als religiöses Paradigma in einem Zeitalter des konstitutionellen Pluralismus als etwa die Erinnerung an den biblischen Gott, der schließlich als Gott der Geschichte und der Gesetze überliefert ist? Gleichwohl zielt mein Vorschlag zur Versöhnung zwischen bestimmter Universalität und authentischer Pluralität auf eben diese Traditionen: auf das Gottesgedächtnis der biblischen Überlieferungen, soweit es sich als Leidensgedächtnis der Menschen zur Sprache bringt[8], und auf das Christusgedächtnis der Christen, soweit es sich in ei-

[7] Unerörtert bleibt hier die Frage, wie sich dieses *bonum commune* zum *iustum commune* verhält, zur Frage universaler Gerechtigkeit. Vgl. dazu § 10 und die nachfolgenden Überlegungen in diesem Paragraphen.
[8] Zur Leidempfindlichkeit biblischer Gottesrede, zur pathischen Grundverfassung des biblischen Monotheismus vgl. § 10, speziell Abschnitt IV.1.

nem geschichtlichen Leidensgedächtnis – memoria passionis – ausdrückt, das das kultische Auferweckungsgedächtnis – memoria resurrectionis – an unsere geschichtlichen Erfahrungen zurückbindet und verhindert, daß es schließlich nur als geschichts- und verantwortungsferner Mythos gefeiert wird.[9] So kryptisch, so umständlich klingt zunächst der Vorschlag zu einem in religiösen Kontexten fundierten sittlichen Universalismus, wenn man diesen Vorschlag nicht primär religionspolitisch, sondern – im Stil der neuen Politischen Theologie – strikt theologisch begründen will. Was ist näherhin gemeint?

II.

Die biblischen Traditionen kennen eine besondere Gestalt der universellen Verantwortung. Dabei ist freilich, und dies wäre genau zu beachten, der Universalismus dieser Verantwortung nicht primär orientiert am Universalismus der Sünde und des Versagens, sondern am Universalismus des Leidens in der Welt. Jesu erster Blick galt nicht der Sünde der Anderen, sondern dem Leid der Anderen. Sünde war ihm vor allem Verweigerung der Teilnahme am Leid der Anderen, war ihm Weigerung, über den Horizont der eigenen Leidensgeschichte hinauszudenken, war ihm, wie das Augustinus nennen wird, „Selbstverkrümmung des Herzens", Auslieferung an den heimlichen Narzißmus der Kreatur. Und so begann das Christentum als eine Erinnerungs- und Erzählgemeinschaft in der Nachfolge Jesu, dessen erster Blick dem fremden Leid galt.

Diese Empfindlichkeit für fremdes Leid, diese Berücksichtigung des Leidens der Anderen – bis hin zum Leid der Feinde! – beim eigenen Handeln gehört in das Zentrum jener „neuen Art zu leben", die sich mit Jesus verbindet. Sie ist meines Erachtens auch der überzeugendste Ausdruck jener Liebe, die Jesus uns zugetraut und zugemutet hat, wenn er – ganz in der Tendenz seines jüdischen Erbes – die Einheit von Gottes- und Nächstenliebe beschwor.

Es gibt Parabeln Jesu, mit denen er sich in besonderer Weise in das Gedächtnis der Menschheit hineinerzählt hat. Dazu gehört vorweg das Gleichnis vom „Barmherzigen Samariter", mit dem er auf die Frage antwortet: „Wer ist mein Nächster?" In unserem Zusammenhang gefragt: Für wen bin ich verantwortlich? Für wen zuständig? Eines wird aus dieser Parabel in den Bildern einer archaischen Provinzgesellschaft ganz deutlich: Dieser Verantwortungsbereich, dieser Zuständigkeitsumfang kann von uns nicht von vornherein eindeutig festgelegt und umgrenzt werden. „Nächster" und damit Partner unserer Zuständigkeit ist nie nur der, den wir von uns aus als sol-

[9] Vgl. zu diesem Zusammenhang auch § 8,5 und den Exkurs zu § 8.

chen ansehen und zulassen. Der Bereich der Zuständigkeit, der Umfang der Verantwortung ist prinzipiell unbegrenzt. Kriterium für Maß und Umfang ist und bleibt – das fremde Leid, so wie der unter die Räuber Gefallene in der Geschichte Jesu, an dem der Priester und der Levit „im höheren Interesse“ vorübergehen. Wer „Gott“ im Sinne Jesu sagt, nimmt die Verletzung der vorgefaßten eigenen Gewißheiten durch das Unglück der anderen in Kauf. Von diesem Gott reden heißt fremdes Leid zu Sprache bringen und versäumte Verantwortung, verweigerte Solidarität beklagen.

Der Rekurs auf die Leidempfindlichkeit der biblischen Gottesbotschaft wie auf die damit verbundene memoria passionis ist keineswegs gekennzeichnet von Resignation oder Evasion. Er hat nichts zu tun mit einem religiös motivierten Narzißmus. Schließlich ist diese memoria passionis eine Leidenserinnerung, die immer auch die Leiden der Anderen, der Fremden und – unbedingt biblisch – sogar die Leiden der Feinde in Betracht zieht und bei der Beurteilung der je eigenen Leidensgeschichte nicht zu vergessen sucht. Und so schickt sie – in der Gestalt dieses Eingedenkens fremden Leids – an die Front der politischen, der sozialen und kulturellen Konflikte in der heutigen Welt. Denn fremdes Leid zur Sprache zu bringen, ist die unbedingte Voraussetzung aller künftigen Friedenspolitik, aller neuen Formen sozialer Solidarität angesichts des eskalierenden Risses zwischen Arm und Reich und aller verheißungsvollen Kommunikation der Kultur- und Religionswelten.

Im ehemaligen Jugoslawien wurde die Leidenserinnerung zum Leichentuch für eine ganze Nation und zur Garotte für jeden interethnischen Verständigungsversuch. Hier haben die einzelnen Völker jeweils nur die eigene Leidensgeschichte erinnert, und so wurde diese rein selbstbezügliche memoria passionis nicht etwa zum Organ der Verständigung und des Friedens, sondern zur Quelle der Verfeindung, des Hasses und der Gewalt. Anders, so bleibt immer noch zu hoffen, die gegenwärtige Situation zwischen Israel und den Palästinensern. Schließlich bleibt für mich die Szene unvergeßlich, in der der Israeli Rabin und der Palästinenser Arafat einander die Hand reichen und sich gegenseitig versichern, daß sie künftig nicht nur auf die eigenen Leiden schauen wollen, sondern daß sie bereit seien, auch die Leiden der Anderen, die Leiden der bisherigen Feinde nicht zu vergessen und beim eigenen Handeln in Betracht zu ziehen. Das ist eigentlich Friedenspolitik aus der biblischen memoria passionis! Ich weiß, daß die Verständigung auf dieser Basis höchst fragil ist, daß sie große Opfer forderte und weiterhin fordern wird. Aber bleibt sie nicht exemplarisch für eine Gestalt gemeinsamer Verantwortung, die von keinerlei Totalitarismus der Ansprüche geleitet ist?

Gilt eine solche Friedensvision ex memoria passionis, aus dem Eingedenken fremden Leids, nicht auch für andere blutige Auseinandersetzungen heute, z.B. für die von Kultur- und Religionskonflikten gestützten Bürgerkriege im Libanon und in Irland? Und überhaupt: Nur wenn unter uns eine vom Eingedenken fremden Leids inspirierte politische Kultur zunimmt, wächst auch die Aussicht darauf, daß Europa eine blühende und nicht eine brennende multikulturelle Landschaft sein wird, eine Friedenslandschaft und nicht eine Landschaft implodierender Gewalt, also nicht eine Landschaft eskalierender Bürgerkriege.

III.

In den gegenwärtigen Debatten um ein „Weltethos" (Hans Küng) ist von einem sittlichen Universalismus die Rede, der auf der Basis eines sog. Minimal- oder Grundkonsenses – „als notwendiges Minimum gemeinsamer humaner Werte, Maßstäbe und Grundhaltungen"[10] – entstehen soll. Doch in strikt theologischer und nicht nur religionspolitischer Hinsicht ist der sittliche Universalismus kein Konsensprodukt. Er wurzelt in der Anerkennung einer Autorität, die inzwischen auch in allen großen Religionen und Kulturen angerufen werden kann, in der Anerkennung der Autorität der Leidenden. Dieser Autorität gegenüber gilt, was der Soziologe Zygmunt Baumann vom moralischen Gewissen sagt: Es verlangt „Gehorsam ohne Überprüfung, ob dem Folge geleistet werden sollte ... Es kann weder überzeugen noch erzwingen ... Nach den grundlegenden Maßstäben der modernen Welt ist Gewissen schwach."[11] Eben dies gilt von der Autorität der Leidenden. Sie kann nicht nochmals hermeneutisch vorbereitet oder diskursiv gesichert werden. Ihr gegenüber geht der Gehorsam der Verständigung und dem Diskurs voraus – und zwar um den Preis jeglicher Moralität.

Diesem Gehorsam ist jede Ethik unterworfen, die am Ende nicht zur reinen „Verträglichkeitsethik" werden will, zur Akzeptanz- oder Rechtfertigungsethik in unserer wissenschaftlich-technologischen Weltzivilisation, so daß durch sie nicht mehr Ziele und Grenzen menschlichen Handelns definiert werden, sondern nur eine Versöhnung menschlichen Handelns mit immer neu auftauchenden „Sachzwängen" gesucht wird. Wo z.B. bliebe in einer solchen Ethik der Einspruch gegen eine immer mehr sich abzeichnende Form von Biotechnik, in der „der Mensch" selbst nur noch als Restprodukt gilt, als das noch nicht völlig durchexperimentierte Stück Natur?

Damit wir uns recht verstehen: Der hier angesprochene Gehorsam ist kein willkommenes Faustpfand der Kirche für ihre Gehorsamsforderungen. Denn auch die Kirche steht nicht über diesem Gehorsam, sondern unter ihm. Dieser Gehorsam kann deshalb nicht ekklesiologisch verschlüsselt werden. Er kann geradezu zur Basis tiefgreifender Kritik am kirchlichen Verhalten selbst werden. Hat die Gottesverkündigung der Kirche nicht zu sehr vergessen, daß sich die biblische Gottesrede im Eingedenken fremden Leids buchstabiert, daß also das dogmatische Gottesgedächtnis nicht vom himmelschrei-

[10] Hans Küng jetzt in: Weltethos für Weltpolitik und Weltwirtschaft, München 1997.

enden Leidensgedächtnis der Menschen abgesprengt werden darf? Ist die „Gotteskrise", die im Hintergrund der heute vielbesprochenen Kirchenkrise steht, nicht auch durch eine kirchliche Praxis mitverursacht, in der Gott mit dem Rücken zur Leidensgeschichte der Menschen verkündet wurde und wird?[12] Wirkt die Gottesverkündigung der Kirche vielleicht deshalb so fundamentalismusanfällig, weil in ihr die Autorität Gottes von der Autorität der Leidenden getrennt ist, obwohl Jesus selbst in seiner berühmten Gerichtsparabel (Mt 25) die gesamte Menschheitsgeschichte unter die Autorität der Leidenden gestellt hat? Für mich ist deshalb diese Autorität die einzige, in der sich die Autorität des richtenden Gottes in der Welt für alle Menschen manifestiert. Im Gehorsam ihr gegenüber konstituiert sich das moralische Gewissen; und was wir seine Stimme nennen, ist unsere Reaktion auf die Heimsuchung durch dieses fremde Leid. Dies alles bedarf unbedingt der weiteren Präzisierung, der genaueren Bestimmung der Leidenden als unschuldig, als ungerecht Leidender. Schon bisher suchte ich dieser Frage – schlecht und recht – immer wieder nachzugehen und dabei darauf hinzuweisen, daß das Ringen um Gerechtigkeit nur über seine „negative Vermittlung", nur über den Widerstand gegen ungerechte Leiden einen universalen Horizont gewinnen kann.[13]

Ist es nicht der Widerstand gegen ungerechte Leiden, der – inspiriert vom Respekt vor der Autorität der Leidenden überhaupt – die Menschen aus den verschiedensten Religions- und Kulturwelten zusammenführt? Sie folgen dabei nicht eigentlich einer Theorie oder Ideologie der Gerechtigkeit, sondern – ihrer Überzeugung, die in dem eben besprochenen Gehorsam wurzelt, dem nach Paulus (Röm 2,14) alle – auch „die Heiden" – um ihrer Würde willen unterworfen sind. Hier sehe ich die Chance und die Aufgabe einer Ökumene der Religionen – und zwar, ganz im Sinne des Ökumenebegriffs der neuen Politischen Theologie[14], im Stile einer *indirekten Ökumene der Religionen:* nicht ein Miteinander und Zueinander im direkten Religionsvergleich, sondern in der Praxis gemeinsamer Weltverantwortung, im gemeinsamen Widerstand gegen die Ursachen ungerechten Leidens in der Welt. Gegen Rassismus, gegen Fremdenfeindlichkeit, gegen nationalistisch oder rein ethnisch imprägnierte Religiosität mit ihren Bürgerkriegsambitionen. Aber auch gegen die kalte Alternative einer Weltgesellschaft, in der „der Mensch" immer mehr in den selbstreferentiellen Systemen der Ökonomie, der Technik und ihrer Kultur- und Kommunikationsindustrie verschwindet, einer Weltgesellschaft, in der die Weltpolitik ihren Primat immer mehr an eine Weltwirtschaft mit ihren vom Menschen selbst längst abstrahieren-

[11] Zygmunt Baumann, Postmoderne Ethik, Hamburg 1995, 371.

[12] Vgl. dazu meinen Beitrag: Kirche in der Gotteskrise, in: Sind die Kirchen am Ende?, Regensburg 1995, 158–175.

[13] Vgl. hier schon den Schluß von § 1 in diesem Band.

[14] Vgl. hierzu den einschlägigen Exkurs zu § 4 in diesem Band.

den Marktgesetzen verliert. „Die Welt steuert unerbittlich auf einen dieser tragischen Momente zu, der künftige Historiker fragen lassen wird, warum nicht rechtzeitig etwas unternommen wurde. Haben die wirtschaftlichen und politischen Eliten nicht bemerkt, zu welch tiefgreifenden Verwerfungen der ökonomische und technische Wandel führte? Und was hat sie davon abgehalten, die notwendigen Schritte zu unternehmen, um eine globale soziale Krise zu verhindern?"

Wer mag solche Sätze fahrlässigen Alarmismus nennen?[15] Wo wären hier die Kräfte, die noch rechtzeitig die humanen Grundlagen der Politik gegenüber einer immer rapider sich durchsetzenden Eigengesetzlichkeit von Ökonomie und Technik reklamieren und verteidigen? Genügt hier eine neue Subpolitik der zur riskanten Individualisierung befreiten Bürgergesellschaft? Oder eine Weltpolitik durch die renommierten Subinstitutionen wie Amnesty International, Terre des hommes oder Greenpeace? Handelt es sich hier nicht vielmehr um eine Situation, in der gerade auch die weltweit verwurzelten religiösen Institutionen politischer sein müßten als die „normale" Gesellschaft? Ist das nicht die Stunde, in der sich die Weltreligionen – im Stile der geschilderten indirekten Ökumene – in die Politik einschalten müßten, nicht um nun einer traumtänzerischen Gesinnungspolitik oder gar einer fundamentalistischen Religionspolitik das Wort zu reden, sondern um eine gewissenhafte Weltpolitik – in der Stunde großer Gefahr – zu stützen? Sie werden das freilich nur zustandebringen, wenn sie dabei nicht das Selbsterhaltungsinteresse ihrer Institutionen, sondern das fundamentale Interesse am fremden Leid im Auge haben.

IV.

Gewiß, die biblische Religion der Leidempfindlichkeit spricht nicht primär von einer Moral, sondern von einer Hoffnung; ihre Gottesrede wurzelt nicht in einer Ethik, sondern in einer Eschatologie. Doch für beide gilt, daß weder die Welt der Religion noch die der Moral die Perspektive des unbeteiligten Beobachtens verträgt. In die Welt der Religion wird man nicht durch Religionskunde eingeführt, in die Welt der Moral nicht durch Ethik. In beide muß man eingeübt, gewissermaßen biographisch „eingefädelt" sein, ehe man zu ihnen ein reflexives Verhältnis entfaltet. Moral und Religion, die diesen Namen verdienen, wurzeln eigentlich in Erinnerungsgemeinschaften.[16] Und das gilt natürlich auch für Einstellungen, die sich im Namen der Moral gegen die Religion stellen bzw. gestellt haben. Diese konstitutive Bezogen-

[15] Schließlich stammen sie von Ethan Kapstein, dem Direktor des Washingtoner Council of Foreign Relations (hier zit. nach H.-P. Martin/H. Schumann, Die Globalisierungsfalle, Reinbek 1996, 328.).

[16] Vgl. dazu auch die einschlägigen Überlegungen unter § 10.

heit von Religion und Moral auf Gemeinschaft und Tradition suspendiert freilich nicht von der Frage, wie sich denn nun – und nach welchen Kriterien – die einzelnen Erinnerungsgemeinschaften in unserer einen Welt zueinander verhalten, ohne in einen beziehungslosen oder allein durch Macht zu begrenzenden Relativismus zu geraten. Diese Frage, die sich gegenwärtig z.B. an alle sog. „kommunitaristischen" Begründungsansätze wendet, suchte ich im Verlauf der Überlegungen dieses Bandes durch die sowohl bestimmte wie gleichzeitig universalisierungsfähige memoria passionis, durch das Eingedenken fremden Leids zu beantworten und diese theologisch-politische Grundkategorie im Widerstand gegen die kulturelle Amnesie unserer Zeit[17] zu entfalten.

Religion, substantiell, ist Widerstand gegen diese kulturelle Amnesie. Das gilt im besonderen auch für das Christentum. Die Kirche ist – als Institution – vor allem akkumulierte Erinnerung, langfristiges Gedächtnis, „Elefantengedächtnis", in dem vieles, allzuvieles gespeichert ist, Befreiendes und Belastendes, Leuchtendes und Finsterstes. Die Theologie steht nicht teilnahmslos außerhalb dieses Gedächtnisses oder darüber. Ihre kritische Kompetenz gewinnt sie dadurch, daß sie das von der Kirche repräsentierte kanonische Gedächtnis immer wieder daraufhin befragt, ob und inwieweit es zum praktischen Eingedenken fremden Leids wird, ob und inwieweit sich das Gottesgedächtnis der Kirche und das dogmatische Christusbild nicht längst vom Leidensgedächtnis der Menschen, von der alltäglichen memoria passionis entfernt haben. Auf dieser kritischen Frage wird die Theologie auch gegenüber den anderen monotheistischen Religionen unbedingt bestehen: Wirken sie vielleicht nur deshalb oft so fundamentalistisch, weil ihr Gottesgedächtnis das Eingedenken fremden Leids längst außer sich gestellt hat?[18]

Die neue Politische Theologie beharrt darauf, daß der heute zu Recht geforderte Dialog der Religionen und Kulturen unter dem Kriterium der memoria passionis – des Eingedenkens fremden Leids – steht. Fremdes Leid zur Sprache zu bringen, ist das Wahrheitskriterium dieses Dialogs. Das „schwache" Eingedenken fremden Leids, die von ihm geprägten Narrative können ihre interreligiöse und interkulturelle Kommunikationskraft erweisen und dabei den Pluralismus von Leidensgeschichten in der Welt zur Sprache bringen – etwa in der Begegnung der biblischen Religion mit den Mitleidsethiken der asiatischen Religionen. Entscheidend wird dabei sein, wie sich zwei klassische Formen der Leidensmystik im Umgang mit fremdem Leid bewähren. Es handelt sich, wenn ich das in metaphorischer Verkürzung ausdrücken darf, zum einen um die primär fremdbezügliche Leidensmystik der offenen Augen in der biblischen Religion und zum anderen um die primär selbstbezügliche Leidensmystik der geschlossenen Augen im Buddhismus. Von-

[17] Ausführliches über das Eingedenken fremden Leids im Zeitalter kultureller Amnesie im § 8,5 dieses Bandes.

[18] Vgl. dazu auch die kritischen Fragen in § 10, IV.1 („Monotheismus versus Demokratie?").

einander lernen wird man nur dann können, wenn man die Differenz im Ansatz nicht aus den Augen verliert.
Natürlich wendet sich die neue Politische Theologie mit ihrem Kriterium auch an die „profanen“ Leitbilder und Theorien des gesellschaftlichen und kulturellen Lebens. Sie fragt z.B. kritisch, ob unsere posttraditionalen Diskursgesellschaften, die sich vom Apriori eines (kulturellen) Leidensgedächtnisses losgesagt haben, wirklich über die anonyme Herrschaft des Marktes, des Tausches und der Konkurrenz hinauskommen, ob sie also noch eine Vision der Verantwortung der Einen für die Anderen vor jedem Tausch- und Konkurrenzverhältnis kennen.[19] Und sie sucht sich kritisch aus dem Bann kultureller Amnesie herauszufragen, aus der gedächtnislosen Gegenwart der virtuellen Welten unserer Kultur- und Kommunikationstechnik – nicht um der Selbstbehauptung der Theologie, sondern um des Menschen willen.[20]

V.

Nach all diesen abstrakten Erwägungen muß ich zum Schluß noch eine mich ständig beunruhigende Frage loswerden. Gibt es denn für ein Christentum der gesteigerten Empfindlichkeit für fremdes Leid überhaupt offene Ohren? Soll uns Religion nicht vom Schmerz der Negativität abschirmen? Dient sie nicht, wenn überhaupt, dem Triumph des „Positiven“? Was heißt sonst schon „frohe“ Botschaft? Und schließlich: Ist die hier angesprochene Leidenssensibiliät nicht eine Haltung, die gerade jungen Menschen nur sehr schwer zugänglich ist und zugänglich gemacht werden kann?... Auf solche und ähnliche Fragen weiß ich immer nur mit einer Gegenfrage zu antworten: Wem sollte man die hier angesprochene Aufmerksamkeit für fremdes Leid, die Haltung der Empathie und das Übertreibende daran zutrauen? Wem sollte man die abenteuerliche Vorstellung zumuten können, für Andere dazusein, ehe man überhaupt etwas von ihnen hat? Wem könnte man die damit angedeutete „andere Art zu leben“ überhaupt anbieten? Wem, so frage ich, wenn nicht gerade jungen Menschen? Haben wir denn ganz und gar vergessen, daß das Christentum einmal begonnen hat als eine Jugendrevolte innerhalb der damaligen jüdischen Welt?

[19] Vgl. dazu vor allem § 10, IV.2 („Freiheit ohne Leidensgedächtnis?“).
[20] Vgl. dazu ausführlich § 8,5.

§ 12 Ein biographischer Durchblick: „Wie ich mich geändert habe“

(1996)

Vorgetragen bei einem Tübinger Symposium zu „Biographischen Wegen in der Theologie in der zweiten Hälfte des 20. Jahrhunderts“ anläßlich des 70. Geburtstags von Jürgen Moltmann; veröffentlicht in: J. Moltmann (Hg.), Wie ich mich geändert habe, Gütersloh 1997.

Daß man sich vielleicht zu viel oder zu schnell geändert habe: Diese Vermutung begegnet einem nicht nur im Tadel seiner Gegner, sondern zuweilen auch im Lob seiner Freunde. So z.B., wenn mein Freund Jürgen Moltmann schreibt: „Metz ist immer für eine Überraschung gut.“ Deshalb will ich hier nicht von dem sprechen, worin ich mich geändert habe – dazu habe ich mich ohnehin schon des öfteren geäußert[1] – sondern von dem, worin ich mich nicht geändert habe. Nur so kann ich, ohne beliebig zu werden, lebensgeschichtliche Mitteilungen riskieren, die meine Theologie bis heute prägen.

I.

Gegen Ende des Zweiten Weltkrieges wurde ich, 16jährig, aus der Schule herausgerissen und zum Militär gepreßt. Nach flüchtiger Ausbildung in Würzburger Kasernen kam ich an die Front, die damals schon über den Rhein ins Land gerückt war. Die Kompanie bestand aus lauter jungen Leuten, weit über hundert an der Zahl. Eines Abend schickte mich der Kompanieführer mit einer Meldung zum Bataillonsgefechtsstand. Ich irrte die Nacht über durch zerschossene, brennende Dörfer und Gehöfte, und als ich am morgen darauf zu meiner Kompanie zurückkam, fand ich nur – Tote, lauter Tote, überrollt von einem kombinierten Jagdbomber- und Panzerangriff. Ihnen allen, mit denen ich tags zuvor Kinderängste und Jungenlachen geteilt hatte, konnte ich nur noch ins erloschene, ins tote Antlitz sehen. Ich erinnere nichts als einen lautlosen Schrei. Und so sehe ich mich heute noch, und hinter dieser Erinnerung sind meine Kindheitsträume zerfallen. Meine kräftige bajuwarisch-katholische Sozialisation mit ihrem fugendichten Vertrauen hatte einen Riß erhalten. Was geschieht, wenn man damit nicht zum Psychologen

[1] Z.B. in: E. Schuster/R. Boschert-Kimmig, Trotzdem hoffen. Mit Johann Baptist Metz und Elie Wiesel im Gespräch, Mainz 1993, oder jetzt auch in dem Interviewband von P. Hertel, Mit dem Gesicht zur Welt, Würzburg 1996.

geht, sondern in die Kirche, und wenn man sich weder von ihr noch von der Theologie solche unversöhnten Erinnerungen ausreden lassen, sondern mit ihnen glauben und mit ihnen von Gott reden will?
Dieser hier angedeutete lebensgeschichtliche Hintergrund durchprägt meine theologische Arbeit bis heute. Für sie spielt z.B. die Kategorie der Gefahr eine zentrale Rolle; sie will von den apokalyptischen Metaphern der Glaubensgeschichte nicht lassen, sie mißtraut einer idealistisch geglätteten Eschatologie. Und vor allem dies: eine besondere Theodizee-Empfindlichkeit durchstimmt meine theologische Arbeit, die Frage nach Gott angesichts der Leidensgeschichte der Welt, „seiner" Welt. Was später „Politische Theologie" heißen wird, wurzelt hier: Gottesrede in der *conversio ad passionem*.[2] Wer von Gott im Sinne Jesu spricht, nimmt die Verletzung der vorgefaßten eigenen Gewißheiten durch das Unglück der Anderen in Kauf.

II.

So muß ich jetzt etwas sagen über die Politische Theologie, für die ich geradezustehen habe und die mich in vielem besonders auch mit Jürgen Moltmann und Dorothee Sölle über die Jahre hinweg verbunden hat, verbunden im Sinn einer indirekten Ökumene, eines Miteinanders im öffentlichen Streit um Gott und die Welt. Im Hintergrund blieb Karl Rahner nahe, der große Lehrer und Freund – auch dort, wo ich zu widersprechen begann.
Nun zu einigen Spiegelungen des Weges der Politischen Theologie:
1. Die Erfahrungen in der sog. Paulusgesellschaft, die sich bereits in den frühen 60er Jahren dem Dialog zwischen Christen und Marxisten gewidmet hatte, dann besonders Ernst Bloch und die Frankfurter Schule haben mich sozusagen herauspolitisiert aus dem existentialen und transzendentalen Zauberkreis der Theologie. Die Auseinandersetzung mit dem Marxismus habe ich eigentlich immer als Auseinandersetzung mit der gesellschaftskritischen Dramatisierung des Theodizeethemas verstanden. Ich wollte der Politik und der politischen Kultur nicht – wie das jeglicher Pragmatismus empfiehlt – diese Theodizeeperspektive ersparen, ich wollte sie freilich auch anders als der Marxismus zur Sprache bringen: nämlich immer und unbedingt auch als Frage nach dem Leid der Anderen, dem Leid gar der Feinde, und als Frage nach den vergangenen Leiden, an die kein noch so leidenschaftlicher Kampf der Lebenden versöhnend rühren kann. Diese Verquickung von Politik und Theodizee hatte und hat einen hohen Preis; sie macht diese Politische Theologie immer wieder zum Gespött aller politischen Pragmatiker und eigentlich auch aller politischen Utopisten (außerhalb und innerhalb des

[2] Zu dieser Formulierung vgl. T.R. Peters, Conversio ad passionem, in: Eggensperger/Engel (Hg.), Wahrheit. Recherchen zwischen Hochscholastik und Postmoderne, Mainz 1995.

Christentums). Wie aber rettet man das politische Leben ohne diesen „Theodizeeblick“ vor purem Politdarwinismus, gleichgültig, ob der sich pragmatisch-geradlinig oder dialektisch verzögert durchsetzen soll?
2. Die heute viel geschmähte Atmosphäre der 68er Jahre hat, wenn ich recht schätze, bei mir vor allem eines bewirkt: Sie hat mir die allzu geschmeidige theologische Rede von der Geschicklichkeit des Glaubens ausgetrieben und meine Theologie immer deutlicher mit der Geschichte selbst konfrontiert, mit jener Geschichte, die einen so katastrophischen Namen wie Auschwitz trägt. Immer wieder habe ich mich seitdem gefragt, warum man unserer Theologie eine solche Katastrophe, wie überhaupt die Leidensgeschichte der Menschen, so wenig ansieht und anhört. Haben wir womöglich für die theologische Interpretation der Geschichte viel zu „starke“ Kategorien benutzt, die alle geschichtlichen Verletzungen viel zu schnell überdecken und das Sensorium für Gefahr verkümmern lassen? Heilt die Theologie wirklich alle Wunden? Auschwitz wirkte da wie ein Ultimatum auf mich. Von da an spielen für mich die vermeintlich „schwachen“ Kategorien der Erinnerung und der Erzählung, die auch noch das Erschrecken des Logos der Theologie zum Ausdruck bringen können, wie überhaupt die Aufmerksamkeit für die in der jüdischen Geschichte entfaltete anamnetische Kultur eine immer größere Rolle.
3. Seit den späten 60er Jahren waren es dann vor allem auch zwei Impulse des Zweiten Vatikanischen Konzils, die ich unter dem Stichwort der Politischen Theologie zu verteidigen und zu verstärken suchte. Neben dem Anstoß zum aufrechten Gang in der Kirche („Nur wer aufrecht geht, kann auch freiwillig knien und mit Frohsinn danken“) und der darin keimhaft angedeuteten Revision des Verhältnisses meiner Kirche zur politischen Aufklärung war es vor allem die in diesem Konzil sich abzeichnende Bewegung heraus aus dem europäischen Monozentrismus und hinein in eine sozial leidvoll zerrissene und kulturell polyzentrische Weltkirche. Besonders fruchtbar waren für mich dabei die Begegnungen mit den Freunden im Zusammenhang der Internationalen Zeitschrift Concilium.
Während mir bei meinen Aufenthalten in den USA immer deutlicher wurde, daß es auch innerhalb des Katholizismus der westlichen, der sog. Ersten Welt einen schwelenden Kultur- bzw. Zivilisationskonflikt gibt, nämlich die augenscheinliche Fremdheit und Verhältnislosigkeit zwischen dem römischen Katholizismus einerseits und den religiös-politischen Traditionen der angelsächsischen Welt andererseits, wurde mir vor allem die wachsende Einbeziehung der nichtwestlichen Welt, der bisher sog. Dritten Welt, zur neuen theologischen Herausforderung. Sie setzte den Logos der Theologie dem sozialen Leid und Elend der armen Völker ebenso aus wie dem Leid des kulturellen und ethnischen Andersseins in einer westlich dominierten Welt und Weltkirche.
Zwei Notizen dazu unter vielen möglichen: Die eine bezieht sich auf meine Erfahrung mit der basisgemeindlichen Arbeit meiner Freunde und Kollegen

in Lateinamerika. Sie kam mir am eindrucksvollsten und eigentlich auch am hoffnungsvollsten dort vor, wo sie „ganz unten" ansetzte, dort, wo einem die fromme Metaphysik im Halse stecken bleibt, wo einem das sprachlose Elend das Wort verbietet und zunächst nur das Dabeisein zählt. Angesichts solcher Erfahrungen wußte ich plötzlich, daß ich selbst den Mund zu voll genommen hatte, als ich von basiskirchlichen Ansätzen hierzulande sprach. Vermutlich gehört zum basiskirchlichen Leben etwas, was bei uns, in einer bürgerlich sozialisierten Kirche, nicht (mehr) gegeben ist, daß nämlich ein sozialer und kultureller Kampf um Identität Hand in Hand geht mit dem Aufbau und der Erfahrung religiöser Identität. An Worten wie „Befreiung" und „Basisgemeinde" kleben so viel Schmerz und Lebensrisiko, daß ich vor einem ungenierten Gebrauch hierzulande nur warnen kann.
Die zweite biographische Notiz bezieht sich auf die Antlitze in Lateinamerika, hier insbesondere auf die Antlitze der Indios, Antlitze, die geprägt sind von den dunklen Schatten dessen, was man dort die andinische Mystik nennt. „Es regnet Trauer in den Anden" steht in meinem andinischen Tagebuch. Diese Trauerantlitze der Indios haben nichts Romantisches an sich. Die Indios tun sich m.E. nicht eigentlich deswegen so schwer mit unserer westlichen Zivilisation, weil sie, wie wir gerne sagen, noch „unterentwickelt" sind, sondern zunächst einmal, weil sie anders sind und dieses Anderssein seine zu respektierenden Geheimnisse hat. Haben wir hierzulande genug Empfindlichkeit für Differenz und Alterität, um diese Andersheit anzuerkennen und zu retten, ehe sie von der Planierraupe westlicher Zivilisation endgültig weggedrückt wird?
Inzwischen bemühe ich mich, und nun auch im Blick auf andere Kulturwelten, ein theologisches Konzept zu formulieren, das auch dem „postmodernen" Verdacht gegenüber den unleugbaren Gefahren universalistischer Ansätze Rechnung trägt und doch nicht einer planen Relativierung der Kulturwelten verfällt: in der Betonung des Respekts vor und des Gehorsams gegenüber der Autorität der Leidenden. Diese Autorität ist für mich die einzige, in der sich die Autorität des richtenden Gottes in der Welt für alle Menschen manifestiert.

III.

Ich breche hier ab. Als roter Faden dieses biographischen Wegs mag die *memoria passionis* gelten, das Eingedenken fremden Leids als Basiskategorie christlicher Gottesrede, also die unter den Signaturen der Zeit erneut aufgenommene und gesellschaftskritisch dramatisierte Theodizeefrage, eine Frage übrigens, die für mich durch die christliche Erlösungsbotschaft nicht einfach stillgestellt und erledigt ist. Es bleibt in allem ein lauter oder auch lautloser Schrei. Das hat mich z.B. kürzlich dazu veranlaßt, Jürgen Habermas freundschaftlich zu fragen, ob es denn so ausgemacht sei, daß der Ursinn der menschlichen Sprache die Verständigung sei und nicht vielleicht doch – der Schrei. Es gibt für mich Rückfragen an Gott, an den Gott Abrahams, Isaaks und Jakobs, an den Gott Jesu, Rückfragen, für die ich zwar eine Sprache habe, aber keine Antworten. Und so habe ich sie mir als Gebet zu eigen gemacht: Warum, Gott, das Leid, warum die Schuld? Warum hast Du (um hier eine Formulierung von Eberhard Jüngel aufzunehmen) nicht Vorsorge getroffen gegenüber dem Bösen?

Wie sehr meine Theologie von all dem geprägt ist, möge man schließlich daraus ersehen, daß ich den einzigen Lehrer, Karl Rahner, der selbst von Theodizee und negativer Theologie kaum gesprochen hatte, in dieser Perspektive interpretierte, weil ich bei solcher Rede von Gott nicht ohne ihn sein wollte. „Nie hat uns Karl Rahner", schrieb ich 1984, in seinem Todesjahr, „das Christentum als das gute Gewissen avancierter Bürgerlichkeit interpretiert, nie als eine Art bürgerlicher Heimatreligion, der alle tödlich bedrohte Hoffnung, jede verletzliche und widerspenstige Sehnsucht ausgetrieben ist … Quer zu allem blieb ihm diese Sehnsucht, die ich nie als sentimental empfand, nie als himmelstürmend, sondern eher wie einen lautlosen Seufzer der Kreatur, wie einen wortlosen Schrei nach Licht vor dem dunklen Antlitz Gottes."

Quelle: Jürgen Moltmann (Hg.), Wie ich mich geändert habe. (KT 151). Chr. Kaiser/ Gütersloher Verlagshaus. Gütersloh, 1997.

Johann Baptist Metz im Grünewald-Verlag

Zur Theologie der Welt
Topos Taschenbuch 11
5. Aufl. 1985. 152 S. Kt.

Mit seinen Beiträgen zur Theologie der Welt hat Metz eine neue Perspektive theologischen Arbeitens eröffnet: die Erläuterung der gesellschaftskritischen Kraft des Glaubens und die Bestimmung der Kirche als Institution gesellschaftskritischer Freiheit in unserer Welt.

„Metz macht keinen Hehl daraus, daß seine Vorschläge den Bruch mit der Tradition der Kirche als gesellschaftserhaltender Macht bedeuten. Gegenüber dieser Tatsache helfen auch keine nachträglichen Interpretationen. Helfen kann nur ‚eine neue Praxis der Kirche'. Auf die Frage, ob diese ‚neue Praxis' zu erwarten sei, antwortet Metz: ‚Ich meine ja'".

Der Spiegel

Johann Baptist Metz im Grünewald-Verlag

Jenseits bürgerlicher Religion
Reden über die Zukunft des Christentums
Reihe: Gesellschaft und Theologie. Forum Politische Theologie 1
4. Aufl. 1984. 148 S. Kt.

„Die messianische Zukunft christlichen Glaubens bestätigt und bestärkt nicht einfach unsere vorgefaßte bürgerliche Zukunft, verlängert sie nicht, tut ihr nichts hinzu, überhöht und verklärt sie nicht, sondern – unterbricht sie."

Johann Baptist Metz

Folgende Beiträge von Metz sind in dem Band enthalten:

Messianische oder bürgerliche Religion? – Christen und Juden nach Auschwitz. Auch eine Betrachtung über das Ende bürgerlicher Religion – Brot des Überlebens. Das Abendmahl der Christen als Vorzeichen einer anthropologischen Revolution – Unterwegs zur Zweiten Reformation. Oder: die Zukunft des Christentums in einer nachbürgerlichen Welt – Christentum und Politik – jenseits bürgerlicher Religion – „Wenn die Betreuten sich ändern". Unterwegs zu einer Basiskirche – Der Glaube der Reformer – In eigener Sache.

Matthias-Grünewald-Verlag · Mainz

Johann Baptist Metz im Grünewald-Verlag